CINÉPHILO

DU MÊME AUTEUR

Vertiges du désir. Comprendre le désir par le cinéma, NIL, 2011.

Éloge du mauvais geste, NIL, 2010.

Polaroïde, roman, avec James Douglas, Grasset, 2006 ; Le Livre de Poche, 2007.

Alain, le grand voleur, Le Livre de Poche, coll. « Biblio essai inédit », 2006.

Le Peintre au couteau, roman, Grasset, 2005 ; Le Livre de Poche, 2006.

La Liberté heureuse (éd.), Hubert Grenier, Grasset, coll. « Collège de philosophie », 2003.

Mephisto valse, roman, Grasset, 2001 ; Le Livre de Poche, 2003.

OLLIVIER POURRIOL

CINÉPHILO

Pluriel

Collection fondée par Georges Liébert
et dirigée par Joël Roman

L'ouvrage est paru en première édition
chez Hachette Littératures en 2008
dans la collection « Haute tension »
dirigée par Charles Pépin.

ISBN : 978-2-8185-0114-6
Dépôt légal : mars 2011
Librairie Arthème Fayard/Pluriel, 2011.

DESCARTES,
LE HÉROS DE LA PHILOSOPHIE

1.

LA VOLONTÉ OU LA RAISON : COMMENT AGIR SANS SAVOIR ?

Collateral, ou la méthode du tueur cartésien

Pour être parfaitement honnête, j'ai commencé par ne pas aimer Descartes. Alors que Spinoza et Nietzsche ont tout de suite brillé d'un éclat mystérieux et excitant, Descartes est longtemps resté pour moi une espèce de mathématicien adepte de l'imparfait du subjonctif et de la phrase à rallonge dont on oublie le sens au fur et à mesure qu'elle se déploie, une phrase articulée aussi rigoureusement qu'une démonstration mathématique, avec force « en sorte que », « pour ce que », « outre que » et autres joyeusetés héritées du latin. Descartes était ce vieil emmerdeur précis comme un mécanisme de montre, qui écrivait en français comme si c'était du latin. Ses phrases avaient toutes besoin d'être traduites avant d'être expliquées. C'était évidemment un reproche injuste, puisque Spinoza écrivait, lui, directement en latin, et de son propre aveu *more geometrico*, à la manière des géomètres. Mais voilà, après des années à avoir erré en cours de mathématiques et de physique dans le fameux « repère cartésien », comment ne pas en vouloir à son inventeur ? On reviendra plus loin sur ce « repère », restons-en pour l'instant à ce « cartésien » synonyme de rigueur, d'exactitude, de froid calcul, toutes qualités dignes d'un tracé de voie TGV ou d'un plan de pont. « Cartésien », disons-le tout net, c'était presque une insulte.

Ce n'est que plus tard, grâce à la lecture d'Alain, que Descartes prit tout son relief d'homme et de héros, le mot n'est pas trop fort, j'espère vous en convaincre par ce qui va suivre, ce n'est que bien plus tard, une fois dépêtré d'examens et de concours, que je pus comprendre et sentir la grandeur longtemps cachée de celui qui affirmait par ailleurs avancer masqué. Je veux croire que ce masque, tout en le protégeant des ignorants vindicatifs de son époque dangereuse pour les esprits libres, le protège aujourd'hui des ignorants inoffensifs que nous sommes devenus. Descartes est ici victime, on ne peut pas dire de sa prudence, puisque Spinoza eut la même, mais d'une véritable injustice, chronique en France, comme le remarqua Paul Valéry dans son *Fragment d'un Descartes* :

« Descartes, ici, n'a point de chance. Nulle statue à Paris de cet homme admirable – ce à quoi je consens qu'on ne remédie. On lui a donné seulement une rue assez mauvaise, quoique animée par les éclats de Polytechnique et quelque peu hantée par l'ombre de Verlaine qui y est mort. Enfin, nous avons égaré ses os du côté de

Saint-Germain-des-Prés, et je ne sache pas qu'on les recherche pour les cryptes du Panthéon [1]. »

Que nul ne soit prophète en son pays, voilà qui n'étonnera personne. Il semblerait qu'il faille préciser que nul non plus n'est philosophe en son pays : depuis la condamnation à mort de Socrate et l'exil d'Aristote par les Athéniens à l'excommunication de Spinoza ou à la prudente retraite de Descartes en Hollande puis en Suède, l'histoire de la philosophie n'est pas avare en mésaventures pour ses grands hommes.

« Mais, poursuit Paul Valéry, homme prudent qu'il était, et artiste incomparable dans le travail des matières les plus dures, il s'est bâti de ses mains un tombeau, de ces tombeaux qui font envie. Il y a mis la statue de son esprit, et si nette, et si vraie à considérer, que l'on jurerait qu'il est vivant. »

Un tombeau qui fait envie... curieuse expression. C'est que ce tombeau garde celui qui s'y trouve aussi vivant que possible. Valéry parle des livres de Descartes, mais le vocabulaire qu'il utilise évoque curieusement le cinéma. Le spectateur n'entre-t-il pas dans l'obscurité et l'anonymat confortable du cinéma comme dans un tombeau, mettant sa vie entre parenthèses le temps de la projection, et n'est-ce pas un tombeau qui fait envie, puisque l'oubli de soi y est une condition du plaisir ? Le film lui-même n'est-il pas la statue d'un esprit dont « on jurerait qu'il est vivant », et dont nous éprouvons, bien souvent, qu'il peut être plus vivant que nous ? Si ce

1. Pour les amateurs, il y a pourtant une statue de Descartes en haut de la galerie du pavillon Denon, dans la cour intérieure du Louvre (c'est la huitième à gauche de la porte Denon).

rapprochement peut vous paraître tiré par les cheveux, que Descartes avait d'ailleurs fort longs, je vais tâcher ici de vous montrer à quel point il est fondé, et d'une manière si surprenante que j'avoue avoir moi-même trouvé davantage que ce que je cherchais. Du point de vue purement technique, Descartes a non seulement fondé en droit la possibilité du cinéma, puisqu'il annonçait que nous, les hommes, pourrions devenir, par notre science, « comme maîtres et possesseurs de la nature », mais également en fait, puisqu'il a mis au point et théorisé le développement d'un véritable système de projection.

Baillet, dans sa *Vie de M. Descartes*, rapporte comment Descartes, qui séjourne en 1634 à Amsterdam avec un certain M. de Villebressieu, occupe leurs loisirs : « Jamais il [M. de Villebressieu] ne parut plus surpris que lorsque M. Descartes lui fit passer devant les yeux une compagnie de soldats au travers de sa chambre en apparence. L'artifice ne consistait qu'en de petites figures de soldats qu'il avait soin de cacher ; et par le moyen d'un miroir il faisait grossir et augmenter ces petites figures jusqu'à la grandeur de l'homme au naturel, et semblait les faire entrer, passer et sortir de la chambre. » Autrement dit, il lui faisait une projection privée. Descartes a-t-il pensé à transformer ce jeu de miroirs divertissant en procédé mécanique ? Il en a théorisé la possibilité, en envisageant la construction d'un œil artificiel : « En sorte que si on pouvait faire un œil, dont la profondeur fût fort grande, et la prunelle fort large, et que les figures de celles de ses superficies qui causent quelque réfraction fussent proportionnées à cette grandeur, les images s'y formeraient d'autant plus visibles. » Cet « œil » n'est rien d'autre qu'un projecteur, voire une salle de cinéma

(« profondeur fort grande » : la salle ; « prunelle fort large » : l'écran). Voilà peut-être un moyen de réconcilier avec le divin René les générations d'élèves traumatisés par le « repère cartésien » : c'est grâce à Descartes, et en particulier à ses recherches en optique, que le cinéma nous sauve de l'ennui et de la pénurie de réalité du monde moderne...

Méditer ou conduire (sa vie), il faut choisir

Mais Descartes n'est pas pour autant l'ancêtre des *geeks*, *nerds* et autres *no life* accaparés jour et nuit par leurs écrans et leurs rêves d'informaticiens inadaptés à ce que nous autres continuons d'appeler par convention la « vie réelle ». Descartes, certes, est capable de s'enfermer pendant une semaine dans un « poêle » (c'est ainsi que l'on nommait alors la pièce entière et pas simplement l'appareil de chauffage) pour remettre en doute l'existence du monde, des autres et jusqu'à la sienne propre. Précisons que ce doute radical n'est pas, comme certains ont pu l'affirmer, le signe d'un enfermement en soi, le symptôme d'une sorte d'autisme intellectuel autrement nommé solipsisme, mais la méthode follement courageuse que suit un esprit hors du commun pour mettre à l'épreuve tout ce qu'il croit connaître, et tâcher, une fois dans sa vie, de faire montre d'une exigence absolue en matière de connaissance. L'histoire de cet esprit qui tente de retrouver seul le point d'où jaillissent toutes vérités, l'histoire de cette exploration, le récit de cette aventure sans cordée et sans filet, ce sont les *Méditations métaphysiques*. Essayer d'emblée de suivre Descartes dans cette entreprise, c'est, j'en suis sûr, le meilleur moyen de se perdre, et de le perdre. Laissons donc de côté pour l'instant ce Descartes méditant, et tournons-nous, sur l'autre versant, vers le Descartes agissant, et maître d'action. Car Descartes est aussi un philosophe de l'action. Sa vie est riche d'anecdotes où il paraît plutôt en homme de main, capable de tirer l'épée à l'occasion, ou d'épargner un homme qu'il a désarmé au cours d'un duel. À ce titre, et pour effacer définitivement en vous l'image trompeuse que vous avez peut-être de Descartes, je ne saurais trop vous recommander la lecture des chapitres que lui consacre Alain dans son recueil *Idées*, et qui rendent justice à l'homme autant qu'au philosophe. « Ce voyageur, dit-il, ce militaire, cet homme de main ne nous est guère connu », et le portrait que dresse Alain vise à « nous faire retrouver la démarche et même le geste de l'homme qui sut le mieux douter quand il fallait, croire quand il fallait, et toujours s'assurer de soi ».

Car ce qui est valable sur le plan de la recherche du vrai s'inverse dans le domaine pratique. Comment bien agir ? Comment se comporter dans la vie réelle ? La question, bien que morale, voire politique, ne trouvera de solution ni morale ni politique : ce que conseille Descartes, c'est d'abord d'ajourner la question. Ne pas penser quand il convient d'agir. Aussi la première maxime de sa morale sera-t-elle d'« obéir aux lois et aux coutumes de mon pays, retenant constamment la religion en laquelle Dieu m'a fait la grâce d'être instruit dès mon enfance et me gouvernant en toute autre chose suivant les opinions les plus modérées et les plus éloignées de l'excès qui fussent communément reçues en pratique par les mieux sensés de ceux avec lesquels j'aurais à vivre ». S'en tenir aux opinions courantes et aux mœurs en cours dans son pays... est-ce bien là une morale de héros ? Si Descartes recommande de se conformer aux coutumes de l'endroit où l'on se trouve, ce n'est pas par conformisme peureux, mais par une suprême indifférence : au fond, elles se valent toutes. Mœurs et coutumes sont à prendre comme un élément du climat, qui n'a rien à voir avec la pensée véritable. Alors qu'il n'est de pire ennemi que l'opinion dans le domaine de la connaissance, il est au contraire recommandé de s'appuyer sur les préjugés dans le domaine pratique, car on n'a pas toujours le temps de tout examiner avant de se lancer. « Retenons, dit Hubert Grenier dans ses *Grandes Doctrines morales*, que chez Descartes, du domaine de la pensée à celui de l'action les valeurs s'inversent. Du moment qu'on ne pense que par soi, solitairement, et qu'on n'agit qu'au contact des autres ; que penser, c'est avoir le temps, prendre son temps, mais qu'agir, c'est s'insérer dans une temporalité commune dont nul n'est le maître, autant dans l'ordre théorique le préalable du doute est nécessaire et ne sera jamais trop long, autant dans l'ordre pratique il serait désastreux, car ici, simple cause de retard, le doute s'appelle irrésolution, et celle-ci doit être réputée pour “le pire des maux”. »

Comment sortir du village perdu dans la forêt ?

En quoi l'irrésolution est-elle le pire des maux ? Mal faire n'est-il pas toujours pire que ne pas savoir quoi faire ? Mal choisir n'est-il pas pire que ne pas choisir ? Spontanément, nous répondrions oui. Faire mal est pire que ne rien faire, n'est-ce pas ? Descartes répond non, et va plus loin, en soutenant que d'une certaine manière, on ne peut pas mal choisir. Un choix ne se juge pas à ses conséquences, mais à la manière dont il est fait, et à la constance qui le soutient.

Pour pleinement saisir la portée de cette proposition inouïe, commençons par poser les termes du problème. Notre esprit dispose de deux facultés. L'une est finie, c'est l'entendement, ou faculté de comprendre. L'autre est infinie, c'est la volonté, ou faculté de juger, c'est-à-dire d'affirmer et de nier. On ne peut pas tout savoir, puisque notre entendement est fini, mais on peut tout vouloir, puisque notre volonté est infinie. Tout le problème, on le comprend d'emblée, vient de cette disproportion en nous. Notre volonté peut affirmer quelque chose comme vrai, même quand notre entendement ne l'a pas compris. On peut affirmer n'importe quoi, alors qu'on ne peut pas penser n'importe quoi. Dans cet écart s'inscrit par exemple la possibilité de l'erreur : se tromper, c'est affirmer (juger, acte de la volonté) quelque chose qu'on n'a pas compris (comprendre, acte de l'entendement). Notre volonté infinie peut donc se tromper infiniment. Éclairés par la faible lumière de la torche de notre entendement, nous sommes libres de courir à une vitesse infinie dans l'obscurité. Drôle de privilège, annonciateur de chocs et de chutes. Mais privilège pourtant, et on va le voir, si la volonté fait problème parce qu'elle est infinie, elle va aussi, pour les mêmes raisons, faire solution.

Mais n'allons pas trop vite. Ne courons pas dans l'obscurité. Comprenons d'abord cette obscurité. Notre entendement est fini, autant dire aveugle. Nous ne voyons pas l'avenir, c'est entendu. Mais nous ne voyons pas non plus le présent, au sens où nous avons une connaissance limitée de ce qui nous entoure. Il est aisé de se perdre en ce monde qui nous dépasse de toutes parts. Une première solution paraît consister en un repli frileux sur soi. Si nous décidons de n'agir qu'à la condition de connaître à l'avance le résultat de notre action, notre entendement, bien que fini, prend le pas sur la volonté, et la bride, l'emprisonne, la limite à ne vouloir que ce qu'il connaît. C'est une existence bien réglée, confortable, mais qui suppose un isolement total, le refus de toute altérité, de tout risque, de toute nouveauté, en un mot une vie absolument autarcique – une vie qui ressemble furieusement à une mort.

Le Village, film de M. Night Shyamalan, met ainsi en scène une communauté rurale vivant à la fois dans le confort et dans la peur, isolée du reste du monde par une forêt hostile peuplée de créatures effrayantes, une forêt qui à la fois la menace et la protège, en lui permettant de n'être jamais perturbée par des intrus. Une frontière sépare clairement le village et la forêt. Si aucun villageois ne la franchit dans un sens, aucune créature de la forêt ne la franchira dans l'autre. Une jeune fille aveugle décide pourtant d'affronter cette forêt interdite pour aller trouver « en ville » le médicament qui sauvera son amoureux gravement malade. Le cliché selon lequel l'amour est aveugle trouve ici une nouvelle jeunesse et un nouveau sens. Deux amis voyants décident de l'accompagner pour la guider, mais abandonnent bientôt, transis de peur. Voir les a desservis, en fournissant maints objets à leur imagination impressionnable. La jeune aveugle se retrouve seule.

Mais d'être aveugle, paradoxalement, la sert : elle ne

peut avoir peur de ce qu'elle ne voit pas. Petit chaperon jaune – car telle est la couleur censément protectrice du manteau qu'elle porte, sans pouvoir le voir –, cette jeune fille aveugle et amoureuse, perdue dans une forêt hostile, nous donne une bonne image de la condition humaine. Entendement fini, mais volonté infinie. Aveugle, à la vision plus que finie, mais amoureuse, infiniment. On le sent déjà, confusément, aveuglément, la lumière qui ne saurait venir des yeux viendra de l'amour. Traduit en langage cartésien : quand l'entendement ne peut fournir de clés, c'est à la volonté de donner la résolution nécessaire pour mener une action. Une action ne peut être décisive que si elle est décidée. Comme disait Alain, le secret de l'action, c'est de s'y mettre. Troisième partie du *Discours de la méthode* : « Ma seconde maxime était d'être le plus ferme et le plus résolu en mes actions que je pourrais, et de ne suivre pas moins constamment les opinions les plus douteuses, lorsque je m'y serais une fois déterminé, que si elles eussent été très assurées. Imitant en ceci les voyageurs qui, se trouvant égarés en quelque forêt, ne doivent pas errer en tournoyant, tantôt d'un côté, tantôt d'un autre, ni encore moins s'arrêter en une place, mais marcher toujours le plus droit qu'ils peuvent vers un même côté et ne le changer point pour de faibles raisons, encore que ce n'ait peut-être été au commencement que le hasard seul qui les ait déterminés à le choisir : car, par ce moyen, s'ils ne vont justement où ils désirent, ils arriveront au moins à la fin quelque part, où vraisemblablement ils seront mieux que dans le milieu d'une forêt. »

On peut, quand on est perdu, avoir une intuition, comme on dit. « Je sens que c'est par là. » Le danger qu'il y a à suivre pareille intuition, c'est que, n'étant fondée que sur le sentiment ou le pressentiment, elle risque de changer en cours de route. On peut finir par tourner en rond. Mauvaise stratégie, répond Descartes. Quand on ne sait pas, ce n'est pas une intuition qui nous sortira de là, mais une décision. Au reste, précisons immédiatement que l'intuition dont il s'agit ici, au sens de « sentiment vague », ou « certitude inexpliquée », ou « sixième sens » – comme quand on dit qu'on a « de l'intuition », ou qu'on parle de la mystérieuse « intuition féminine » –, n'a rien à voir avec ce que Descartes nommera lui *intuition*, qui désigne au contraire l'acte intellectuel le plus clair et le plus légitime qui soit, comme on le verra plus loin.

Pour l'instant, on aimerait sortir de la forêt par le meilleur chemin possible, le plus court par exemple, on aimerait être éclairé par l'entendement, mais quand ce n'est pas possible, que faire ? Que faire, quand rien ne nous indique par où sortir ? Et puisque nous ne pouvons pas tout savoir, sur quels principes fonder notre action ? Ne sommes-nous pas condamnés à errer dans la forêt de l'irrésolution ? Non, répond Descartes, il suffit de choisir une direction, au hasard s'il le faut, et de s'y tenir. Même si vous prenez le plus long chemin pour sortir de cette forêt, vous serez mieux hors de cette forêt que perdu dans son milieu. Un peu de philosophie pratique : pour décider, il n'y a pas besoin de savoir. Ce qui fait qu'un choix est bon, ce n'est pas le contenu du choix, c'est qu'on s'y tient. Le secret de l'action, ce n'est donc pas de savoir, mais bien, comme l'a dit Alain, de s'y mettre.

Car si notre entendement est limité, notre volonté, elle, est infinie. Même sans savoir, nous pouvons décider. Et c'est précisément quand il n'y a aucune raison de choisir qu'il est bon de choisir. Ce qui fait qu'un choix est bon, c'est que je le fais. Et surtout, que je m'y tiens. Je peux donc choisir une direction au hasard, du moment que je me promets de m'y tenir : aux voyageurs perdus, il suffit pour s'en sortir de « marcher toujours le plus droit qu'ils peuvent vers un même côté ». Autrement dit, de suivre la volonté. C'est ce que fait la jeune fille aveugle. Mais, manque de chance ou stupidité du conseil cartésien, elle tombe dans un trou… Eh oui, cher René, c'est ce qui arrive quand on marche tout droit.

Mais Descartes n'est pas un adepte obtus de la ligne droite, il préconise également l'adaptation : « marcher toujours le plus droit vers un même côté », et, ajoute-t-il, « ne le changer point pour de faibles raisons ». Un trou, c'est indéniable, n'est pas une « faible raison ». Il s'agit simplement ici d'une raison inaperçue. Mais quand aucune raison ne fait pencher l'entendement d'un côté plutôt que d'un autre, c'est à la volonté de se faire une raison : « Descartes, perdu en une forêt, et n'apercevant aucune raison de suivre un chemin plutôt qu'un autre, Descartes choisit pourtant, s'en tient à ce qu'il a choisi comme si ce qu'il a choisi était le plus raisonnable, et, par cette fermeté et cette suite, par cette fidélité à soi dans l'exécution, sauve ce choix de hasard, et le fait bon » (Alain, *Idées*).

Cette possibilité que nous avons de choisir sans savoir nous ramène à la question de la disproportion entre notre entendement fini et notre volonté infinie. Cet écart était la source de nos erreurs, mais, on le voit désormais, cet écart est également la source de notre grandeur. Nous pouvons « sauver » nos « choix de hasard » en tenant bon. Notre volonté, dont Descartes précise qu'elle est « aussi infinie en nous qu'en Dieu », peut toujours nous sauver de notre entendement. On ne juge pas la valeur d'un choix à son contenu, mais à sa fermeté. La volonté nous ouvre une dimension divine. La différence étant qu'en Dieu la volonté s'accompagne de toute-puissance : « Que Sa volonté soit faite », comme on dit, souhait inutile, puisque la volonté d'un dieu est toujours en même temps faite ; alors qu'en nous, humains, l'infini de la volonté ne s'accompagne que de pouvoirs finis. Nous ne pouvons pas tout, mais nous pouvons tout vouloir.

Le Sens de la vie et le syndrome du restaurant chinois

Pour illustrer ce point, je ne résiste pas ici au plaisir de me prendre au mot. *Le Sens de la vie*, un film à sketches des Monty Python, nous présente un personnage qui, à la lettre, veut tout. La scène se déroule dans un restaurant français chic, où un habitué monstrueusement obèse vomit dans un seau tout en écoutant les propositions du maître d'hôtel :

> « Aujourd'hui, nous pouvons vous proposer en entrée des moules marinières, foie gras, caviar béluga et blinis, œufs en meurette, ou alors tarte aux poireaux, cuisses de grenouille frites à la sauce provençale, n'est-ce pas, œufs de caille à la Richard Shepherd, c'est-à-dire une douzaine d'œufs de caille nappés d'une purée de champignons, un plat très fin, d'une saveur très subtile...
>
> — Je veux de tout.

— Un choix de gourmet. Est-ce que vous désirez qu'on vous serve le tout pêle-mêle dans un seau, monsieur ?

— Ouais, avec des œufs à cheval.

— Maintenant, quelque chose à boire en blanc ou en rouge, monsieur ?

— Donnez-moi six bouteilles de Château Latour 1945 et un double jéroboam de champagne.

— Bien. Et avec ça, votre bière hollandaise ?

— Oui. Non, attendez une minute, je sens que je n'irai pas au-delà de six caisses aujourd'hui.

— J'espère que monsieur n'a pas fait d'excès hier soir... »

Il veut tout, mais ne peut pas tout... manger, ni boire. Sa volonté est infinie, sa puissance est finie. Un dieu serait capable de tout engloutir, de la même manière qu'il est capable de tout créer. Mais un humain n'est qu'un demi-dieu ou, même pis, un tiers-dieu : seule sa volonté est infinie. Sa puissance est finie, ainsi que son entendement. Pourquoi ce personnage nous dégoûte-t-il ? Pas seulement parce qu'il vomit à table en même temps qu'il mange, pas seulement parce qu'il ne pense qu'à boire et à manger, mais parce qu'il est manifestement incapable de choisir. Ce qui nous dégoûte, c'est sa prétention métaphysique. Il refuse de reconnaître qu'il n'est pas un dieu, c'est la grenouille de la volonté qui, comme dans la fable de La Fontaine, s'est gonflée pour ressembler au bœuf-Dieu, et qui finit par éclater. Lorsque le maître d'hôtel le convainc d'avaler un dernier petit chocolat à la menthe, « *a little mint* », le monstre ventripotent, bien qu'avouant de manière gracieuse « avoir les dents du fond qui baignent », croque la minuscule friandise de trop, qui fait non pas déborder le vase, mais littéralement exploser le bonhomme. Voilà le problème d'avoir de l'infini en nous : la volonté risque de se sentir à l'étroit dans notre pauvre corps et dans notre petit esprit.

La question du choix, c'est la question que j'appellerais du « restaurant chinois ». Pourquoi pas du restaurant tout court ? C'est que le restaurant chinois, ou japonais, ou vietnamien, disons le restaurant asiatique, propose le plus souvent un menu qui offre un nombre quasiment indéfini de choix : riz gluant, riz nature ou riz cantonais, poulet aux champignons noirs, ou aux pousses de bambou, ou au gingembre, canard aux champignons noirs, ou aux pousses de bambou, ou au gingembre, etc. Cette profusion de choix peut plonger les plus fragiles d'entre nous, Asiatiques y compris, dans une espèce d'horrible flottement de l'âme, où la liberté du choix se vit sur le mode de l'angoisse et de la torture. Ce vertige des possibles fait comprendre pourquoi Descartes disait que l'irrésolution était non pas simplement un mal, mais « le pire des maux ». Si la volonté s'enseignait, il faudrait inscrire l'épreuve du restaurant chinois à l'examen de sortie.

Tout choisir, on l'a compris, est une solution inenvisageable d'abord pour des raisons métaphysiques – puisque nous ne pouvons pas tout, notre puissance est finie, seul un dieu peut tout –, impuissance métaphysique d'où découle une impossibilité physique. Un goinfre s'éclate peut-être, mais c'est bientôt dans tous les sens du terme : son corps, ses organes débordés finissent par exploser. Quand le maître d'hôtel propose « quelque chose à boire en blanc *ou* en rouge », le goinfre prend le blanc *et* le rouge... *et* la bière. La noblesse d'une vie humaine tient à ses limites. Le goinfre se vautre dans le « et », l'humain commence avec le « ou ». Avec une puissance finie et un entendement fini, nous devons faire des choix qui ne soient pas purement négatifs. Alors seulement, choisir deviendra un bonheur manifestant notre liberté.

Au lieu de considérer négativement que tout choix implique un renoncement, Descartes propose de voir dans le choix non pas la négation de possibles que l'on s'interdirait, mais l'affirmation du caractère infini de notre volonté. Faire un choix n'est pas se priver d'autres possibles, mais faire un bon usage de sa liberté. Et bien sûr, faut-il le préciser, la vie ne ressemble pas toujours à un restaurant chinois, dans la mesure où la vie est encore pire : les possibilités, souvent, n'existent pas avant qu'on les imagine. Choisir n'est pas simplement choisir sur une carte préexistante, mais réclame d'inventer la carte. Choisir, c'est d'abord inventer des choix, inventer des actes qui n'auraient pas existé sans notre volonté.

Fight Club et la pédagogie du flingue

Vouloir, on le réalise à chaque fois qu'on se perd dans un menu, rien de plus difficile. La question se pose donc naturellement : peut-on apprendre à vouloir ? Peut-on s'y préparer autrement qu'en voulant ? Comment gagner en résolution ? La résolution peut-elle se transfuser de l'extérieur ? Est-elle contagieuse ? Si Descartes a su être un homme d'action quand les circonstances l'exigeaient, c'est probablement qu'en lui, comme on peut l'imaginer aisément à partir de son analyse de nos facultés, le partage entre l'entendement et la volonté était clair. Si l'entendement est prince, la volonté est reine. Une fois qu'on a compris cela, comment faire sentir aux autres que vouloir ne dépend que d'eux ? Comment faire comprendre à chacun que libre à lui d'être libre ?

Une première possibilité, radicale, nous est proposée dans *Fight Club*, film de David Fincher adapté du roman de Chuck Palahniuk. Brad Pitt y incarne Tyler Durden, un personnage sans scrupules ni interdits, qui rencontre un agent d'assurances à la vie terne et bien rangée, Cornélius, incarné par Edward Norton. Il bouleverse son existence de fond en comble et l'initie à diverses pratiques subversives toujours plus surprenantes. Armé d'un revolver, Tyler entre dans une épicerie. Cornélius le suit, réticent, apeuré, en lui demandant ce qu'il s'apprête à faire. Tyler répond : « Des devoirs. » Quel genre de devoirs ? « Sacrifice humain... » Comme le remarque Cornélius pour lui-même, « sur une durée suffisamment longue, l'espérance de vie tombe pour tout le monde à zéro ». Nous voilà rassurés... Tyler braque son arme sur la tempe de l'épicier, un homme jeune prénommé Raymond, fouille son portefeuille et tombe sur une carte périmée d'étudiant de première année en faculté :

« Raymond, tu vas mourir !

— Non !

— Qu'est-ce que t'étudiais, Raymond ?

— Des tas de trucs.

— Des tas de trucs ? Les examens étaient

pas trop durs ? Je t'ai demandé ce que tu étudiais ?

— La biologie surtout.

— Pourquoi ?

— J'en sais rien.

— Tu voulais devenir quoi, Raymond Hessel ? (Tyler arme son revolver.) La question, Raymond, c'est qu'est-ce que tu t'étais fixé comme but ? »

Cornélius intervient, pressant lui aussi Raymond, de peur que Tyler ne le tue :

« Allez, réponds-lui, nom de Dieu !

— Je voulais devenir vétérinaire. »

Tyler poursuit l'interrogatoire :

« Des animaux ?

— Ouais, les animaux, des tas de trucs.

— Tu vas devoir reprendre tes études.

— Les études sont bien trop longues.

— Tu préfères mourir ?

— Non, je vous en prie.

— Tu préfères crever, ici, à genoux, derrière une épicerie à la con ?

— Non, mon Dieu, ne tirez pas...

— Je t'emprunte ton permis. Maintenant, je t'ai à l'œil, je sais où tu vis, si tu n'as rien fait pour devenir vétérinaire dans six semaines, tu es mort. File chez toi. »

Raymond prend ses jambes à son cou. Tyler l'encourage ironiquement :

« Cours, Forrest, cours ! »

Curieux braquage. Pourquoi Tyler a-t-il parlé de sacrifice humain ? Son simulacre de crime crapuleux avait un double but : réveiller Raymond l'épicier, et réveiller Cornélius. L'un comme l'autre devaient croire à la situation de mort imminente pour réagir. De ces trois personnages, l'un, Raymond, est à genoux et paniqué, l'autre, Cornélius, est flou et minuscule à l'arrière-plan, seul Tyler est grand, net, debout et résolu au premier plan.

Tyler, net au premier plan, agit, tandis que Cornélius, flou au second plan, subit l'action. L'irrésolu reste dans le flou, l'homme décidé a des contours bien nets, bien définis, bien tranchés. Le degré de netteté du personnage correspond à son degré de résolution. On peut parler ici de « résolution » aux deux sens du terme. La résolution d'un personnage et la résolution de l'image ou de l'écran sont intimement liées. Plus on est déterminé intérieurement, mieux notre forme est déterminée extérieurement. On existe à proportion qu'on veut. On existe plus clairement et plus distinctement, notre définition en tant qu'image s'améliore et augmente, nous devenons plus réels, à proportion que notre volonté s'exerce. Tyler, selon ce principe, essaie de transfuser de la détermination, de la volonté, de la décision, à ceux qui lui donnent l'impression d'en manquer. Au fond, il fait don de sa détermination, c'est une sorte de Christ moderne, qui agit sans peur pour sa propre personne afin d'éveiller les consciences de ses contemporains. S'il y a bien sacrifice, c'est du sien qu'il s'agit : il fait don de sa détermination à l'humanité.

Étrange générosité, mais qui ne fait que pousser à l'extrême l'intention pédagogique. Tyler ressemble ici aux pédagogues qui voudraient forcer leurs élèves à « penser par eux-mêmes ». Que nous enseigne Descartes ? Personne ne peut nous apprendre à vouloir. Personne ne peut vouloir à notre place. La volonté ne se transfuse pas. Elle ne s'apprend pas. Mais cela, on peut l'apprendre. Descartes ne veut pas à notre place, mais nous éclaire sur cette impossibilité, qui est le cœur de la volonté et de la liberté. On verra plus loin ce que lui-même entend par le beau nom de générosité, où seul celui qui donne s'oblige. Noblesse oblige, aime à dire Alain. On pourrait préciser qu'elle n'oblige, évidemment, qu'elle-même, et que c'est là, d'emblée, la plus belle marque de générosité.

Tyler considère qu'il a pourtant fait un merveilleux cadeau à cet épicier, qui demain dès l'aube reprendra ses études de vétérinaire sous peine de mort. Mais quand bien même cet épicier deviendrait un jour vétérinaire, le sera-t-il devenu librement ? Pourra-t-il être fier de son choix ? Est-ce réellement un choix ? Ou tremblera-t-il encore de peur au cœur même de sa réussite ? Ne restera-t-il pas toujours un esclave ? Tyler n'est pas dupe de la situation paradoxale qu'il crée, et cite ironiquement le film *Forrest Gump* en lançant au malheureux Raymond qui s'enfuit dans la nuit : « Cours, Forrest, cours ! »

Où court Forrest Gump ?

Forrest Gump est ce personnage à l'entendement très limité, à la limite de la débilité mentale, mais disposant, comme tout être humain, d'une volonté infinie. Avançons ici au passage cette idée apparemment étrange que le cinéma est un art abstrait : il nous présente des cas limites, des extrêmes, c'est-à-dire des idées. De la même manière que le géomètre pense par figures abstraites – cercle, triangle, carré –, le cinéma nous présente des figures qui permettent de mesurer et d'évaluer nos vies. Ces figures ont le visage de Tyler, de Raymond, de Cornélius... Avec Forrest Gump, voici la figure et le cas limite d'une volonté infinie associée à un entendement quasi nul. La question du film est très simple : un imbécile peut-il être heureux ? En quoi cette question nous concerne-t-elle ? C'est que, à la limite, nous sommes tous des imbéciles, puisque notre entendement, aussi vaste et fort soit-il, est toujours fini.

Forrest Gump, donc. Un brave garçon, considéré par tous comme handicapé à la fois moteur et mental. À la mort de sa mère, dont il était entièrement dépendant affectivement, Forrest se retrouve frappé d'inertie. Pétrifié par le deuil, il ne parle plus, ne bouge plus. Il n'est même pas dans l'irrésolution, qui suppose l'hésitation entre plusieurs actions possibles, il est dans le néant. Plus aucun désir, plus aucune volonté. Puis, un jour, un changement se produit en lui...

« Et ce jour-là, sans raison particulière, je décidai d'aller courir un peu. Alors j'ai couru jusqu'au bout de la route, et une fois arrivé là, je me suis dit que je pourrais courir jusqu'au bout de la ville. Et une fois arrivé là, je me suis dit que je pourrais courir à travers le comté de Greenbow. Puisque j'étais déjà allé si loin, autant courir à travers le grand État d'Alabama. C'est ce que j'ai fait, j'ai couru droit à travers l'Alabama. Puis, sans raison particulière, j'ai continué à courir. J'ai couru droit vers l'océan. Et une fois arrivé là-bas, puisque j'étais déjà allé si loin, autant faire demi-tour et continuer ma course. Et je suis allé jusqu'à un autre océan. Et puisque j'étais déjà allé aussi loin, autant faire demi-tour et continuer encore. »

Telles sont les vertus de la volonté. « Sans raison particulière », nous dit Forrest. Sans aucune raison... La faiblesse de son entendement, loin de le desservir, n'en fait ressortir que davantage le caractère infini de sa volonté. Notre dignité ne tient pas à notre intelligence, mais à notre volonté. Comme le dit Descartes avec un humour que j'ai mis longtemps à comprendre : « Le bon sens est la chose du monde la mieux partagée : car chacun pense en être si bien pourvu, que ceux même qui sont les plus difficiles à contenter en toute autre chose n'ont point coutume d'en désirer plus qu'ils n'en ont » (*Discours de la méthode*, 1). Autrement dit, pour parodier Camus et son fameux « Il faut imaginer Sisyphe heureux », on pourrait avancer, après nous être penchés avec Descartes sur le cas de Forrest Gump : « Il faut imaginer Imbécile heureux. »

À double titre : premièrement, il ne connaît pas l'irrésolution, puisque privé d'entendement, il ne saurait hésiter entre diverses raisons. Deuxièmement, il éprouve le plaisir d'user de sa volonté infinie pour ainsi dire « à plein » : si l'entendement est nul, la volonté peut prendre toute la place. C'est un bonheur réel, un vrai plaisir, qui consiste à user de sa liberté. Et ce bonheur ne peut qu'intriguer les autres, ces malheureux qui veulent penser et délibérer avant d'agir. Cette résolution sans raison les renvoie d'abord à leur propre irrésolution, et multiplie les questions. Forrest Gump court, poursuivi par les journalistes :

> « Pourquoi vous courez ?
> « Vous faites ça pour la paix dans le monde ? »

« Vous faites ça pour les sans-abri ? »

« C'est pour le droit des femmes que vous courez ? »

« Ou pour l'environnement ? »

« Ou pour les animaux ? »

Forrest commente en voix *off* :

« Ils ne voulaient pas croire que quelqu'un puisse être assez bête pour courir autant sans raison. »

« Pourquoi faites-vous ça ?

— J'ai eu juste envie de courir. »

Cette affirmation nue de la pure volonté qui décourage l'entendement finit par porter des fruits inattendus. « Et alors, je ne sais pas pourquoi, ce que je faisais sembla avoir un sens pour plein de monde », reconnaît le coureur infatigable. Puisqu'il court, certains se mettent à le suivre. Comme dirait Victor Hugo, c'est « une force qui va ». Le simple spectacle de la constance d'une volonté fait naître des vocations. Un jeune homme qui voit passer Forrest devant chez lui se met à courir à ses côtés en se confiant : « Je veux dire que ça a été comme un déclic dans ma tête. J'ai dit voilà un type qui sait ce qu'il fait. Voilà un type qui met ses idées en pratique. Voilà un type qui a la réponse ! Je vous suivrais n'importe où, monsieur Gump. » Le petit Forrest est devenu « M. Gump ». Et en effet, quel plus beau spectacle que celui d'une volonté ? Là où le Tyler de *Fight Club* ne peut qu'échouer en forçant en vain les autres à être libres, Forrest réussit sans le vouloir et, si l'on peut dire, par le seul exemple de sa volonté, à faire naître chez d'autres le désir d'être libre et actif. Pas d'enseignement direct de la volonté, mais la valeur de l'exemple. Et l'exemple ne vaut, on l'a compris, que s'il ne cherche pas à être exemplaire. N'est exemplaire que celui qui ne désire pas l'être. Forrest Gump, professeur de volonté parce que incapable d'enseigner.

Si l'idiot du village a longtemps été considéré comme sacré, voire divin, c'est bien qu'il dispose d'une sorte de grâce. Mais ce cas limite, idéal, ne saurait constituer un idéal humain. Il peut nous aider à penser que notre grandeur viendra toujours de la partie infinie en nous, la volonté. Mais la dignité d'une vie humaine repose aussi sur la claire perception de nos limites. Forrest Gump, au fond, ne peut pas être fier de ce qu'il accomplit, car il l'accomplit sans y penser. Ce n'est pas un choix véritable, puisque sans entendement il n'a guère le choix. Sa liberté est tellement nue qu'elle est dépouillée d'elle-même. La volonté infinie mais vide se retourne en son contraire. « J'ai eu juste envie de courir » vaut d'autres envies, moins nobles. Quand la volonté se dégrade en envie, la liberté s'inverse en basse nécessité. Un homme ne peut être fier d'un choix qu'il fait qu'à la condition de le faire librement, de la même manière qu'un homme ne peut être dit courageux que s'il est conscient du danger. Et c'est pourquoi nous allons nous tourner vers un autre film, *When We Were Kings*, documentaire consacré à l'un des plus grands boxeurs de l'histoire : Mohamed Ali.

When We Were Kings, la volonté reine du ring

Le gracieux et néanmoins poids lourd Mohamed Ali, champion du monde en titre, affronte son monstrueux challenger George Foreman pour un combat historique, dans le Zaïre de Mobutu. Ce qui est intéressant ici, c'est que l'on voit bien que Mohamed Ali est terrifié par son adversaire. Il mesure pleinement le danger. Ali, par ailleurs, rayonne d'intelligence, il est beau parleur, il est beau tout court, il est drôle, vif, son agilité verbale lui sera-t-elle utile sur le ring ? À quoi pourra bien lui servir son intelligence face à la puissance invaincue et apparemment invincible du phénomène Foreman ? Les spécialistes ne donnent pas cher de sa peau face à cette montagne inhumaine. Tous prédisent un affrontement de styles, Foreman tout en puissance aveugle d'un côté, de l'autre Ali tout en jeu de jambes, en danseur capable d'esquiver la brute. On s'attend à une sorte de corrida, avec Ali dans le rôle féminin du torero qui leurre, et Foreman dans le rôle du taureau qui fonce. Mais rien ne se passe comme prévu.

« On aurait dit deux mômes en train de se bagarrer. Au troisième et au quatrième rounds, Ali est resté dans les cordes, il parlait sans cesse à Foreman, c'était impressionnant, il fallait être tout près pour le voir, et Foreman le martelait de ces coups prodigieux qui avaient impressionné les *sparring partners*. Ali tanguait, comme en haut d'un mât, partant en arrière, glissant, se redressant. Après un des coups, il a dit à Foreman : "Tu me déçois, George, il faut que tu y mettes plus de pêche, mon George. À quoi tu joues, là ? Je sens rien !" Et Foreman, fou de rage, continuait de le rouer de coups surpuissants. Au cinquième round Foreman était claqué, il s'était épuisé en trois rounds… Soudain, Ali lui a décoché une droite. On a vu la sueur gicler comme une fontaine. Nous réalisions que derrière cette folie se cachait une tactique. Je me suis alors tourné vers Norman [Mailer] et je lui ai dit : le démon l'a vaincu, cette femme aux mains tremblantes qui d'après le sorcier devait l'anéantir, le détruire... »

La femme aux mains tremblantes dont l'image se superpose à celle d'Ali en train de terrasser, d'avoir raison, comme on dit, de la masse énorme de Foreman, je suis tenté d'y voir l'esprit qui domine la matière. L'esprit d'un poids lourd, certes... mais l'esprit néanmoins, puisque, si tout le début du combat paraît très confus et désordonné, c'est un désordre qui n'est qu'apparent – sous cette apparente confusion se déployaient une tactique, une résolution, une détermination : Ali avait pris une décision. Avec un entendement fini – il ne pouvait pas savoir l'issue du combat –, il a fait un choix et s'y est tenu, il a accepté d'être roué de coups pendant cinq rounds, en restant dans les cordes, contre toutes les traditions de la boxe. Rester dans les cordes, c'est être à la limite de sortir du ring, de sortir des règles. En général, c'est le signe d'un épuisement du boxeur. Celui qui est dans les cordes n'est jamais très loin d'être au tapis... Ici, c'est le contraire. Ali, au lieu de subir les cordes et d'y être maintenu par son adversaire, choisit de s'y maintenir et de les utiliser. Il utilise leur élasticité pour rebondir, glisser, dérouter son adversaire tout en force, il ne cherche pas à attaquer, simplement à se protéger et à encaisser. Son but est d'épuiser son adversaire, de le laisser s'épuiser. Utiliser les limites plutôt que les subir, tel est le principe de la ruse, et celui du physicien : connaître les lois de la nature pour les utiliser. Obéir, pour commander. Voilà un usage véritablement humain de notre faculté reine. Vouloir dépasse infiniment comprendre, mais la volonté n'a de sens qu'en s'appuyant sur les limites de l'entendement. La décision d'Ali repose sur un calcul et une analyse. Ali n'est pas que volontaire, il est intelligent. Il use de son entendement là où l'autre n'use que de sa puissance. Ali fait de la physique quand l'autre pense comme une pierre qui tombe. Ali manifeste sa liberté quand l'autre n'obéit qu'à la nécessité.

On le voit, la volonté a des vertus magiques. Du point de vue de la logique physique, Foreman devrait écraser Ali. Mais la volonté introduit de l'infini dans le monde fini des forces. De l'infini, c'est-à-dire de l'esprit. Le film évoque la « femme aux mains tremblantes », le démon dont un sorcier local avait prédit qu'il accompagnerait Ali pour l'aider à terrasser Foreman. L'esprit, le démon, c'est à la fois le vocabulaire de la foi en l'efficacité visible de l'invisible, et le vocabulaire spirituel du dialogue intérieur : Socrate affirmait s'entretenir avec son « daïmon », son démon, cet autre en nous qui n'existe qu'à proportion que nous lui donnons une place, et qui faisait dire à Platon que la pensée est « un dialogue muet de l'âme avec elle-même ». Penser exige d'avoir la foi, au sens où la pensée n'est pas une activité mécanique qui se ferait seule en nous, et qui pourrait se faire sans nous. Penser exige courage et volonté. Alain disait : penser, c'est dire non. C'est dire non à nos premières pensées, qui seraient mieux nommées humeurs, et qui n'expriment d'abord que l'état de notre corps. Penser, c'est penser contre. Éternel combat de la volonté contre la force d'inertie du corps. Le corps a toujours gagné d'avance si la volonté ne croit pas à ses chances. Si on ne veut pas, on ne pense jamais.

La méthode

Puisque l'exemple inspire là où le professeur échoue, inspirons-nous à présent de l'exemple de Mohamed Ali pour affronter ensemble la rigueur du trop fameux *Discours de la méthode*. Je dis « trop fameux » car, comme disait Hegel, le « bien connu » est souvent le plus mal connu. Et le *Discours de la méthode* ne fait pas exception : tout le monde a entendu parler de la fameuse méthode, mais qui pourrait dire en quoi elle consiste ?

Si vous êtes encore là, et que vous lisez ces lignes, c'est que vous êtes plus cartésien que vous ne l'aviez cru, et que votre volonté guide avec détermination votre entendement dans la forêt de Descartes. Plutôt qu'errer et tourner en rond, allons donc droit au texte :

« Ainsi, au lieu de ce grand nombre de préceptes dont la logique est composée, je crus que j'aurais assez des quatre suivants, pourvu que je prisse une ferme et constante résolution de ne manquer pas une seule fois à les observer. »

Première bonne nouvelle, et nous n'y pensions pas : il n'y a que quatre préceptes. Notre mémoire devrait pouvoir s'en accommoder. Seconde bonne nouvelle : il suffit d'une « ferme et constante résolution » pour bien penser. La volonté ne dépend que de nous, quelle que soit la force ou la faiblesse de notre entendement : « ceux qui ne marchent que fort lentement peuvent avancer beaucoup davantage, s'ils suivent toujours le droit chemin, que ne font ceux qui courent et qui s'en éloignent ». Allons aussi lentement que nous voudrons, et même plus lentement. Apprenons la lenteur, c'est ce que nous indique le premier précepte.

Premier précepte : clarté et distinction

« Le premier était de ne recevoir jamais aucune chose pour vraie, que je ne la connusse évidemment être telle : c'est-à-dire, d'éviter soigneusement la précipitation et la prévention ; et de ne comprendre rien de plus en mes jugements, que ce qui se présenterait si clairement et si distinctement à mon esprit, que je n'eusse aucune occasion de le mettre en doute. »

Personnellement, je n'ai longtemps rien compris à ce précepte. Ce qui me rassure, c'est qu'Alain reconnaît la même difficulté : « Pour la première règle, elle est, à ce que je crois, la plus obscure de toutes ; car il est commun que l'on prenne pour évident ce qui ne l'est point ; ainsi la règle est formelle, on dirait presque verbale, tant qu'on ne pense pas que les trois autres règles lui fournissent un objet » (Alain, *Idées*, « La méthode »).

Une règle « formelle », « verbale », c'est-à-dire vide. Ça commence bien. Voyons ça de plus près. Que nous conseille Descartes ? Éviter la précipitation : aller lentement… Éviter la prévention. La prévention, c'est le préjugé. En même temps, il nous dit de n'accepter pour vrai que ce qui est évident… Comment faire la différence entre le préjugé, qui se donne toujours comme évident, et la « bonne » évidence, qui me garantit la vérité ? Si Descartes donne une méthode et pas une recette, c'est qu'il n'y a pas de recette pour faire attention ; le seul secret pour faire attention, c'est… de faire attention. La volonté ne se produit pas en suivant une recette, mais se produit, si l'on peut dire, à volonté. Il n'y a qu'à vouloir. C'est difficile parce que c'est simple, ça ne dépend que de moi. Je dois m'y mettre tout entier. Ce n'est pas une recette que je peux suivre passivement, c'est une promesse que je dois faire activement. Je suis toujours seul dans cette cuisine, et je suis le seul ingrédient. Voilà pourquoi ce premier précepte est « vide ». Il a pour contenu ma volonté. Mais Alain précise : « les trois autres règles lui fournissent un objet ».

Avant d'aller plus loin, examinons mieux cette question de l'évidence. Je peux sentir avec évidence que j'ai faim, c'est réel, mais est-ce une idée ? Non, car cette évidence, même si elle vient de mon corps, vient de l'extérieur. C'est à la fois moi et pas moi. C'est moi qui ai faim, mais avoir faim ne dépend pas de moi. De ce point de vue, on peut dire que mon corps m'est extérieur : je ne l'ai pas choisi, et je ne choisis pas tout ce qui lui arrive. Descartes ne parle pas de l'évidence de la sensation physique. Cette évidence reçue, quand elle est claire, l'est toujours de manière confuse. Recevoir une évidence de l'extérieur, c'est toujours être aveuglé. On la reçoit comme une pomme sur la tête. Ou comme un coup de poing. Si je reçois un coup de poing, est-ce que ça fait une idée claire ? C'est une question qu'on pourrait poser à Mohamed Ali. On dit bien qu'on voit des étoiles ou trente-six chandelles, ça apporte donc une certaine lumière. Mais c'est une lumière qui aveugle. La douleur peut être vive, elle n'est jamais claire comme seule une idée peut l'être. C'est, pour parler comme le Cid, une « obscure clarté » qui, en effet, tombe des étoiles. Clarté obscure et confusion, tels sont les résultats de l'évidence reçue.

Quels sont les critères de la bonne évidence ? Le premier précepte dit : la clarté et la distinction. Avant d'examiner la différence entre clarté et distinction, il faut dès maintenant préciser que l'évidence n'est ainsi pas première. Elle ne peut être que le résultat de la clarté et de la distinction, qui elles-mêmes ne sont jamais données d'emblée... « C'est dire qu'il ne suffit pas d'attendre l'évidence, ni même de la chercher comme on cherche dans la nature quelque objet rare et précieux, mais qu'il faut la faire toute, non pas selon la loi de l'objet, mais selon la loi de l'esprit » (Alain, *Idées*, « La méthode »).

On n'attend pas sa pensée comme on attend le train ou le bateau. On n'attend pas la pensée : on la fait. Une idée ne vaut que par l'ordre qui y mène. C'est-à-dire qu'une idée ne vaut pas parce qu'on l'a, mais parce qu'on est capable de l'avoir à nouveau. Méthode signifie « chemin » en grec, droit chemin. Une idée, c'est le chemin qui y mène. La pensée qu'on a par accident n'est donc pas encore une pensée. Il y a une évidence, dit Alain, qui laisse stupide. Une pensée ne vaut que si elle peut être retrouvée et refaite. On l'a déjà dit, on ne pense que si on veut.

Bien. Supposons qu'on veuille. Je veux penser. Mais quelle est l'étape suivante ? Comment atteindre la clarté et la distinction ? La pensée a pour but de former une intuition. Vous vous souvenez que l'intuition au sens cartésien n'a rien à voir avec l'intuition au sens habituel de pressentiment vague. Intuition vient du latin *intueri*, qui signifie voir. L'intuition est l'acte même de l'esprit – quand l'esprit veut et agit, il forme une intuition, que Descartes définit ainsi : « la conception d'un esprit pur et attentif, conception si facile et si distincte qu'aucun doute ne reste sur ce que nous comprenons ». Autrement dit, la clarté et la distinction sont le fruit d'un travail de refus de l'évidence, d'ajournement du jugement, de patience. Penser, c'est d'abord refuser. Citons à nouveau cette célèbre formule d'Alain : « Penser, c'est dire non. » Il importe de comprendre à quoi dire non. Penser, c'est dire non à ce qu'on pense, ou plutôt à ce qu'on croit penser. Voilà le contenu d'une pensée digne de ce nom : c'est une première pensée remise en doute. Alain disait aussi que le doute était le sel de la pensée. Le doute attaque la pensée, et ne laisse subsister que ce qui résiste, comme le sel attaque le jambon, le réduit en absorbant l'eau qu'il contient, et ne laisse subsister que ce qui donc se conservera. Le sel à la fois conserve et donne du goût. De même, le doute sculpte la pensée en la débarrassant de ce qui est faux en elle, de ce qui est confus ou obscur, pour ne garder que le clair et le distinct. Ainsi se forme une intuition, par un patient travail critique. Douter de ce qu'il pense n'est pas le signe d'un esprit faible, au contraire, c'est en résistant à ce qui se présente à lui que l'esprit forme, par un doute méthodique, une pensée. Mais une pensée ne saurait tenir tout son être que d'un acte négatif. Si on ne faisait que dire non, on ne comprendrait jamais rien. Comprendre, c'est voir en quoi quelque chose est vrai, pas seulement voir en quoi quelque chose n'est pas faux. C'est pourquoi Descartes donne une autre définition de l'intuition, positive celle-là : « ou, ce qui est la même chose, la conception ferme d'un esprit pur et attentif, qui naît de la seule lumière de la raison » (*Règles pour la direction de l'esprit*, règle 3).

Lumière, clarté, distinction, intuition, évidence, tous les termes utilisés par Descartes pour qualifier l'activité de l'esprit relèvent du vocabulaire de la vision. L'esprit est un troisième œil, qui voit d'une manière bien à lui.

Voir, pour l'esprit, c'est en effet entendre, puisque c'est l'entendement qui « voit ». Je ne cherche pas ici à vous embrouiller les sens, mais à attirer votre attention sur une difficulté essentielle. Nous sommes obligés, et Descartes avec nous, d'user de mots concrets pour désigner des activités abstraites, ou de mots ayant trait à la vision pour désigner des activités invisibles. Faut-il voir dans cette obligation une simple insuffisance de notre vocabulaire, un signe des limites de notre nature et de notre impuissance métaphysique, sommes-nous contraints d'user de ces métaphores faute de mieux – « l'œil de l'esprit », « la lumière de la raison », etc. –, ou ces métaphores nécessaires ont-elles un sens plus profond ?

Pour l'instant, cette comparaison de l'entendement avec un œil nous est utile. Elle permet de définir le genre de limites qui affectent notre activité intellectuelle. Par exemple, nous ne pouvons pas avoir clairement et distinctement beaucoup d'idées en même temps. C'est un principe énoncé dans la règle 9 des *Règles pour la direction de l'esprit* : « Car celui qui veut regarder d'un seul coup d'œil beaucoup d'objets à la fois n'en voit aucun distinctement. » Il les voit clairement, mais confusément. L'ensemble est perceptible, mais pas les parties. La zone où quelque chose est net au cinéma est liée à la profondeur de champ et au point focal. Nous avons tous fait l'expérience de ce point focal, la plupart du temps en le ratant, par exemple en prenant une photo floue. Pour faire le point, il faut commencer par faire varier ce point, autrement dit le net n'est pas une donnée première, on le trouve en sortant du flou. Il faut chercher le point. Descartes explique qu'il faut faire la même chose pour obtenir clarté et distinction dans la pensée. Le « clair », le

« facile », le « distinct » ne sont pas d'abord donnés, c'est le résultat d'une recherche, d'une mise au point. Si la philosophie est justement nommée « recherche du vrai » plutôt que « possession du vrai », c'est que le vrai résulte toujours d'un mouvement de l'esprit, qui en faisant varier son point de vue, en considérant comme flou ce qui lui est d'abord donné pour net, interroge ce qu'il pense pour conquérir la clarté[1].

Ce qu'il faut s'appliquer à bien comprendre ici, c'est qu'une idée peut être à la fois claire et confuse. En effet, le contraire de clair n'est pas confus, mais obscur. Le contraire de la lumière, c'est l'obscurité. La confusion suppose de la lumière. Le contraire de confus, c'est distinct. On a deux couples d'opposés : clair ou obscur, distinct ou confus. Ce qui donne non pas quatre, mais trois possibilités : soit l'obscurité totale (qui est en même temps la confusion totale, puisque dans l'obscurité rien n'est distinct), soit la clarté confuse, soit, c'est le mieux, la clarté distincte. Deux positions extrêmes : d'un côté l'obscurité, de l'autre la clarté distincte, et entre les deux autant de degrés qu'on voudra de clarté confuse. Si vous vous demandez comment une idée peut être à la fois claire et confuse, pensez à l'idée d'infini. C'est une idée parfaitement claire, et simple, mais qu'il vous est impossible de concevoir dans son détail. Clarté d'ensemble, confusion du détail. Si vous êtes myope, vous voyez on ne peut mieux ce que je veux dire. Voilà pourquoi

1. La métaphore de la vision pour désigner l'activité de l'esprit est donc particulièrement fertile. En étudiant comment, par ses moyens propres, le cinéma peut forcer l'attention ou jouer avec elle, on se met en position de mieux comprendre les limites de notre attention et comment apprendre à l'exercer.

Descartes ne propose pas simplement la clarté comme critère de vérité, mais ajoute la distinction. Ce n'est pas qu'une question de lumière, mais de netteté, et de quantité d'objets à éclairer. S'il y a beaucoup à voir, il faudra donc diviser, voir les objets l'un après l'autre plutôt que tous ensemble. Telle est l'origine du deuxième précepte.

Deuxième précepte : division de la difficulté

« Le second, de diviser chacune des difficultés que j'examinerais, en autant de parcelles qu'il se pourrait, et qu'il serait requis pour les mieux résoudre. »

Le deuxième précepte, c'est la division. Autrement dit la décomposition du complexe en éléments simples. Cette division n'est pas une simplification, n'est pas un appauvrissement, mais une analyse, un découpage, de la même manière que Platon expliquait que le bon dialecticien procédait avec la pensée comme s'il s'agissait de découper un poulet. Pour bien découper un poulet, il faut trouver les articulations, ne pas découper n'importe comment, ne jamais forcer, ne pas casser les os, mais glisser la lame entre eux, respecter les nécessités pour ainsi dire organiques de la pensée, et découper pour étudier ensuite un élément après l'autre.

On ne nie pas la difficulté, on la divise pour l'affronter. Diviser, c'est découper en parties et les affronter successivement, dans un ordre qu'on aura choisi. De là découle le troisième précepte.

Troisième précepte : invention d'un ordre non-naturel

« Le troisième, de conduire par ordre mes pensées, en commençant par les objets les plus simples et les plus aisés à connaître, pour monter peu à peu, comme par degrés, jusques à la connaissance des plus composés ; et supposant même de l'ordre entre ceux qui ne se précèdent point naturellement les uns les autres. »

Le troisième précepte, c'est l'invention d'un ordre progressif, allant du simple au complexe. Après le découpage de la difficulté en morceaux, Descartes propose non pas simplement de la reconstituer à l'identique, mais de mettre ces éléments dans un ordre allant du simple au composé, d'inventer un ordre qui n'est pas donné naturellement, un ordre selon la pensée, que l'on peut re-parcourir ensuite aisément. Non que la difficulté ait disparu, et que le difficile soit devenu facile par le miracle d'un meilleur rangement, mais le difficile est devenu accessible, selon un ordre progressif [1].

Cette chaîne qui invente une progression, où le composé se tire du simple, c'est ce qu'on appelle aussi démonstration ou déduction. Descartes définit ainsi la déduction : « Opération par laquelle nous entendons tout ce qui se conclut nécessairement d'autres choses connues avec certitude par un mouvement continu et ininterrompu de la pensée qui a une intuition claire de chaque

1. Pour reprendre l'exemple du poulet, il ne s'agit pas de le reconstituer à l'identique après l'avoir découpé, mais de présenter ses morceaux par ordre croissant de complexité, de manière à en comprendre l'anatomie. Pour les végétariens, précisons que l'étude des plantes utilise la même méthode.

chose. » Autrement dit, une déduction n'est rien d'autre qu'une chaîne d'intuitions. Une chaîne étant toujours aussi solide que le plus faible de ses maillons, Descartes prévient que l'intuition, « étant plus simple, est par suite plus sûre que la déduction même, qui pourtant elle aussi ne peut pas être mal faite par l'homme ».

La certitude que donne une déduction n'a donc pas moins de valeur que l'évidence produite par une intuition, mais réclame une attention supplémentaire. « C'est ainsi que nous savons que le dernier anneau d'une longue chaîne est relié au premier, même si nous n'embrassons pas d'un seul et même coup d'œil tous les intermédiaires dont dépend ce lien, pourvu que nous ayons parcouru ceux-ci successivement, et que nous nous souvenions que du premier au dernier chacun tient à ceux qui lui sont proches. »

Et c'est ainsi que se présente à nous la nécessité de vérifier la solidité de nos chaînes déductives, ce que Descartes édicte comme le quatrième et dernier précepte de la méthode.

Quatrième précepte : énumération

« Et le dernier, de faire partout des dénombrements si entiers, et des revues si générales, que je fusse assuré de ne rien omettre. »

Il s'agit de faire varier le point de vue (non pas le détail d'une intuition, mais une vue générale, prendre du recul, de la hauteur) et la vitesse (non pas le lent et précautionneux passage d'une idée à une autre, d'un maillon de la chaîne au suivant, mais parcourir rapidement la chaîne pour vérifier qu'un maillon ne manque pas).

Ce quatrième précepte, comme les autres, découle du caractère limité de notre entendement. Comme nous ne pouvons penser toutes les idées en même temps, et que nous sommes contraints de les penser successivement, nous devons nous assurer régulièrement que nous n'avons rien oublié, en re-parcourant les chaînes démonstratives. Ce dernier précepte de l'énumération découle du deuxième, celui de la division de la difficulté : si on divise, il faut s'assurer de n'avoir rien oublié ; et du troisième, puisque la déduction est moins sûre que l'intuition : plus la chaîne d'intuitions est longue, plus il importe de vérifier la solidité du lien entre chaque maillon.

Voilà ce qu'indique le dernier précepte de la méthode. Et voilà qui nous ramène encore au premier. L'énumération, en s'assurant que rien ne manque, permet clarté et distinction. Autant dire qu'aussi limité soit notre entendement, aucune vérité ne nous est inaccessible. Il nous suffit de diviser, de procéder avec ordre, d'énumérer, et de toujours faire attention. En un mot, il nous suffit de vouloir, tel est le cœur de la méthode. Descartes le dit ainsi : « Ces longues chaînes de raisons, toutes simples et faciles, dont les géomètres ont coutume de se servir pour parvenir à leurs plus difficiles démonstrations, m'avaient donné occasion de m'imaginer que toutes les choses, qui peuvent tomber sous la connaissance des hommes, s'entresuivent en même façon et que, pourvu seulement qu'on s'abstienne d'en recevoir aucune pour vraie qui ne le soit, et qu'on garde toujours l'ordre qu'il faut pour les déduire les unes des autres, il n'y en peut avoir de si éloignées auxquelles enfin on ne parvienne, ni de si cachées qu'on ne découvre. »

L'impitoyable méthode du tueur collatéral

Vous le voyez, en philosophie on commence par ne rien voir. Le premier pas consiste à reconnaître ces ténèbres. C'était la devise de Jules Lagneau, difficile et admiré maître d'Alain : *clarum per obscurius*, « la clarté par le plus obscur », c'est-à-dire que le vrai chemin vers la clarté consiste d'abord à accepter d'approfondir l'obscurité. Seul celui qui a reconnu qu'il ne comprenait pas, et qui affronte son ignorance, est en état de comprendre un jour. Celui qui sait qu'il ne sait pas sait déjà quelque chose, et sait toujours plus que celui qui croit savoir. Si vous avez ce sentiment de ne pas comprendre, l'honnêteté de le reconnaître, et le courage de ne pas en rester là, vous êtes déjà philosophe. J'ai longtemps cru que Socrate, quand il disait « Je sais que je ne sais rien », s'offrait un jeu de mots facile. Je suis persuadé aujourd'hui que seuls les êtres exceptionnels sont capables de reconnaître avec modestie les limites de leur savoir. Les médiocres sont toujours armés de certitudes. Vous les connaissez, ces savants qui en remontrent à Descartes, et qui le trouvent dépassé ou ringard. Mais, comme le faisait remarquer Alain, il y a toujours plus d'esprit dans une erreur de Descartes que dans les vérités de ces cuistres.

Collateral, de Michael Mann, va nous permettre à présent d'ancrer plus profondément en nous les préceptes de cette méthode, pour nous souvenir durablement que l'évidence n'est pas reçue, mais construite.

Dans *Collateral*, Tom Cruise incarne un tueur à gages qui a pris en otage un taxi, joué par Jamie Fox, pour aller liquider en une nuit ses cibles éparpillées dans Los Angeles. Qu'est-ce qu'un bon tueur ? C'est quelqu'un qui, dans une situation confuse, va être capable d'agir de manière résolue. Là où nous ne verrions que confusion, lui est capable de former des idées claires et distinctes. Nous allons voir ensemble qu'il le fait en appliquant la méthode de Descartes.

La scène que nous étudions se déroule dans une boîte de nuit asiatique de Los Angeles. Le tueur doit abattre un gros type en blanc, une sorte de « boss » protégé par des hommes de main armés, répartis dans l'ensemble de la salle. La police, prévenue, arrive sur les lieux en même temps que le tueur. La musique est à fond, les projecteurs et les spots font alterner pénombre et lumière aveuglante, la boîte est pleine : la tâche de Tom Cruise paraît bien difficile. Mais à tueur cartésien, pas de mission impossible.

Si on reste à la hauteur des gens qui dansent dans la boîte de nuit, on ne perçoit rien, que de la confusion. La caméra opère donc un premier mouvement, vers le haut en restant sur son axe. Ce mouvement d'élévation sur place, comme un homme qui se mettrait sur la pointe des pieds ou qui monterait sur une chaise, va permettre de diviser ce qu'il y a à percevoir, de passer de la confusion et de l'obscurité des corps mêlés des danseurs à la clarté et au vide de l'espace au-dessus de leurs têtes où rien ne fait obstacle à la lumière. Cette clarté s'accompagne ici immédiatement de distinction, puisque, à cette hauteur, seules quelques têtes apparaissent : celles des hommes chargés de la surveillance, qui cherchent également à percevoir leur cible.

Ensuite, la caméra va opérer des zooms, qui vont chercher à « cadrer » les cibles. Le zoom est un mouvement de division, de simplification, puisqu'il permet de repérer et d'isoler. C'est un recadrage, un resserrement du cadre sur l'élément visé. On parle ici de zooms très rapides, qui relèvent davantage de la visée que du cadrage, et que le spectateur perçoit comme tels [1]. La caméra « localise » la cible en zoomant, puis fait le point.

Viser, c'est passer du flou au net. On aperçoit également le rayon laser d'un viseur qui cherche à faire la clarté et la distinction dans l'obscurité et la confusion de la foule. Ce rayon rouge incarne l'activité d'un esprit. Viser, c'est sélectionner dans cet ensemble ce qu'on a décidé de percevoir et, ici, d'éliminer.

On peut donc avoir dans la même image du flou et du net. Un premier plan net, un arrière-plan flou. C'est un moyen de simplifier le travail de notre perception. Si dans une image où tout est net notre œil n'est attiré par rien, nous aurons une perception à la fois claire et confuse, bien que tout soit net. Nous percevrons clairement un ensemble, sans être attirés par aucun détail en particulier. La solution ? Attirer notre attention sur un point en le rendant clair et distinct par contraste,

1. Cadrer n'est pas simplement viser. Disons que Michael Mann cadre quelqu'un en train de viser, nous permettant à la fois d'apprécier le travail du tueur de l'extérieur et d'épouser sa perception à l'occasion. Ce couplage arme-caméra n'est pas rigide, c'est une association qui « a du jeu », comme on le dit d'un mécanisme, ce qui permet une circulation au spectateur.

c'est-à-dire par exemple en laissant ce qui l'entoure dans le flou, ou en le faisant lui-même passer du flou au net.

Enfin on a un mouvement de panotage (rotation sur l'axe de la caméra), qui balaye la salle et permet au tueur de faire une énumération de toutes les cibles à abattre. Un oubli peut ici être fatal. On n'est pas dans le domaine de la pensée, où une erreur ne tue pas celui qui la commet – un mathématicien refait sa démonstration, au tableau noir on peut toujours effacer et recommencer. Ici, dans le domaine de l'action, l'erreur est une faute, qui se paye au prix fort. Mais puisque ça reste du cinéma, disons que cette scène nous donne une bonne image de l'exigence intellectuelle à l'œuvre dans la méthode. La méthode est vitale dans l'ordre intellectuel. C'est une question de vie ou de mort… de la pensée.

Si l'on résume, on a dans cette scène l'application scrupuleuse au domaine de l'action des préceptes de la méthode pour bien penser :

1. Les variations du point focal, c'est-à-dire les passages du flou au net, et du net au flou, manifestent la recherche de clarté et de distinction nécessaire à la formation d'une intuition, dont découlera le sentiment d'évidence. C'est le premier précepte.

2. Les mouvements de caméra et d'objectif ont plusieurs fonctions : d'abord, le mouvement d'élévation, où la caméra monte sur son axe pour sortir de la mêlée des danseurs et repérer les ennemis, a pour but de simplifier la perception, de la rendre claire et distincte (c'est donc le premier précepte), mais aussi de diviser la difficulté : ça permet de séparer les danseurs qui font obstacle à l'action involontairement, et les ennemis qui vont le

faire volontairement. Cette division est une application du deuxième précepte.

3. Ensuite, les zooms qui resserrent le cadre sur les cibles relèvent à la fois du premier précepte, puisqu'il s'agit d'avoir une idée claire et distincte de chaque cible ; et du deuxième précepte, puisqu'il s'agit de diviser la difficulté, dans le but de les abattre l'une après l'autre. Voilà qui suppose également le troisième précepte, qui indique d'aller du simple au composé, de créer un ordre qui n'est pas donné naturellement, mais décidé par le sujet. Le zoom permet à la fois la sélection de cibles claires et distinctes, la division de la difficulté, et la mise en série des cibles, de la plus proche à la plus éloignée.

4. Enfin, le mouvement de panotage, lorsque la caméra pivote sur son axe pour donner une vue panoramique, relève du dernier précepte, et permet de faire l'énumération des cibles à abattre.

Ce tueur est donc un garçon méthodique qui procède avec ordre, il prend la difficulté qui est la plus proche de lui avant de passer à la suivante. Il abat dans l'ordre, en fonction du degré de menace et de proximité, ses cibles successives. Comme le dit Descartes : « Ces longues chaînes de raisons, toutes simples et faciles, dont les géomètres ont coutume de se servir, pour parvenir à leurs plus difficiles démonstrations, m'avaient donné occasion de m'imaginer que toutes les choses, qui peuvent tomber sous la connaissance des hommes, s'entresuivent en même façon [...]. »

Ces « longues chaînes de raisons » sont plutôt ici des chaînes de perceptions et d'actions. Lorsque Descartes évoque « toutes les choses, qui peuvent tomber sous la connaissance des hommes », il ne pense probablement pas à l'art de tuer, même s'il a pratiqué le métier de soldat, et sait tirer l'épée à l'occasion. Il est indéniable cependant que le tueur de métier dispose d'une connaissance, d'une science du meurtre, qui relève à ce titre des préceptes de la méthode.

Ainsi, « pourvu qu'on s'abstienne d'en recevoir aucune [chose] pour vraie qui ne le soit », autrement dit pourvu qu'on évite la précipitation et la prévention, qu'on ne juge pas trop vite, qu'on ne tire pas trop vite, pourvu « qu'on garde toujours l'ordre qu'il faut », qu'on abatte la cible la plus menaçante, donc la plus proche et la plus simple, avant de passer aux suivantes, « il n'y en peut avoir de si éloignées auxquelles on ne parvienne, ni de si cachées qu'on ne découvre ». Même la cible la plus éloignée – dans cette scène, le gros type en blanc, éloigné à la fois physiquement, et caché, protégé par ses tueurs et par la police – n'est pas à l'abri d'un tueur méthodique.

On a une scène de même nature dans *Impitoyable*. Ce film de Clint Eastwood met en scène William Muny, tueur à gages repenti qui reprend du service après la mort de sa femme pour subvenir aux besoins de ses enfants. Manifestement hors d'âge pour ce genre d'activités, le geste lent, l'œil myope, le dos raidi, il se montre pourtant capable, le moment venu, seul contre tous dans l'habituel saloon hostile, non seulement de survivre, mais d'abattre tous ses adversaires sans recevoir la moindre blessure. Pour une fois, ce genre d'exploit paraît crédible, car fondé non sur une agilité supérieure ou une vitesse de perception et de tir surhumaine, mais sur une justesse d'analyse des signes émis par ses adversaires – le plus agressif va tirer avant le plus timide, le plus agité risque de rater sa cible, etc. – et sur l'ordre des cibles à abattre, de la plus dangereuse à la moins dangereuse. William Muny articule le *Traité des passions* au *Discours de la méthode*. Sa connaissance des passions humaines – peur, colère, haine – lui permet de définir des priorités et une chaîne d'actions où il n'affronte finalement qu'un adversaire à la fois. Il a même un avantage à être seul contre tous : son action n'a pas besoin d'être coordonnée avec celle d'un autre, et il profite du désordre qui s'empare immanquablement d'un groupe qui ne s'est pas concerté. Une volonté étant par définition infinie, elle a suffisamment en elle pour affronter et vaincre autant de volontés qu'on voudra, puisque, selon cette curieuse propriété mathématique, additionner de l'infini à de l'infini ne lui ajoute rien, il reste simplement infini. Inutile donc de s'affoler, et Clint Eastwood est célèbre pour ses personnages au sang-froid reptilien. Sans peur et sans reproche, de l'inspecteur Harry à William Muny en passant par *Le Bon, la Brute et le Truand*, il flingue toujours sans sourciller ni trembler. Une machine à tuer, une machine à calculer les passions des autres, mais elle-même sans passions.

Le tueur de *Collateral* paraît sortir du même moule : loin de s'affoler, et de voir sa perception augmenter en confusion par peur ou par précipitation, le tueur incarné par Tom Cruise semble agir sans passions, comme un esprit pur, procédant avec ordre. Dans la confusion générale, il garde la tête froide. Il ne pense que pour agir, mais il pense. Peut-on dire pour autant qu'il n'éprouve aucune passion ? Si c'était le cas, son point de vue ressemblerait à celui d'un objet, coïnciderait avec celui de son arme.

Mais ce tueur reste un homme vivant, dont le point de vue n'est pas d'emblée fixe, clair et distinct. Alors qu'une arme *est* indifférente à ce qu'elle vise, le tueur, lui, doit *devenir* indifférent à ce qu'il vise. Son indifférence est une conquête, contre la peur et la précipitation. Ce qui est certain, c'est que les passions qui l'animent lui sont utiles. La peur de mourir lui permet de percevoir plus vite et mieux ses ennemis, de ne pas sentir la douleur des coups qu'il reçoit, etc. Ses passions aiguisent sa perception. Le tueur n'est pas incapable de passions : au lieu de les subir, il les utilise pour atteindre son but. Ou disons que certaines passions, bien utilisées, permettent d'atteindre un but mieux que sans passion. Si, comme le dit Hegel, rien de grand ne s'est fait sans passion dans l'histoire, c'est que la passion nous attache à nos buts d'une manière autrement viscérale que le froid entendement. Et si Descartes affirme traiter des passions non en moraliste mais en physicien, c'est qu'il ne s'agit pas pour lui de condamner les passions, mais d'apprendre à jouer avec elles et à les utiliser.

Avançons et, si vous le voulez bien, dévoilons la fin du film. Après moult péripéties, le taxi se rebiffe, ne veut plus servir de chauffeur à cet assassin pourtant sympathique et provoque un accident. Le tueur s'enfuit, vers sa dernière cible. Le taxi découvre qu'il connaît la future victime, une belle juriste dont il est amoureux, et fait en sorte, je vous passe les détails, voyez le film, de la prévenir et de s'enfuir avec elle, après avoir volé une arme. Le tueur les poursuit. Vient le moment de la confrontation. Par définition, un être humain ne peut pas être assuré des résultats de son action. Agir, c'est toujours risquer. C'est vouloir, sans tout savoir. Volonté infinie, entendement fini. Voyons ce personnage de taxi. Sa connaissance en matière d'armes est plus limitée que celle du tueur professionnel en face de lui. Il est donc inférieur du point de vue de l'entendement. Mais sa volonté est aussi infinie, souvenez-vous : infinie « en nous comme en Dieu ». Agir, c'est, quand on ne sait pas, décider d'agir tout de même. Au moment de l'action, il ferme les yeux et se lance. C'est dire si son entendement est limité : affronter un tueur professionnel quand on est taxi, aussi déterminé soit-on, c'est être comme un aveugle qui affronterait un voyant. Mais le voyant est blessé, son corps est affaibli, et il est aveuglé, lui aussi, par la colère... Le tueur qui subit une passion inhabituelle est altéré dans son jugement. Il perd l'avantage que lui donne sa compétence. « Je fais ça pour vivre ! » crie le tueur. Au lieu d'agir, il cherche à justifier son action. Erreur de débutant, ou plutôt de finissant, dont la volonté n'est plus aussi sûre. Le taxi, lui, n'a rien à justifier. Il sait que ce qu'il fait est juste. Il défend la vie d'une femme qu'il aime. Il puise sa résolution dans cette passion amoureuse et morale à la fois. La fermeté de sa volonté fera la fermeté de son bras. Les deux tirent, aussi aveugles l'un que l'autre. À égalité, finalement, puisque d'un côté la connaissance supérieure du tueur est amoindrie par ses passions et sa blessure, et que de l'autre, l'ignorance du taxi est compensée par la fermeté de sa résolution. Une action décidée, même avec un entendement limité, peut aboutir. La preuve, c'est le taxi qui l'emporte. Souvenez-vous : « Le secret de l'action, c'est de s'y mettre. » Et le secret de la volonté, c'est de vouloir.

Méthode et cinéma

Si l'on résume ce qu'on a découvert, il semble que l'on puisse relier chacun des préceptes de la méthode à différentes opérations du cinéma :

1. Le premier précepte, qui repose sur la clarté et la distinction, pose à la fois la question de la prise de vues : lumière, netteté, « éviter la précipitation », vitesse du mouvement de la caméra, ralenti ou accéléré ; et la question du montage : vitesse de l'enchaînement des plans.

2. Le deuxième précepte, celui de la division, correspond au découpage et au cadrage. Le film est bien divisé en plans. On parle de « découpage » d'un film au niveau du scénario. Puis, au moment de la prise de vues, la première « division de la difficulté », c'est le cadrage. Cadrer, c'est cacher. Cacher ce qui n'est pas dans le cadre. C'est offrir moins à la perception, pour permettre de mieux percevoir. On ne peut faire attention qu'à un objet isolé du reste de la nature, à un objet séparé, autrement dit à un objet abstrait. Cadrer, c'est opérer cette séparation, cette abstraction. La photographie fait apparemment la même chose. « Pourtant le cinéma a un pouvoir qu'à première vue la photographie n'a pas : l'écran (a remarqué Bazin) n'est pas un cadre, mais un cache ; le personnage qui en sort continue à vivre : un "champ aveugle" double sans cesse la vision partielle » (Roland Barthes, *La Chambre claire*). Le hors-champ du cinéma est dynamique, ce qui sort du cadre continue à exister en off. Cadrer, ce n'est pas opérer une séparation « pour toujours » entre ce qui est dans le cadre et ce qui n'y est pas, mais inventer un hors-cadre qui fait partie du film. Pour inverser la citation d'André Bazin, il faudrait dire

que cadrer, c'est montrer ce qui est caché, en tout cas le faire vivre. Reste que la « vision partielle » est la première condition pour voir quelque chose. Voir n'est possible que si l'on accepte de ne pas tout voir.

3. Le troisième précepte, l'invention d'un ordre non naturel qui enchaîne les éléments du simple au complexe, c'est le montage. Monter un film, c'est enchaîner des plans « qui ne se précèdent point naturellement les uns les autres », c'est changer l'ordre naturel pour lui substituer l'ordre du film. « Conduire par ordre mes pensées, en commençant par les objets les plus simples et les plus aisés à connaître, pour monter peu à peu, comme par degrés, jusques à la connaissance des plus composés ; et supposant même de l'ordre entre ceux qui ne se précèdent point naturellement les uns les autres. » C'est à la fois un programme de « montage » : manière d'enchaîner, du simple au composé ; et de « montée » : ascension. Dans la simple association d'idées, les idées restent disjointes, réunies par le seul hasard ; dans la démonstration ou déduction, elles s'appuient les unes sur les autres, pour monter « comme par degrés ». De même un film « élève » le spectateur, ne reste pas à plat. L'idée d'une transformation du spectateur par le film est inscrite dans la manière dont il enchaîne les plans.

4. Et pour le quatrième précepte, l'énumération, c'est un principe à la fois de mise en scène, de cadrage – il faut s'assurer qu'on a filmé tout ce qui devait l'être[1] – et de narration – s'assurer qu'on a bien raconté toute

1. Faire une « revue générale », c'est faire un plan d'ensemble – ce que les Américains appellent *establishing shot*, une vue qui permet d'établir une situation dans son ensemble avant de s'approcher pour faire des plans moyens ou des gros plans.

l'histoire, que le film est complet. C'est un principe organique, comme si le film était un corps dont il fallait compter les membres avant de le laisser sortir sur les écrans.

Le cinéma, vous le voyez, obéit à des principes repérés par Descartes, qui sont ceux de la pensée. Le cinéma s'inscrit dans le projet cartésien à double titre. D'abord dans la mesure où l'imagination doit venir à l'aide de l'entendement chaque fois que c'est possible. Ensuite, comme on va le voir dans les prochaines pages, parce qu'il nous permet de sentir et d'expérimenter rien de moins que notre liberté.

2.

ET SI DIEU NOUS TROMPAIT ? DU BON USAGE DU DOUTE

Matrix, ou la menace du malin génie

Résumons un peu notre parcours, car, croyez-le ou pas, nous avons avancé. Après avoir exploré la philosophie de l'action de Descartes, et les maximes de sa morale pour bien agir, nous avons étudié les préceptes de sa méthode pour bien penser. Mais nous avons un peu triché, puisque pour comprendre cette méthode nous avons pris nos exemples dans des films que l'on pourrait dire « d'action », alors que Descartes précise bien que l'urgence de l'action n'a rien à voir avec le temps de la pensée et de la méditation. Il est donc nécessaire de passer à des exemples plus adéquats, et de délaisser les films d'action pour nous appuyer sur des films, pourrait-on dire, d'inaction. Ou plutôt de pensée. Nous aurions besoin à présent d'un film qui soit l'équivalent des *Méditations métaphysiques*. Cela existe-t-il ? Le critique et réalisateur Alexandre Astruc, qui défendait l'idée de la caméra-stylo, disait : « L'idée d'un Descartes du cinéma n'est pas paradoxale en soi. Elle ne l'est aujourd'hui que dans la mesure où aucun distributeur ne serait assez fou pour passer dans une salle un film qui serait sur le plan du cinéma l'équivalent des *Pensées* de Pascal... » Et pourtant, ce film existe. Il existe même plutôt trois fois qu'une, sous la forme d'une trilogie dont on ne peut pas dire que les distributeurs aient eu peur de la passer dans les salles, puisqu'il s'agit de *Matrix*.

Comment oser affirmer que *Matrix* n'est pas un film d'action ? C'est que rarement film d'action aura plus mal porté son nom, et autant souhaité la disparition de l'action. Rappelons que *Matrix* raconte l'histoire d'un informaticien du nom de Thomas Anderson vissé à son écran jour et nuit, le jour pour son travail, la nuit pour jouer au pirate. C'est ce qu'on appelle un *no life*, dont la vie se réduit aux mondes virtuels, aux lignes de code, et à bouffer de la pizza froide en s'abîmant les yeux. Cet être aliéné, qui devrait avoir les traits d'un mort vivant obèse, est incarné par le pourtant svelte et alerte Keanu Reeves. Cette première incohérence visuelle est faite pour nous mettre la puce à l'oreille : l'action n'est peut-être pas là où on le croit. Bientôt, je vous passe les détails pour l'instant, Thomas Anderson découvre que ce qu'il prenait pour le monde n'est qu'une illusion. En gros, nous vivons sans le savoir dans une espèce de jeu vidéo hyper-sophistiqué, conscient et hostile, nommé la Matrice. C'est le résultat d'une guerre que les machines ont menée contre les humains et gagnée. Les « humains » sont désormais élevés dans des fermes, maintenus dans un bain visqueux et branchés de toutes parts, plongés dans un coma artificiel, ils « vivent » dans une illusion générée par les machines, auxquelles l'énergie qu'ils dégagent sert de carburant. Le terne Thomas Anderson va découvrir qu'il est en réalité « Néo », « l'Élu » d'une communauté de résistants ayant échappé au contrôle de la Matrice et cherchant à la détruire. Si Néo est l'Élu, c'est grâce à ses talents informatiques. Son inaction apparente d'adepte du clavier et de l'écran total se renverse en action miraculeuse quasi divine. Si Néo devient aussi agissant et efficace dans le monde de la Matrice, c'est à la condition de ne plus agir au sens physique habituel, mais uniquement par la volonté. Descartes nous mettait le nez sur l'impossibilité pour nous de procéder ainsi, dans l'article 44 de son *Traité des passions* : « [...] mais si on pense seulement à élargir la prunelle, on a beau en avoir la volonté, on ne l'élargit point pour cela. » Ce qui fait que notre prunelle s'élargit, c'est que la quantité de lumière diminue, pas notre volonté. Tout le premier épisode de *Matrix* nous montre comment Néo apprend à faire ce qui est impossible à un humain : contrôler son corps directement par la volonté.

Descartes a longuement médité sur cette impossibilité de gouverner directement notre corps. Et il est arrivé à la conclusion que si notre volonté ne peut rien directement, elle peut beaucoup indirectement. Voilà pourquoi il a pris la peine, avec le *Traité des passions*, d'explorer les moyens de gouverner notre corps « en physicien », c'est-à-dire indirectement, en passant par le détour de la connaissance de sa structure et de ses mécanismes, en le traitant comme une machine et en repérant ce qui en lui se fait sans nous. On ne manipule pas une machine par la seule volonté, mais, en découvrant ses rouages et son mode d'emploi, on peut s'en servir. Le *Traité* nous apprend comment agir. Néo, lui, apprend comment ne plus avoir à agir, comment agir sans agir, ou, pour mieux dire, comment agir par la seule pensée. *Matrix* est donc, au choix, un film qui supprime l'action pour la remplacer par la pensée, ou un film qui, en supprimant le fossé entre la pensée et l'action, fait de la pensée la seule action possible. Ce qui en fait soit le film d'action le plus actif qui soit, soit le film d'action le plus pensant qui soit. C'est en tout cas, à coup sûr, le film d'action le plus bavard qui soit, puisque les séances d'action « pures » alternent avec de longues conversations théoriques sur les questions du choix et de la liberté.

Le malin génie de la Matrice

Avant de plonger avec Morpheus et Néo dans ces questions, qui sont le cœur de la philosophie cartésienne, une mise au point me paraît nécessaire. On prend souvent « cartésien » pour synonyme de « bien rangé ». Le « cartésianisme » désignerait une espèce de névrose de l'ordre, ou de phobie du désordre. Eh bien, c'est le contraire. De même que Descartes nous invite à défaire ce qui se présente à nous pour pouvoir le penser, il nous faut défaire ce que nous croyons savoir, notamment sur Descartes et son idée de l'ordre. Pour faire un ordre digne de ce nom, il faut commencer par défaire l'ordre qui est donné. Refuser l'ordre qui est reçu pour fabriquer le sien propre, ne rien accepter de l'extérieur, et ne reconnaître que les évidences ressenties de l'intérieur par un esprit, c'est accepter un moment de désordre, qui est le préalable à l'ordre véritable. Autrement dit, être cartésien et méthodique, c'est commencer par faire le désordre. Voilà qui est inattendu, mais logique : seul celui qui est capable de défaire un ordre préexistant, et de supporter ensuite le désordre qui en résulte, sera capable de créer un ordre selon la raison. On dirait un argument pour adolescent adepte du bordel dans sa chambre, mais c'est la stricte vérité : il n'y a d'ordre possible que sur fond de désordre intégral.

Ainsi, quand Descartes se demande comment trouver une vérité qui ne puisse être remise en doute, il commence par tout remettre en doute, comme, dit-il, on vide entièrement un panier de pommes pour déterminer lesquelles sont saines et lesquelles sont pourries. Ce doute est « radical » : il prend les choses à la racine. Et pour voir les racines, il faut creuser et déranger la terre, refuser le monde tel qu'il est donné. Dans ses *Méditations*, Descartes fera l'hypothèse du Dieu trompeur ou malin génie, un être tout-puissant capable de me faire prendre le faux pour le vrai. Pour être radical, le doute doit aussi être hyperbolique. Descartes ne se contente pas mesquinement de douter du douteux, il étend généreusement son doute à ce qui paraît le plus certain : la possession d'un corps, les vérités mathématiques et ce qui garantit tout cela : la véracité de Dieu. Descartes accepte courageusement de plonger dans le scepticisme absolu au nom de son exigence de vérité. Voilà pourquoi Hegel l'appelait le « héros de la philosophie ». Il est capable de remettre en doute tout ce qu'il sait, au moment où il est l'un des plus grands savants de son siècle. Il plonge dans l'inconnu, défaisant l'ordre reçu il accepte de séjourner dans le chaos, armé de sa seule volonté, rejetant l'autorité des savants et la garantie divine. Et si Dieu me trompait, demande Descartes, si Dieu, avec sa majuscule, n'était qu'un menteur absolu, comment, avec mon entendement fini, tenir contre lui ? Comment échapper à sa toute-puissance ? Si rien de ce que je pense n'est vrai, ne dois-je pas considérer que mes sens me trompent également, que tout ce qui m'entoure est une illusion, que mon propre corps n'existe pas ?...

« Je supposerai donc qu'il y a, non point un vrai Dieu, qui est la souveraine source de vérité, mais un certain mauvais génie, non moins rusé et trompeur que puissant, qui a employé toute son industrie à me tromper. Je penserai que le ciel, l'air, la terre, les couleurs, les figures, les sons et toutes les choses extérieures que nous voyons, ne sont que des illusions et tromperies, dont il se sert pour surprendre ma crédulité. Je me considérerai moi-même comme n'ayant point de mains, point d'yeux, point de chair, point de sang, comme n'ayant aucun sens, mais croyant faussement avoir toutes ces choses. Je demeurerai obstinément attaché à cette pensée ; et si, par ce moyen, il n'est pas en mon pouvoir de parvenir à la connaissance d'aucune vérité, à tout le moins il est en ma puissance de suspendre mon jugement. C'est pourquoi je prendrai garde soigneusement de ne point recevoir en ma croyance aucune fausseté, et préparerai si bien mon esprit à toutes les ruses de ce grand trompeur, que, pour puissant et rusé qu'il soit, il ne pourra jamais rien imposer. Mais ce dessein est pénible et laborieux, et une certaine paresse m'entraîne insensiblement dans le train de ma vie ordinaire. Et tout de même qu'un esclave qui jouissait dans le sommeil d'une liberté imaginaire, lorsqu'il commence à soupçonner que sa liberté n'est qu'un songe, craint d'être réveillé, et conspire avec ces illusions agréables pour en être plus longuement abusé, ainsi je retombe insensiblement de moi-même dans mes anciennes opinions, et j'appréhende de me réveiller de cet assoupissement, de peur que les veilles laborieuses qui succéderaient à la tranquillité de ce repos, au lieu de m'apporter quelque jour et quelque lumière dans la connaissance de la vérité, ne fussent pas suffisantes pour éclaircir les ténèbres des difficultés qui viennent d'être agitées » (*Méditations métaphysiques*, *Première Méditation*).

C'est précisément l'univers de *Matrix*, où les sensations vécues sont le fruit de stimuli faisant croire au cerveau qu'ils correspondent à des objets réels, alors que seules les sensations sont réelles. Morpheus invite Néo à remettre en doute la réalité, et à changer de regard sur tout ce qui l'entoure : « Tu as le regard d'un homme prêt à croire tout ce qu'il voit, parce qu'il s'attend à se réveiller à tout moment. Et paradoxalement ce n'est pas tout à fait faux. » En effet, la « réalité » d'un homme branché sur la Matrice est-elle autre chose, au mieux, qu'un rêve éveillé ? « Combien de fois m'est-il arrivé de songer, la nuit, que j'étais en ce lieu, que j'étais habillé, que j'étais auprès du feu, quoique je fusse tout nu dedans mon lit ? » demande Descartes.

Et à Néo qui s'étonne : « Alors, rien de tout cela n'est réel ? », Morpheus répond, en lecteur des *Méditations* : « Qu'est-ce que le réel ? Quelle est ta définition du réel ? Si tu veux parler de ce que tu peux toucher, de ce que tu peux goûter, de ce que tu peux voir et sentir, alors le réel n'est qu'un signal électrique interprété par ton cerveau. » Descartes fait la même hypothèse : « Je penserai que le ciel, l'air, la terre, les couleurs, les figures, les sons et toutes les choses extérieures que nous voyons, ne sont que des illusions et tromperies », et propose de suspendre son jugement : « Je me considérerai moi-même comme n'ayant point de mains, point d'yeux, point de chair, point de sang, comme n'ayant aucun sens, mais croyant faussement avoir toutes ces choses. »

> Morpheus à Néo : « La Matrice est le monde qu'on superpose à ton regard pour t'empêcher de voir la vérité.
>
> — Quelle vérité ?
>
> — Le fait que tu es un esclave, Néo. Comme tous les autres, tu es né enchaîné. Le monde est une prison où il n'y a ni espoir, ni saveur, ni odeur. Une prison pour ton esprit. »

« Et tout de même, dit Descartes, qu'un esclave qui jouissait dans le sommeil d'une liberté imaginaire, lorsqu'il commence à soupçonner que sa liberté n'est qu'un songe, craint d'être réveillé », « il faut, poursuit Morpheus, que tu saches que malheureusement, si tu veux découvrir ce qu'est la Matrice, tu devras l'explorer toi-même. C'est là ta dernière chance. Tu ne pourras plus faire marche arrière. Choisis la pilule bleue, et tout s'arrête. Après tu pourras faire de beaux rêves et penser ce que tu veux. » Troublant collage, non ? Descartes commence la phrase, Morpheus la termine. Les scénaristes de *Matrix* ont lu Descartes, ça ne fait aucun doute.

Relisons la fin du texte : « jour », « lumière », « éclaircir les ténèbres »... Si l'on décide de douter de l'intégralité de ce qui nous entoure, on tombe dans les ténèbres, et la seule lumière ne viendra pas du monde, mais de soi, du sujet, du Je pense – c'est la lumière de la raison. Descartes utilise encore ici la métaphore des yeux de l'esprit, qui n'est plus simple métaphore, puisqu'ils ont remplacé véritablement les yeux réels, et tous les autres sens. Ainsi, l'intuition – *intueri* en latin, rappelons-le, c'est voir –, l'intuition est la condition de possibilité de l'évidence. Évidence vient de *video*, qui signifie également voir : l'évidence est le résultat d'une vision directe, d'une intuition où les yeux de l'esprit « touchent » les idées, et même entrent en elles, les pénètrent et les comprennent. Les yeux de l'esprit voient ce que les yeux réels ne peuvent voir. Morpheus utilise la même métaphore en parlant à Néo du regard qu'on superpose à son regard pour le tromper, et invite Néo à ne plus voir avec ce qu'il croit être ses yeux. Le « réel » est une illusion. Les machines ont pris la place du malin génie, mais la situation reste la même. Une entité toute-puissante a décidé de leurrer un être impuissant. Le combat est infiniment déséquilibré. Qui dit que Morpheus n'est pas, lui aussi, une illusion ? (Par ailleurs, c'est bien le cas, puisqu'il n'est qu'une créature de film.) Morpheus le dit, mais une illusion ne peut-elle pas me dire et me convaincre que tout est illusoire sauf elle ? N'est-ce pas le propre d'une illusion ?

« Il me semble bien à présent que ce n'est point avec des yeux endormis que je regarde ce papier ; que cette tête que je remue n'est point assoupie ; que c'est avec dessein et de propos délibéré que j'étends cette main et que je la sens : ce qui arrive dans le sommeil ne semble point si clair ni si distinct que tout ceci. Mais en y pensant soigneusement, je me ressouviens d'avoir souvent été trompé lorsque je dormais par de semblables illusions. » Si Descartes finit par mettre en doute la réalité de ce qui l'entoure, c'est précisément au nom de l'impression de réalité qui émane aussi bien des rêves. La caractéristique du rêve n'est-elle pas de se faire passer pour la réalité ? « En m'arrêtant sur cette pensée, je vois si manifestement qu'il n'y a point d'indices concluants ni de marques assez certaines par où l'on puisse distinguer nettement la veille d'avec le sommeil, que j'en suis tout étonné ; et mon étonnement est tel qu'il est presque capable de me persuader que je dors. »

Par conséquent, aucun moyen de déterminer si ce que je peux voir et sentir est réel ou pas, existe réellement hors de moi ou n'est qu'une illusion de mes sens. Comment s'en sortir ? Hegel disait : « Penser, c'est en sortir. » Mais impossible de penser ici : si je suis trompé par un malin génie, même ce que je pense est faux. Le doute radical, sans effets spéciaux, va plus loin que *Matrix*. Descartes est ce héros qui ne cherche pas à s'en sortir. Et qui, précisément parce qu'il a renoncé à toute ruse – puisqu'on ne peut ruser avec l'entendement infini du malin génie –, se tient là, à ce point de désordre où nul objet n'existe plus, où rien ne garantit le passage d'un instant au suivant. Et c'est en tenant bon en ce lieu sans lieu où n'existent plus ni le monde ni la pensée, c'est en se laissant couler à pic dans un doute sans fin qu'il finit par toucher le fond, par sentir un sol sous ses pieds... Comme le marin crie « Terre ! » après s'être perdu dans le vaste océan, Descartes pousse ce cri : « Je pense, je suis ! » Oui ! Si je pense, même du faux, c'est que je suis. Pas un corps, mais un esprit ! Pour penser, il faut être. Quand je doute de tout, je ne peux pas douter que je doute, cela au moins est certain. La voilà, la première vérité indubitable : le Cogito, le « *Cogito ergo sum* », le « Je pense donc je suis »...

Je pense donc je suis : la formulation est trompeuse et fait croire à un raisonnement, à une déduction. Non, c'est une intuition : ces deux idées sont vues en même temps, elles coïncident dans une immédiateté absolue. Ce n'est pas : d'abord, je pense, et donc, ensuite, l'instant d'après, je déduis que je suis. Non. C'est en même temps. Pas l'un sans l'autre, mais l'un condition de l'autre, donc les deux ensemble, inséparables, même d'une virgule temporelle. Deleuze parlait des cris des philosophes. Il indiquait ainsi que la philosophie n'est pas qu'une pauvre affaire démonstrative. À la source de la philosophie, il y a toujours de l'indémontrable. Un moment d'évidence. Ou un moment de foi. Un moment où le philosophe pousse un cri. Là, c'en est un. Descartes, seul au monde, pire : sans monde, comme Ulysse dans la tempête attaché à son mât, réussit à trouver une première vérité au milieu du chaos. « Je suis, j'existe. » « Je pense, je suis. » Il a trouvé une première vérité absolue, une première évidence à laquelle s'accrocher, de laquelle faire sortir toutes les autres, ou, pour mieux dire, la condition de possibilité de toutes les autres, qui les accompagnera toujours. La clé de voûte de la pensée. Chaque fois qu'on tiendra une vérité, chaque fois que deux idées seront mises en relation dans une intuition, le « Je pense » sera pour ainsi dire leur témoin de mariage, les accompagnera, sera le garant de leur union. Qu'est-ce qui garantit la vérité ? L'intuition, la saisie immédiate, sans écart temporel, du lien entre deux idées, vu avec clarté et distinction. Alors seulement résultera le sentiment d'évidence. On le voit, l'évidence n'est pas première. Elle est conquise de haute lutte, c'est le résultat de l'attention volontaire. La méthode est d'abord négative : elle consiste à refuser les évidences naturelles, et à tenir bon. Savoir, c'est commencer par savoir qu'on ne sait pas. C'est la condition première. Taper du poing, faire table rase pour faire la lumière.

Pâte à crêpes, effets spéciaux et repère cartésien

Bien. Nous avons fait table rase. Nous ne savons rien. Mais nous le savons bien. Et nous savons que nous sommes un esprit, puisque nous pensons. Je vous laisse lire à présent les *Méditations métaphysiques* sans plus vous accompagner, c'est une aventure qui vous appartient. À la seule lumière du Je pense, redéployer le monde selon l'ordre de la raison, ambition inouïe… Descartes, ce héros. Mais puisque nous en sommes aux principes, faisons la lumière sur un point décisif à la fois pour le cinéma et pour la philosophie. Si on veut comprendre quelque chose à ce qui relie Descartes à *Matrix* et plus généralement à ce qui sous-tend la prolifération des effets spéciaux au cinéma, il faut faire ce petit détour.

Nous avons vu comment Descartes a fondé la possibilité du cinéma sur le plan mécanique (souvenez-vous, l'œil artificiel et les soldats projetés sur le mur), nous allons voir à présent comment il l'a fait également sur le plan physique, en faisant la découverte géniale du lien entre géométrie et arithmétique. Je précise pour ceux à qui les maths donnent des boutons que le développement qui va suivre est écrit pour eux. On peut comprendre pourquoi Descartes a eu une idée géniale sans être soi-même capable d'avoir eu cette idée. « J'ai dit souvent que ce qui nous manque pour comprendre Descartes, c'est l'intelligence ; celui qui n'a pas cruellement éprouvé cela, il faut le plaindre, et lui faire honte de cette géométrie reçue. Toutefois cette remarque ne mènerait pas loin ; car si nous n'avons pas, par grâce, le génie de Descartes, qu'y pouvons-nous faire ? Lui-même a redressé d'avance, comme on verra, ce jugement de modestie, par la plus forte leçon de courage que l'on ait jamais entendue, puisqu'il a voulu appeler générosité cette puissance en nous qui fait que nous jugeons bien » (Alain, *Idées*).

Courage, donc, s'il nous manque l'intelligence, nous ne sommes pas à plaindre, car nous ne manquons pas de volonté. Nous reviendrons en détail sur cette générosité. Pour l'instant, il importe de comprendre ce que cela signifie que Descartes ait vu le lien entre géométrie et arithmétique. Pourquoi cette découverte est-elle géniale ? Et pour commencer, quelle différence entre géométrie et arithmétique ? Pour faire simple, disons que la géométrie concerne tout ce qui se représente dans l'espace, toutes les figures qu'on peut tracer ; et que l'arithmétique relève du calcul, des formules, des chiffres, de tout ce qui s'écrit. La géométrie : les figures. L'arithmétique : les chiffres. Et c'est ici que nous retrouvons le fameux « repère cartésien », avec son axe horizontal des « abscisses » et son axe vertical des « ordonnées », aux noms jamais éclaircis. Les abscisses ne sont-elle pas aussi ordonnées ? Pourquoi ne pas dire tout simplement axe horizontal et axe vertical ? C'est que « horizontal » et « vertical » supposent des positions dans l'espace, alors que le repère cartésien permet de représenter spatialement des choses qui n'ont ni largeur, ni longueur, ni hauteur : il permet de voir des relations.

Utiliser l'espace pour faire voir ce qui ne se voit pas, comment cela est-il possible ? C'est que tout ce qui existe dans l'ordre des corps, dans l'ordre physique, relève de l'espace, est donc mesurable, quantifiable, et peut s'exprimer sous forme de relation chiffrable. On dit qu'on est entré récemment dans l'ère numérique. En réalité, on y est entré avec Descartes, puisque pour lui, tout ce qui existe physiquement est mesurable, correspond à des quantités, à des nombres : le réel est « numérisable ». On peut écrire sous forme arithmétique, c'est-à-dire avec des relations entre nombres, tout ce qui existe dans l'espace. Tout ce que vous voyez, touchez, sentez peut être mesuré, peut se mettre en équations. Une ligne droite s'écrit $y = ax + b$. Les lettres a, b, c ou x, y, z tiennent lieu de chiffres que l'on peut ensuite faire varier, et qu'on appelle donc variables. Cette équation générale ($y = ax + b$) n'est rien d'autre qu'une recette à suivre si l'on veut tracer une droite dans un repère cartésien. Par exemple, si $a = 0$ et $b = 0$, on obtient la droite $y = x$, qui se trace ainsi : si $x = 1$, alors $y = 1$, on trace le point correspondant. Si $x = 2$, alors $y = 2$. Et ainsi de suite. L'ensemble de ces points forme une droite. C'est une recette, au même titre que la pâte à crêpes. Mais la pâte à crêpes s'écrit plutôt $y = 4\ x$ (où y représente le nombre d'œufs, et x le nombre de litres de lait. Pour 1 litre de lait, on obtient donc $y = 4 \times 1$, il faut 4 œufs. Et ainsi de suite. Il faut aussi de la farine. Si y est la farine exprimée en centaines de grammes, et x le nombre d'œufs, la recette sera $y = x$, puisque, pour un œuf, il faut 100 g de farine. N'oubliez pas de mettre un peu de beurre et un peu de sel. Bon appétit).

Tout ce qui peut se tracer, se dessiner dans l'espace, géométriquement, peut s'écrire en chiffres, arithmétiquement… C'est justement le principe de *Matrix*, et de la

« réalité virtuelle ». Tout ce qu'on voit dans un jeu vidéo correspond à des lignes de code, c'est-à-dire que tout ce qu'on voit a été écrit, ou peut s'écrire. On peut écrire le monde avec des 1 et des 0, alignés selon certaines règles. Si dans *Matrix* tout est calculable, c'est que dans la réalité tout est mesurable. Tout ce qui existe spatialement peut se mettre en formules. Voilà pourquoi, entre autres, Descartes est génial. Il a montré comment toute la géométrie peut s'« arithmétiser », comment tout ce qui existe dans l'espace peut s'exprimer sous forme de chiffres. La nature peut s'écrire. Tout se code. Donc se décode. Et peut se recoder. C'est le principe des effets spéciaux. Le « réel » y est le résultat d'un calcul. La plupart des plans de *Matrix* ont été tournés avec des acteurs sur fond vert, pour permettre ensuite de truquer les plans, et d'ajouter des images qui n'ont pas été filmées mais calculées. Ou c'est, tout simplement, le principe du Caméscope numérique : l'image y est le résultat d'un encodage et d'un calcul. Une couleur, c'est une quantité. Une distance, c'est une quantité. Tout ce qui existe dans l'espace est quantifiable. Si nous pouvons ainsi décoder la nature, connaître les lois qui la régissent, si notre science est capable de la connaître, nous allons également pouvoir « appliquer » cette science, jouer avec ces lois, obéir à la nature pour mieux lui commander. Notre science ouvre la porte à la technologie. Autrement dit, nous pouvons, comme dit Descartes, devenir « comme maîtres et possesseurs de la nature ».

L'arbre de la connaissance a-t-il la branche morale ?

Descartes a beau passer pour le père de l'âge technique, il n'en a pas moins la métaphore végétale. Notre science, qui s'est déployée aujourd'hui au point de menacer la survie de tout ce qui pousse, y compris nos enfants, plonge pourtant ses racines dans la nature, disons plutôt dans la nature des choses. Descartes décrit ainsi l'« arbre de la connaissance », qui a pour racines la métaphysique (car, avant de chercher à connaître la nature, il convient de fonder la possibilité d'une connaissance), pour tronc la physique (qu'on pourrait dire science pure, dans le sens où elle étudie les lois, les principes), et pour branches, par ordre croissant de difficulté : la mécanique, la médecine, puis la morale – toutes trois des applications de la physique, puisque la mécanique consiste à construire des machines selon les principes de la physique ; la médecine consiste à étudier le corps humain en particulier, ce qui est plus complexe que la mécanique, le corps humain ayant la spécificité d'être uni à une âme ; et la morale, enfin, dont Descartes avait pour projet de faire une science, consiste à poser la question de la valeur de l'action, autrement dit à plier le corps à l'âme. Cette question du gouvernement de soi, la plus difficile, vient en dernier, et n'aboutira jamais à une science. C'est là toute sa dignité et sa beauté, on le verra avec la « générosité » qui conclura ces chapitres consacrés à Descartes, mais on peut déjà dire que les maximes de la morale « provisoire », qui chargeaient la volonté de garantir un choix quand l'entendement en était incapable (souvenez-vous : Forrest Gump, Mohamed Ali...), ne pouvaient que devenir définitives, puisque, l'entendement humain étant fini, la « science morale » ne saurait jamais être achevée.

La morale comme science restera donc toujours une fiction, un horizon utile, Kant dirait une Idée régulatrice. Mais on comprend que la mécanique par elle-même ne saurait être dite morale, puisqu'elle ne concerne que les corps en tant que machines. L'arbre de la connaissance n'est pas complet sans la morale, et le développement aveugle de la mécanique ne peut conduire qu'à une catastrophe. Une catastrophe dans le genre de *Matrix*, où la branche mécanique a pris toute la place et distordu l'arbre de la connaissance au point de s'aliéner la branche de la médecine pour la retourner contre l'humain, et d'atrophier la branche de la morale jusqu'à l'occulter complètement. Ce que Morpheus expose ainsi à Néo : « La matrice est universelle, elle est omniprésente. [...] Elle est le monde qu'on superpose à ton regard pour t'empêcher de voir la vérité. »

On retrouve l'hypothèse du malin génie et du monde illusoire né d'une prolifération incontrôlée de la branche mécanique. Sauf que cette hypothèse, qui était une fiction utile à Descartes pour fonder la connaissance en droit, devient dans *Matrix* une réalité provoquée accidentellement par l'homme. Le malin génie, dans *Matrix*, ce sont les machines devenues plus puissantes que leurs concepteurs, et capables de les tromper pour les exploiter. Puisqu'on est au cinéma, ça reste bien une hypothèse, une fiction proposée au spectateur, un moyen de nous faire sentir que la technique ne doit pas prendre toute la place. Que peut le cinéma pour nous dans ce contexte ? Que nous apprend-il sur notre corps ? Que permet-il à notre esprit ? Le cinéma nous permet ici de faire l'expérience de la situation hypothétique du doute radical menée par Descartes, autrement dit de vivre les *Méditations métaphysiques* sans avoir à faire le même effort d'abstraction que lui. Est-ce nous rendre réellement service ? Peut-on faire cette économie sans perdre ce qui fait le sens du doute, c'est-à-dire la volonté qui le soutient ?

La question est mal posée, mais elle se pose. Le cinéma ne nous permet pas de faire l'économie de la pensée. Il n'est pas simplement son fossoyeur ou son successeur. Le cinéma offre une aide d'imagination à notre entendement. Il nous propose de voir avec les yeux du corps ce qui ne devrait être visible qu'avec les yeux de l'esprit : le monde sans le monde, le monde sans rien dedans. Y parvient-il ? Comment représenter l'espace vide d'objets, l'idée même d'espace ? Pour faire ce voyage métaphysique, au-delà du physique, Descartes proposait un difficile exercice de mise entre parenthèses du monde, alors que dans *Matrix*, il n'y a qu'à s'allonger dans un fauteuil pour faire l'expérience de la « chose étendue ». L'opérateur qui installe Néo prévient : « Détends-toi. Laisse-toi faire et accroche-toi. » Après quelques secousses, Néo se retrouve avec Morpheus dans un espace blanc et vide, sans limites. Morpheus explique :

> « Ceci est notre structure, une sorte de programme de chargement, on peut y afficher ce qu'on veut, vêtements ou équipements, armes à feu, simulateurs d'entraînement, tout ce qui nous est nécessaire. »
>
> Tandis qu'il évoque ces différents objets, ils apparaissent magiquement, sortis de nulle part, convoqués par sa seule parole. Néo s'étonne :

« Tu veux dire qu'on est dans un programme informatique ?

— Est-ce vraiment si invraisemblable ? Ta tenue est différente, plus de relais dans les bras ou le crâne, tu as changé de coiffure. Tu corresponds à présent à ce que nous appelons l'image intérieure résiduelle. C'est une projection mentale de ton moi digital. »

Néo a ainsi la preuve qu'il vivait dans un monde illusoire, où les « choses » n'ont que l'épaisseur d'une ligne de code, un peu comme si on montrait à un personnage de jeu vidéo les lignes du programme qui créent un univers autour de lui, et qui le créent lui-même. Morpheus le replonge ensuite quelques instants dans le monde qu'il connaissait :

— Ça, c'est le monde que tu connais, le monde tel qu'il était à la fin du XXe siècle. Il n'est plus aujourd'hui qu'une parcelle de la simulation neuro-interactive que nous appelons la Matrice. Tu viens d'un monde imaginaire, Néo. »

Puis Morpheus fait disparaître ce monde imaginaire et lui montre la sinistre réalité post-apocalyptique, occultée d'habitude par la Matrice.

« Voici le monde tel qu'il existe aujourd'hui. Bienvenue dans le désert du réel. »

Le désert du réel et la chose étendue

Morpheus peut être vu comme une sorte de Descartes, cherchant lui aussi à définir les conditions de l'évidence. Comment garantir la connaissance ? Descartes répond : intuition et déduction, et définit l'intuition comme « une connaissance première, gratuite, certaine, que nous touchons de l'esprit avec plus de confiance que nous n'en donnons au rapport de nos yeux ».

On reviendra sur la question du rapport entre l'esprit et les yeux. Morpheus oppose « le monde que tu connais », un monde illusoire, et « le monde tel qu'il existe », « le désert du réel ». Descartes le dit autrement : la pensée ne relève pas du monde physique, il faut donc distinguer deux « substances ». Attention à ce mot, qui peut induire en erreur : la « substance » de la pensée n'est pas quelque chose qui se touche, ça n'est pas une substance comme un liquide ou un fluide très subtil, ou un influx nerveux, mais on peut dire que ça a de la substance, au sens où ça a de la valeur. Ce qu'on traduit ainsi par « substance », c'est le mot latin *res*, qui signifie chose. Attention, là aussi, même difficulté : si on parle ici de « chose », ce n'est pas au sens matériel, mais au sens abstrait, comme « république » *(res publica)* signifie la « chose publique ». Descartes distingue l'étendue, la « substance étendue » ou « chose étendue » *(res extensa)* : le monde physique, spatial, le monde des choses ; et la pensée, la « substance pensante » ou « chose pensante » *(res cogitans)* : le monde de l'esprit, des idées. Vous remarquerez qu'il ne dit pas « chose pensée », mais « pensante » : la pensée est un acte, elle affirme, elle invente un ordre qui n'est pas donné naturellement. Les idées ne se succèdent pas dans l'esprit de manière accidentelle, comme des nuages se suivraient dans le ciel. La pensée, ce n'est pas du corps. D'une certaine manière, ce n'est pas tout court.

De la même manière, Jules Lagneau faisait remarquer à ses élèves que Dieu ne pouvait être dit exister. À ceux qui cherchent à prouver son existence, il faut rappeler que ce qui existe est par définition fini, exposé au vieillissement, à l'usure, et, surtout, ne peut se concevoir que comme spatial, c'est-à-dire « pris dans le texte de l'existence », chose parmi les choses. Le problème de ceux qui voudraient faire exister Dieu, c'est qu'ils mélangent tout. Pour eux, la pensée et le corps sont sur le même plan, et croire revient toujours à croire au père Noël : Dieu se mélange à ses créatures en un cocktail improbable. À celui qui voudrait que Dieu existe, ou que la pensée existe, il faut demander : « Fais voir. » Séparer la « chose » pensante de la « chose » étendue, c'est, en bon barman métaphysique, ne pas mélanger ce qui n'est pas de même nature.

« La chose étendue de Descartes a fait scandale aux yeux de presque tous les penseurs. Je dis bien aux yeux ; car, sous le nom d'étendue, ils veulent se représenter un vêtement sans déchirure qui recouvre toutes choses, ou bien un espace vide qui les contient toutes. [...] Or, puisqu'il faut dépouiller cette étendue des couleurs, des sons, des contacts, comme l'analyse ci-dessus exposée nous y invite, et qu'il faut même nier de la chose réelle toute forme déterminée qui lui appartiendrait en propre, il reste quelque forme indéterminée et creuse, comme serait l'espace des géomètres, où toutes les formes et tous les mouvements sont également possibles. Et c'est un peu trop fort, pensent-ils, de dire que la matière se réduit à cela et n'est que cette forme vide. En quoi ils se laissent conduire encore une fois par l'imagination » (Alain, *Idées*).

Quand Néo est tiré de son « sommeil » et de sa vie illusoire, quand il ouvre les yeux pour la première fois, il fait remarquer que ceux-ci le brûlent. Morpheus lui explique que c'est bien naturel, puisque, jusqu'ici, il ne s'en est jamais servi véritablement. La vérité brûle les yeux. Ces yeux dont il ne se servait pas, est-ce que ce ne seraient pas les yeux de l'esprit ? Lorsqu'on voit le désert du réel, l'écran blanc, on a une espèce d'image de l'espace vide d'objet, d'un blanc aveuglant. Plus blanc que blanc : le vide. Voici l'idée d'espace incarnée au cinéma : « un vêtement sans déchirure qui recouvre toutes choses, ou bien un espace vide qui les contient toutes », « quelque forme indéterminée et creuse, comme serait l'espace des géomètres, où toutes les formes et tous les mouvements sont également possibles ». Une idée finalement fausse, puisqu'une idée ne saurait jamais se dégrader en image. L'espace n'est même pas une étendue vide. L'espace n'est qu'un rapport entre les objets, c'est un être de relation. Ce n'est pas une chose, c'est un « entre » les choses. Le voilà pour de bon, le « désert du réel ». L'imagination ne peut plus rien pour nous ici, si ce n'est nous montrer ses limites. L'impuissance de l'imagination dessine en creux la place de l'entendement : « Entre autres choses qui étonneront longtemps, Descartes a dit, et plus d'une fois, que les mathématiques exercent principalement l'imagination. Cela nous invite à former ici non point l'image de l'étendue, mais l'idée même de l'étendue, et par l'entendement seul, c'est-à-dire à penser l'extérieur absolument, l'existence matérielle seule, enfin la chose nue » (Alain, *Idées*). Et cela n'est possible, prévient Alain, qu'« à la condition de tirer tout à fait l'idée hors de l'image ».

Il faut s'accrocher ici. Mais il ne suffit pas de se détendre et de se laisser faire. On n'est pas au cinéma. On n'est plus dans le domaine de l'image, mais de l'idée. Je ne peux pas vous rendre facile ce qui est difficile. C'est pourtant ce que tente de faire Morpheus avec Néo, et conséquemment avec nous. *Matrix* essaye de nous montrer l'autre monde, qui serait le monde du point de vue de l'esprit, alors que le film, par définition, ne peut le faire qu'avec les moyens du monde physique. Le film ne peut montrer que du montrable. On nous montre une image, car c'est tout ce qu'on peut nous montrer, au lieu d'une idée.

Ainsi, quand Morpheus nous invite à voir la réalité qui se cache derrière les apparences, à entrer dans le code de la Matrice à l'origine des illusions qui nous bernent, on voit bien des lignes de code, le « monde de la Matrice », mais on voit tout cela en perspective, alors que la « perspective » ne devrait exister elle-même que sous forme de code. Quoi de moins spectaculaire qu'une succession de 1 et de 0 ? Le film nous montre la « réalité » à la fois avec les yeux de l'esprit, puisqu'on voit les équations, et avec les yeux du corps, puisqu'on les voit en perspective. Cette contradiction interne du film trouve son origine dans la confusion qui naît de notre nature, puisque nous sommes l'union mystérieuse de deux substances radicalement distinctes, le corps et l'esprit. La première production de notre nature mixte est elle-même mêlée : l'imagination est un mixte de corps et d'esprit. C'est le premier état de la pensée, ce que le corps pense pour nous.

L'imagination, c'est ce que nous pensons quand nous ne faisons pas attention ou effort pour penser. C'est là une imagination essentiellement passive, mais – c'est la beauté aussi de notre condition – nous pouvons la rendre active, et la mettre à notre service. L'imagination qui crée des fictions, par exemple, manifeste notre créativité et notre liberté. Ou encore, les figures que nous traçons en géométrie nous permettent de soutenir la pensée abstraite. Il y a un usage scientifique de l'imagination, qui aide l'entendement à concevoir et à « voir » les idées en s'appuyant sur des figures. On peut considérer, de ce point de vue, qu'un film peut offrir à l'entendement l'aide de l'imagination pour comprendre des idées. L'imagination ne marche pas contre la pensée, elle la soutient et peut même l'inspirer.

Si *Matrix* échoue cependant à nous montrer l'idée d'espace, c'est qu'une idée est par définition in-montrable, elle est *autre chose* qu'une chose. Pas la « chose étendue », mais la « chose pensante ». La prise de conscience du Cogito, du Je pense, ne peut se faire par l'imagination. Le Je pense est une intuition qui provoque dans l'esprit une évidence qui n'a rien à voir avec l'évidence visuelle. Ce n'est pas une image mais une idée. On ne la voit pas, on la comprend. J'insiste ici, parce que c'est difficile à exprimer. Ici se séparent l'âme et le corps. Ici, il n'y a rien à voir, et tout à comprendre. Ici s'achève le cinéma et commence la philosophie.

La magie du « comme »

J'aimerais à présent revenir sur cette expression de « comme maîtres et possesseurs de la nature », qui a valu à Descartes, et qui lui vaut encore, beaucoup d'ennemis, notamment chez ceux qui le tiennent pour responsable des dégâts causés dans la nature par le développement inconsidéré des techniques industrielles fondées sur ce que la plupart prennent pour l'esprit « cartésien ». Dans cette expression, c'est le mot « comme » qui m'a toujours intrigué. Évidemment, il marque que nous ne saurions jamais nous égaler à un Dieu tout-puissant, notre maîtrise n'est que technique et le fruit de notre travail, elle n'est pas métaphysique, notre maîtrise ne fait que singer la toute-maîtrise divine, mais je me demande si ce « comme » n'annonce pas encore davantage l'ère du semblant dans laquelle nous évoluons depuis que nos fictions ont pris une dimension d'illusion industrielle.

On dit que Hollywood est l'industrie du rêve – la société de Steven Spielberg s'appelle *Dreamworks* (qu'on peut traduire diversement par « les travaux du rêve », « les œuvres du rêve », « les travailleurs du rêve », ou plus librement, « un travail de rêve », ou, encore, en séparant *dream* pour en faire le sujet du verbe *works* : « le rêve travaille »). On l'a compris, la fiction s'est industrialisée et, par les coûts qu'elle engage, s'est du même coup massifiée. Faire du cinéma coûte cher, très cher. Il ne suffit donc pas de produire des « rêves » qui aient la dimension d'un monde, il faut que ces rêves se déploient à la dimension du monde. Le cinéma a une prétention d'emblée universelle. Il doit toucher le plus de monde possible pour continuer à se produire. La plupart des noms de sociétés de production ou de distribution cinématographique affichent cette prétention d'universalité : Universal, 20th Century (FOX), ou dans le genre astronomique : Orion, Tristar, etc. Quel rapport avec l'expression de Descartes, avec ce « comme maîtres et possesseurs de la nature » ?

C'est que le cinéma est le produit humain le plus fidèle à ce semblant de maîtrise, à cette maîtrise « comme » Dieu, à cette possession « pour de faux », mais aussi proche que possible du « pour de vrai ». Le cinéma invente des mondes plausibles, aussi « réels » que possible, « produits » avec le plus de soin possible – le réalisateur et le producteur y veillent conjointement, le réalisateur tirant le film vers le « rêve » et la dépense, le producteur tirant dans l'autre sens vers la réalité et l'économie, les deux s'équilibrant pour faire semblant de manière aussi convaincante que possible. Cette illusion de maîtrise, cette illusion du « comme » est l'essence même du cinéma. Nous verrons plus loin que Descartes a lui-même dit les bienfaits de la fiction pour la santé. Il est bon pour l'homme de s'illusionner sur ses pouvoirs, de se croire « maître et possesseur » de la nature. Être « comme » Dieu, autrement dit être absolument libre, quel plus grand plaisir ? Et si nous, humains, sommes limités par rapport à lui du point de vue de l'entendement (le nôtre est fini, le sien est infini) et de la puissance (il est tout-puissant, il n'a qu'à vouloir pour faire, alors que nous devons travailler pour réaliser nos buts, nos pouvoirs ne se déploient que sur fond d'impuissance), nous sommes les égaux de Dieu du point de vue de la volonté. Nous ne pouvons pas faire n'importe quoi, mais nous pouvons affirmer ou nier n'importe quoi. Ici prend toute sa valeur le « comme ». Nous sommes comme Dieu, mais uniquement du point de vue de la volonté. Si nous pouvons affirmer n'importe quoi, cela signifie que notre imagination n'a pas de limites.

Et voilà fondée la dignité métaphysique du cinéma : le cinéma est un faux-semblant aussi vraisemblable que possible, où nous employons toute notre industrie à produire du « comme » – notre volonté infinie nous permet de produire des mondes illusoires où nous expérimentons une toute-puissance fictive, un entendement infini fictif, et un plaisir réel. Le pouvoir du faux, qui repose apparemment sur du négatif, du mensonge, nous est conféré positivement par le caractère infini de notre volonté. Il n'y a qu'au cinéma que nous sommes véritablement, ainsi que nous l'a promis Descartes, « comme maîtres et possesseurs de la nature ». Et cette fiction est rendue possible par notre science. Aussi le cinéma, qui promet d'inventer un monde, n'est-il jamais autant lui-même que dans la science-fiction. La science-fiction nous fait vivre la fiction inscrite dans la science, elle fait « comme si » la science avait intégralement irrigué et transformé le monde par la technologie correspondante. Le cinéma de science-fiction est un des fruits que porte l'arbre de la connaissance sur la branche de la mécanique, puisque le cinéma relève de la mécanique, mais c'est un fruit lui-même fertile, qui permet d'imaginer le futur de la branche en question et de l'interroger dans son rapport aux autres branches, médecine et morale. Le cinéma, fruit de la mécanique, pose des questions morales à la mécanique. C'est un fruit réflexif, un fruit philosophe, qui pose des questions à l'arbre qui le porte. Un fruit métaphysique, qui interroge ses racines.

Matrix ne déroge pas à la règle, et la pousse à son comble. Le film met en scène à la fois notre impuissance métaphysique : les hommes y sont réduits à l'esclavage et à l'illusion par un malin génie ; et le remède à cette impuissance : une toute-puissance de l'esprit, sous la forme de l'homme-dieu Néo, qui nous permet d'expérimenter un nouveau rapport au monde. Cette toute-puissance fictive renverse la condition humaine. Le cinéma fait de nous des dieux. C'est ce que nous promet Néo à la fin du premier épisode, en s'adressant aux machines qu'il défie : « Je vais raccrocher ce téléphone et ensuite je montrerai à tous ces gens ce que vous ne voulez pas qu'ils voient. Je leur ferai voir un monde sans vous, un monde sans lois ni contrôle, sans limites ni frontières, un monde où tout est possible. »

Le moment où Néo devient réellement l'Élu correspond au moment où il sort du temps humain pour entrer dans un temps « où tout est possible », un temps autre, rendu perceptible par un effet spécial éloquemment nommé *bullet time*, indiquant qu'on y devient capable d'aller aussi vite qu'une balle *(bullet)*. La première fois que Néo se fait tirer dessus à l'arme automatique, il passe sans y penser en mode *bullet time* et parvient à esquiver (presque) toutes les balles. La fois suivante, il sera capable de les arrêter dans leur course, de geler le temps, et d'agir à sa guise, comme s'il avait tout son temps. Le temps de l'action s'est inversé en temps de la pensée. Quand on a tout son temps pour agir, on a tout le temps d'y penser. On peut éviter précipitation et prévention, puisque rien ne presse. On peut diviser la difficulté tranquillement. Choisir l'ordre dans lequel on la réglera. Et surtout, on est assuré de ne rien oublier. Ça ne vous rappelle rien ?

Le *bullet time* permet d'incarner de manière parfaite les règles de la méthode. Le ralenti correspond au premier précepte (éviter la précipitation). À y regarder de plus près, c'est un ralentissement qui va jusqu'à l'immobilité, puisque le *bullet time* est obtenu en encerclant le sujet filmé d'un grand nombre d'appareils photographiques déclenchés simultanément, dont les images sont ensuite montées successivement, donnant l'impression de tourner autour d'une sculpture dans un temps pétrifié. Ce dispositif relève à la fois du deuxième précepte (la division), puisque la prise de vue y est divisée en un grand nombre d'appareils ; du troisième précepte (invention d'un ordre non naturel), puisqu'il est impossible, dans la nature, d'occuper simultanément toutes les positions autour d'un objet ; et du quatrième précepte (énumération), puisque en prenant ainsi toutes les vues de l'objet, on en fait littéralement le tour. Ce procédé permet d'obtenir une clarté et une distinction maximales, ce qui nous ramène au premier précepte. Le *bullet time* nous permet d'expérimenter l'abolition de nos limites naturelles. C'est, grâce au cinéma, pour la première fois dans le monde physique, l'incarnation du « point de vue » de l'esprit pur. Le corps de cinéma n'est plus rien d'autre que l'effet d'une volonté. Le corps de Néo est un nouveau type de corps, un néo-corps. Morpheus, du grec *morphè* qui signifie forme, a permis cette métamorphose. Dans la mythologie, Morphée est également la déesse du sommeil et des rêves. Morpheus est à la fois celui qui réveille et qui donne une forme nouvelle, une forme de rêve. Car Néo circule dans le monde de la Matrice comme dans un rêve, dans un temps et un espace obéissant à son esprit, se pliant à sa volonté. Pour parler en langage freudien, le principe de plaisir est devenu avec Néo principe de réalité, et même le seul principe de la réalité. Néo circule dans un monde-cinéma, où l'ordre des choses s'adapte à l'ordre de ses désirs.

Alors oui, pour revenir à l'expression de Paul Valéry [1], le cinéma est un tombeau où tout a l'air vivant, et même plus vivant que dehors, car seule notre volonté y joue. Nos limites sont abolies provisoirement, nous expérimentons enfin le règne de notre pure volonté. C'est un tombeau dans la mesure où nous y faisons mourir nos limites, et où nous le faisons non plus comme corps, mais comme pur esprit : le corps du spectateur s'oublie au cinéma. Nous y sommes pour ainsi dire morts à nous-mêmes, mais animés d'une vie nouvelle. Plutôt qu'un tombeau, il faudrait parler d'un bain de jouvence, d'un sas nous permettant de passer dans un autre monde, avant de revenir dans le nôtre enrichis de souvenirs trans-personnels.

La vie de l'esprit semble en effet toujours reposer sur une sorte de mort ou plutôt de dépassement de l'individu. Hegel développait cette idée que par la mort commence la vie de l'esprit. C'est une idée qui semble être née en même temps que la philosophie. Faut-il y voir une tendance morbide, une haine de la vie qui serait propre aux intellectuels ? Socrate, quand il affirmait que « philosopher, c'est mourir, et apprendre à mourir », ne donnait pas dans le dolorisme et le refus chrétien du corps coupable – à vrai dire, il aurait eu bien du mal,

1. Paul Valéry, parlant de Descartes, disait : « Il s'est bâti de ses mains un tombeau, de ces tombeaux qui font envie. Il y a mis la statue de son esprit, et si nette, et si vraie à considérer, que l'on jurerait qu'il est vivant. »

puisqu'au Ve siècle avant Jésus-Christ, comme son nom l'indique, il n'y avait pas encore l'ombre d'un chrétien à l'horizon. Il fallait la finesse d'oreille d'un Nietzsche pour entendre dans la bouche de Socrate des propos préchrétiens. L'hypothèse de Nietzsche, selon laquelle Socrate était animé par une haine de la vie si profonde qu'il a cherché sa mort, et l'a accueillie de manière guillerette, comme un soulagement, est une hypothèse extrêmement intéressante, mais j'ai envie de dire que, d'une certaine manière, elle n'est qu'intéressante. Socrate ne nous engage pas à mourir, il n'a pas besoin de le faire pour qu'un jour il nous faille y passer nous aussi, tout comme lui. Il proposait simplement de considérer que la mort ne nous prive que de ce qui est mortel en nous, et nous invitait, en vivant avec et selon les impersonnelles, universelles et éternelles idées, autrement dit en ne considérant en nous que ce qui était commun à tous, à devenir véritablement vivants, réels, éternels. Ni Socrate ni Platon ne nous disent de vivre une autre vie que la nôtre, il ne s'agit pas de se réfugier, comme le leur reprochait Nietzsche, dans un « arrière-monde », un au-delà mirifique qui condamnerait le misérable « ici et maintenant ». Non. Il n'y a qu'un monde, il n'y a qu'une vie. C'est ce monde-ci qu'il faut penser. Le soleil des idées éclaire bien cette terre.

Descartes, en distinguant le corps et l'esprit, n'affirme pas non plus l'indignité du corps. Il ne joue pas dans la catégorie des contempteurs du corps, où certains zélotes du plaisir le rangent trop vite, faisant de lui un apôtre du christianisme honteux ; il recherche simplement la frontière, comme le faisaient les philosophes stoïciens, entre ce qui dépend de nous (notre volonté infinie) et ce qui ne dépend pas de nous (les sensations, les passions, tout ce qui relève directement du corps ; et, pour l'esprit, notre entendement fini).

Cette séparation n'a pas valeur de condamnation. Le corps n'est pas le « tombeau » de l'esprit pour des raisons théologiques dont nous serions coupables collectivement et avant même notre naissance : nulle idée de chute originelle chez Descartes. Descartes ne dit pas qu'il faut oublier son corps pour vivre de la vie de l'esprit : nul plus que lui n'a fait droit au corps, tout en le mettant à sa place. Son *Traité des passions* fait de notre corps, de la connaissance de sa structure et de ses limites, une condition de possibilité de la vie de l'esprit. Si, comme dit Alain en héritier de Descartes, « penser, c'est dire non », c'est avant tout dire non à nos premières pensées qui toutes viennent du corps, comme l'humeur. Si penser, c'est toujours penser contre le corps, ce « contre » ne signifie pas une dévalorisation, mais la nécessité de canaliser et de mettre en forme la matière première ainsi offerte : connaître le corps est le meilleur moyen de s'assurer qu'il ne travaillera pas contre nous.

3.

Y A-T-IL UNE PREUVE DE LA LIBERTÉ ?

Matrix, ou la juste place des machines

Vous vous souvenez, ce n'est pas si loin, que la question du choix est chez Descartes une question de choix. C'est l'occasion pour notre volonté de manifester sa part d'infini, et de conférer à nos vies une touche d'absolu. *Matrix* nous donne l'occasion d'approfondir cette question du choix, et d'ouvrir celle qui la sous-tend : la question de la liberté. Pas de choix sans liberté. Mais dans un monde qui n'est peut-être qu'illusion, la liberté elle-même ne risque-t-elle pas d'être encore une illusion ? C'est cette hypothèse qu'il nous faut envisager à présent. Après avoir fait toucher du doigt à Thomas Anderson qu'il est probablement Néo, et qu'entre ces deux identités, entre ces deux mondes, il faut choisir, Morpheus lui propose deux pilules, une pilule bleue et une pilule rouge, l'une synonyme de révélation et l'autre de retour dans l'illusion :

« Choisis la pilule bleue, et tout s'arrête.
Après, tu pourras faire de beaux rêves et penser

ce que tu veux. Choisis la pilule rouge et tu restes au pays des merveilles, et on descend avec le lapin blanc au fond du gouffre. N'oublie pas. Je ne t'offre que la vérité, rien de plus. »

Si on vous propose un choix, d'une certaine manière, ce n'est déjà plus le vôtre. Mais choisir n'est pas toujours devoir faire un choix proposé ou imposé par quelqu'un d'autre. On l'a vu ensemble : choisir une direction dans une forêt, alors que rien ni personne ne vous indique de chemin, choisir dans un monde indéfini de possibilités qu'il nous appartient d'abord d'identifier, inventer les possibilités avant d'en choisir une, voilà le difficile. Néo choisit la pilule la plus difficile à avaler : celle de la vérité et de la dure condition de résistant traqué, plutôt que la confortable léthargie de légume vivant dans l'illusion. Est-ce réellement du courage ou simplement de la curiosité ? L'avenir le dira. On pourrait arguer qu'au fond Néo n'avait pas le choix, et qu'à la manière dont Morpheus lui présente les choses, il faut peut-être plus de courage pour refuser la vérité que pour l'affronter. La manière dont le choix se présente ici pose la question du destin. Est-ce Néo qui choisit son destin, ou son destin qui le choisit ? Mais parler de destin ne revient-il pas à annuler tout choix ? C'est la contradiction qui paraît frapper Morpheus, à la fois combattant de la liberté contre la tyrannie des machines et fervent croyant habité par l'idée de destin.

Oracle, première rencontre

Pressé par Morpheus et sa bande de résistants, parmi lesquels son amoureuse Trinity, Néo va rencontrer l'Oracle, qui paraît seule habilitée à déterminer s'il est bien l'Élu. Tout ce salmigondis pseudo-religieux sous-entend qu'on entre avec *Matrix* dans la question de la foi. Mais s'agit-il d'une foi religieuse messianique et irrationnelle, ou d'une foi cartésienne, une foi en soi appuyée sur la seule volonté ? L'Oracle de *Matrix* applique-t-elle les techniques charlatanesques habituelles des devins et autres « mentalistes », ou bien a-t-elle une véritable puissance de prédiction ? Est-ce que l'Oracle a un entendement infini, et quel sens cela a-t-il de renoncer à agir pour consulter un oracle ? C'est l'Oracle elle-même qui va poser la question…

Néo entre dans la cuisine d'une femme noire avenante d'âge mûr en train de cuisiner. Il s'étonne :

> « Vous êtes l'Oracle ?
>
> — Bingo ! Ça n'est pas ce que vous imaginiez, n'est-ce pas ? […] Je vous proposerais bien de vous asseoir, mais vous préférez rester debout. Et ne vous en faites pas pour le vase.
>
> — Quel vase ? »
>
> Il se retourne pour voir de quel vase elle parle et le casse.
>
> « Ce vase.
>
> — Je suis navré.
>
> — J'ai dit que ça n'avait pas d'importance. Je dirai à mes enfants de le recoller.
>
> — Comment saviez-vous que j'allais…
>
> — Oh !… Ce qui va vous mettre le ravioli

en ébullition, c'est… l'auriez-vous aussi démoli si je ne vous avais rien dit ? »

L'Oracle commence par instiller le doute en Néo sur la nature de ses prédictions, autrement dit sur sa puissance même d'oracle. Voit-elle l'avenir parce que l'avenir serait déjà, nécessairement, impossible à modifier, aussi immuable qu'un destin, ou influence-t-elle l'avenir en le disant ? Parler du vase, est-ce savoir qu'il va être cassé nécessairement, qu'on en parle ou pas, ou savoir que si on en parle, il a davantage de chances d'être cassé, puisqu'en attirant l'attention de Néo sur le vase, elle provoque sa maladresse ? En faisant cela, elle interroge Néo sur la nature de sa foi. Son discours implicite est le suivant : « Tu crois en moi, mais est-ce pour de bonnes raisons ? Ne fabriques-tu pas toi-même les preuves que tu attends ? » Et voici son discours explicite :

« Crois-tu à la destinée, Néo ?

— Non.

— Et pourquoi ?

— Parce que je n'aime pas l'idée de ne pas être aux commandes de ma vie. »

C'est une déclaration de foi cartésienne. L'Oracle poursuit son interrogatoire, pour vérifier si Néo est en conformité avec cette foi dans le reste de ses pensées :

« Vous savez pourquoi Morpheus vous a amené à moi ? Alors, à votre avis, croyez-vous être l'Élu ou pas ?

— Honnêtement, je ne sais pas. »

Elle lui montre la devise inscrite au-dessus du seuil de sa porte.

« Vous savez ce que ça veut dire ? C'est du

latin, ça veut dire “Connais-toi toi-même”. Je vais vous confier un grand secret, être l’Élu, eh bien, selon moi, c’est un peu comme être amoureux, jamais on n’est averti quand on est amoureux, on le sait, du cœur aux couilles, des muscles à la moelle des os. Bien. Il faut que je vous examine. Ouvrez la bouche et dites “ah !”

— Aaaaaaah !

— Bon, voyons, là, normalement, je dois dire “Mmm”. Voilà qui est intéressant, mais… Et là, vous dites…

— Mais quoi ?

— Mais vous savez depuis longtemps ce que je m’apprête à vous dire.

— Je ne suis pas l’Élu.

— Je suis désolée. Vous avez le pouvoir, mais on dirait que vous attendez quelque chose. »

Ce pouvoir, c’est la liberté. Attendre d’user de sa liberté plonge dans l’irrésolution, dont Descartes disait qu’elle était le pire des maux. Le pire mal, c’est l’hésitation. Ce qui est bon, c’est de choisir. Choisir délivre. Cet oracle lit à livre ouvert dans l’indécision de Néo, et lui fait dire ce qu’il veut entendre, nul besoin d’être fin psychologue – cet examen pseudo-médical, le fait même qu’il s’y prête, qu’il cherche et guette des signes en lui-même, est la manifestation de son irrésolution. Alain dénonçait la complaisance que la psychanalyse faisait naître chez ceux qui s’y adonnaient. À se guetter soi-même, à chercher en soi-même des signes de ce qu’on est, on renonce à vouloir et à s’inventer. Quand on cherche des signes, on en trouve toujours, puisque guetter des signes, c'est non seulement les augmenter, mais aussi bien les créer. Telle est la puissance de notre esprit que ce en quoi il croit, il le fait exister. Ce qu'on craint, on le fait naître. C'est la foi qui invente Dieu, mais Dieu existe par la foi. Il existe véritablement. La preuve de l'existence de Dieu, c'est le croyant[1].

Pour le dire autrement, cet univers ne nous a rien promis, et Alain, dans la pure lignée de Descartes et des stoïciens, définit le devoir de l'esprit par cette tâche simple : nettoyer l'univers des intentions et des dieux que nous y inventons, séparer la matière et la pensée. Ce monde débarrassé de ce que nous y mettons, c'est la pure existence, que Descartes appelle la chose étendue, la *res extensa*, l'étendue vide d'intention – l'intention est du ressort de l'âme, de l'esprit, de la volonté, il n'y a pas d'intention en ce monde matériel : quand l'oracle renvoie Néo à l'inscription inscrite non en latin, mais en grec au fronton du temple de Delphes : « Connais-toi

1. « Tout le prétendu mystère de nos pensées sourdes, comme Leibniz voudra les nommer, vient de ce que nous interprétons les mouvements de notre propre corps, autant que notre pensée en reçoit les effets, comme des oracles qui signifieraient bien plus que chocs, frottements, déviations et choses de ce genre. [...] Je veux remarquer ici une raison de ne pas choisir la doctrine de l'inconscient, qui est que la supposition d'une pensée comme expliquant un simple mouvement du corps, même si elle est fausse, devient vraie par cela seulement qu'on y croit, puisqu'on forme cette pensée. Par exemple, si je tremble devant quelque objet sans en trouver d'abord une raison, je dois choisir d'expliquer ce tremblement par la seule disposition physique des parties de mon corps ; car si je forme quelque pressentiment au sujet de cet objet, essayant de tirer au clair une pensée que je crois que j'en ai, je forme en effet une telle pensée, jugeant que cet objet m'a déjà nui ou me nuira, d'après des raisons vraisemblables ; et c'est surtout par de telles opinions que les passions nous sont funestes » (Alain, *Idées*).

toi-même », ce n'est pas une invitation à se connaître dans sa particularité physique, psychologique, à s'explorer et à se regarder sous toutes les coutures pour arpenter ce que la nature nous a donné, c'est l'injonction inverse : Connais-toi par l'universel. On ne se connaît que par la médiation des idées, que nous partageons avec tous. On ne devient un individu au sens plein de ce terme que si on s'est formé par la médiation des autres, et de ce qu'il y a de commun entre nous. Ce que nous avons de plus commun avec les autres, et qui est égal entre tous, c'est la volonté. « Connais-toi toi-même » ne peut signifier, d'un point de vue cartésien, que « Sache que tu peux vouloir ». En d'autres termes : « Connais ta liberté. »

Le matérialisme absolu considère que tout est nécessaire, que la science consiste uniquement à repérer des relations de cause à effet. Un matérialisme, un mécanisme ne serait cohérent qu'à la condition d'être intégral. Nos pensées elles-mêmes seraient observables, explicables selon des rapports de cause à effet. Certains spécialistes du cerveau prétendent pouvoir, à terme, expliquer comment se déterminent nos pensées. Selon eux, l'idée de liberté ou le sentiment de liberté seraient causés par des échanges nerveux ou hormonaux qui produiraient en nous l'illusion du libre arbitre, avec un sentiment de bien-être ou d'inquiétude, etc.

Descartes tranche dans cette question de manière radicale. Il n'est pas le premier à le faire. Il est ici l'héritier des stoïciens ou des cyniques. Transportons-nous dans l'Antiquité grecque, chez Diogène le Cynique. Rappelons que « cynique » ne veut pas dire « désabusé » ou « sans scrupule », mais vient de *kunos* : le « chien ». Diogène s'est promis de vivre comme un chien. Mais un chien sans laisse ni maître, un chien libre et sauvage. Dans la célèbre fable de La Fontaine, il serait plutôt le loup que le chien. Diogène n'a rien écrit, mais on connaît nombre d'anecdotes sur lui et ses frasques. Dans l'une d'elles, il discute avec un physicien obtus. Le physicien, matérialiste intégral, lui démontre que notre pensée n'est pas libre :

> « On parle parce qu'on est déterminé à le faire. Ce que tu dis, tu n'as pas choisi de le dire. Ton cerveau, ta langue, tes habitudes font que tu dis ce que tu dis au moment où tu le dis. C'est du corps, de la matière.
>
> — Si je te comprends bien, quand tu parles, les mots sortent de ta bouche comme le vent pousse les nuages dans le ciel, les nuages défilent dans un certain ordre, mais ils ne veulent rien dire.
>
> — Tout à fait.
>
> — Si je comprends bien, pardonne ma vulgarité, je ramasse les métaphores qui traînent, je philosophe comme un chien, ce vent dans le ciel, tu peux considérer qu'il est l'équivalent d'un vent produit par notre ventre. Au fond, les paroles qui sortent d'une bouche sont semblables à ce qui sortirait par un autre orifice.
>
> — Tout à fait.
>
> — Donc, conclut Diogène, quand tu parles, c'est comme si tu pétais. »

Se servir de cette démonstration par l'absurde ne vous gagnera pas beaucoup d'amis chez les matérialistes. Le problème se pose ainsi : tout est nécessaire dans la pensée, puisque penser, c'est comprendre du nécessaire.

On ne peut comprendre que du nécessaire qui, donc, nous préexiste. Nous, humains, ne créons pas la vérité, nous ne pouvons que la reconnaître. Nous ne sommes pas libres comme Dieu de décider que 2 + 2 = 3. Si nous pensons véritablement, nous ne pouvons que concevoir que 2 + 2 = 4. Nous ne sommes pas libres de penser n'importe quoi, car nous ne sommes pas tout-puissants.

Là est le carrefour, le choix décisif :

Soit, première possibilité, considérer, comme l'interlocuteur de Diogène, que tout est nécessaire, même la pensée. À ce moment, la pensée disparaît dans un matérialisme qui ne peut même plus se concevoir lui-même. Si le scientifique considère que tout est nécessaire et que rien n'est libre, sa thèse également, selon laquelle tout est nécessaire, n'a pas de sens : il ne l'a pas choisie, il n'est pas libre de l'affirmer ou pas, il n'y a pas à l'écouter. S'il a raison, il n'a même plus raison. La thèse du déterminisme intégral n'est même plus une thèse. Ce qu'il dit n'a pas plus de sens et donc de valeur que les nuages qui passent dans le ciel ou les vents que produit son ventre.

Soit, seconde possibilité, considérer avec Diogène que la pensée n'a de sens que traversée et soutenue par une liberté. Pilule bleue du physicien ou pilule rouge du philosophe, vous devinez de quel côté votre serviteur balance. Si on fait de la philosophie, on ne peut que croire à la liberté. C'est une croyance dont Renouvier fondait la légitimité en disant : si la liberté était nécessaire, elle ne serait plus. La liberté ne se démontre pas. C'est un acte de notre volonté. La liberté est une décision que l'on prend, pas une propriété que l'on constate. Mon professeur de terminale André Portafax avait cette formule, qui m'a profondément marqué, et qui me paraît résumer le cœur même de l'attitude cartésienne : la vérité est une exigence qui précède une existence. La liberté, de même, est une exigence qui précède une existence. Une exigence nue, un acte de foi, qui ne repose sur aucune démonstration. Si quelqu'un vous demande : Prouve-moi que je suis libre, vous pouvez lui répondre : Si je te le prouve, je t'enchaîne. Si tu ne comprends pas de l'intérieur, par toi-même, que la liberté n'est pas une idée, mais un acte, tu ne peux pas philosopher.

Oracle, deuxième rencontre

Dans *Matrix reloaded*, autre nom de *Matrix 2*, Néo retrouve l'Oracle. Il croyait lutter avec elle contre les machines ; voilà que l'Oracle est elle-même une machine. Et c'est vrai, l'entendement ressemble à une machine, nous avons en nous une machine à calculer d'une puissance finie, libre à nous ensuite d'affirmer ou de nier grâce à notre volonté infinie. Néo nage en plein paradoxe et pense ici à haute voix : si l'Oracle sait quelque chose de moi que je ne peux pas savoir, n'est-ce pas que je suis prédéterminé ? Mais si elle-même me tient ce raisonnement, est-il pour autant frappé de nullité ? C'est ce qu'elle lui fait toucher du doigt de manière toujours plus approfondie et troublante...

Néo hésite avant de s'asseoir sur un banc à côté de l'Oracle, puis se décide et se justifie :

> « J'avais envie de m'asseoir.
>
> — Je le sais. Bon alors, commençons par enfoncer les portes ouvertes.
>
> — Vous n'êtes pas humaine, n'est-ce pas ?

— Difficile de trouver plus évident que ça.

— Si j'avais à deviner, je dirais que vous êtes un programme du monde des machines, et lui aussi.

— Pas mal jusqu'ici.

— Mais si c'est vrai, vous faites peut-être partie du système. Un autre genre de contrôle.

— Continue.

— La question la plus évidente serait donc : comment vous faire confiance ?

— Bingo ! Alors là pas de doute, tu es dans le pétrin. Le pire, c'est que tu n'as aucun moyen de savoir réellement si je suis là pour t'aider ou pas. C'est à toi de voir. Je ne vais pas décider à ta place si tu vas accepter ce que je vais te raconter, ou le rejeter. Bonbon ?

— Vous savez déjà que je vais le prendre.

— Je ferais un piètre oracle dans le cas contraire.

— Mais si vous le savez déjà, qu'est-ce qui me reste comme choix ?

— Mais tu n'es pas venu ici faire ce choix. Tu l'as déjà fait. Tu es ici pour essayer de comprendre pourquoi tu l'as fait… Je croyais que tu l'avais compris depuis longtemps.

— Pourquoi êtes-vous ici ?

— La même raison, j'adore les bonbons.

— Mais pourquoi nous aider ?

— Nous avons tous un rôle, et chacun de nous doit jouer ce rôle. Une seule chose m'intéresse, l'avenir. Un point c'est tout. Et tu peux me croire, je le sais, si nous devons y arriver, ce sera ensemble. »

L'Oracle, avec cette pointe d'ironie socratique qui la caractérise puisqu'elle se réclame du « Connais-toi toi-même », a toujours un temps d'avance sur Néo. Vous voyez le problème. Que se dit Néo ? Si je fais quelque chose, et qu'elle sait à l'avance ce que je vais faire, je ne suis pas libre ; et pourtant, elle me soutient que je suis libre de décider… Sur ce banc nous avons, assis côte à côte, une volonté infinie, celle de Néo, doué d'un entendement fini – il ne sait pas si ce qu'il veut va aboutir ou pas, d'ailleurs, pour être honnête, il ne sait pas vraiment ce qu'il veut –, et, à côté de lui, un entendement apparemment infini, celui de l'Oracle, qui sait beaucoup plus de choses que lui. Elle lui propose une alliance. Cette proposition paraît un piège, puisqu'on est en droit de se demander en quoi elle a besoin de lui, elle qui en sait toujours plus que lui. Comment « savoir réellement » si elle est là pour l'aider ou pas ? C'est à lui de voir. C'est à nous de voir.

C'est ce que Descartes nous intime de faire dans son *Discours de la méthode*. Si notre entendement est fini, et notre volonté infinie, notre esprit est un attelage inégal, harnachant ensemble un cheval poussif et un cheval infiniment rapide, où il faut bien que le plus rapide, c'est la seule solution, accepte de se régler sur le pas du plus lent s'ils veulent marcher ensemble. C'est le premier précepte, où la volonté infinie se promet de ne faire preuve ni de précipitation ni de prévention, c'est-à-dire de ne pas juger trop vite, et d'attendre pour affirmer une idée comme vraie que l'entendement ait atteint clarté et distinction.

Elle lui propose une association qui manifeste qu'elle

n'a pas un entendement aussi infini que l'on croyait. Elle n'est pas un dieu, elle n'est qu'un oracle. Mais elle en sait toujours plus que lui. Dès lors, pourquoi l'Oracle a-t-elle besoin de Néo ? L'entendement a toujours besoin d'une volonté libre pour affirmer ou nier, pour reconnaître la vérité qu'il propose. Au fond, l'entendement ne peut pas proposer grand-chose : la méthode, on l'a vu, s'adresse à la volonté, qui en tant qu'elle est infinie peut seule affirmer ou nier n'importe quoi. En effet, seule la volonté est en cause dans l'erreur. L'entendement ne se trompe pas, puisqu'il n'affirme rien. Il n'est qu'une machine à calculer ou à « intuiter », à lier des idées dans une intuition. C'est bien Néo qui cherche l'Oracle et décide de l'écouter, de même que seule la volonté peut se convaincre de se plier d'elle-même à l'entendement. Ce qui manque à l'entendement, c'est également la capacité d'agir. Si l'Oracle est l'entendement et Néo la volonté, seule la volonté est capable de décider et d'agir. L'oracle a donc besoin de Néo pour passer à l'action, et aller affronter l'Architecte, le dieu créateur de la Matrice.

Morpheus et le Mérovingien

Mais avant de rencontrer l'Architecte, adressons-nous à ses saints et attablons-nous avec le Mérovingien, joué par Lambert Wilson. Qui est le Mérovingien ? Un programme très puissant qui incarne la pensée matérialiste, physicienne, mécaniste absolue, pour laquelle tout est rapport de cause à effet, et où donc rien ni personne n'est libre.

Le Mérovingien devise à table, entouré de Néo et de Morpheus :

« Voyez-vous, il y a une seule et unique constante, une seule règle d'or, une seule et unique vérité absolue : la causalité. Action... réaction. Cause... et effet. »

Morpheus objecte :

« Toute chose commence par un choix.

— Non, faux ! Le choix n'est rien qu'une illusion créée pour séparer ceux qui ont le pouvoir de ceux qui ne l'ont pas. Regardez cette femme, mon dieu, regardez-la... affectant chaque personne autour d'elle, si voyante, si bourgeoise, si emmerdante, mais voyez, regardez. Je lui ai fait porter un dessert, un dessert très particulier... C'est moi qui l'ai conçu. Il commence en toute simplicité, chaque ligne du programme créant un nouvel effet, tout comme... la poésie. D'abord... une bouffée de chaleur, son cœur palpite, vous le sentez, n'est-ce pas, Néo ? Elle n'arrive pas à comprendre pourquoi. Est-ce que c'est le vin ? Non. C'est quoi, alors ? Quelle peut être la raison ? Très vite, ça n'a plus d'importance. Très vite, le pourquoi et la raison s'évanouissent, et tout ce qui importe, c'est cette félicité elle-même. Telle est la vraie nature de l'univers. On lutte contre elle, on la combat, on la renie, mais ce n'est qu'un faux-semblant, c'est illusoire. Sous notre apparence d'équilibre, la vérité c'est que nous sommes complètement... hors de contrôle. La causalité, pas moyen d'y échapper. »

C'est un point de vue de machine. On pourrait objecter avec Néo et Morpheus : et que faites-vous de la liberté ? Si tout est nécessaire dans ce qu'on peut penser, la pensée, elle, n'est pas nécessaire. Comprendre n'est pas nécessaire. Précisons que « nécessaire » est à prendre ici au sens de « ce qui ne dépend pas de nous ». Si on se met à penser, on ne peut comprendre que du nécessaire, mais on est libre de se mettre à penser ou pas. On pourrait donc répondre au Mérovingien que, lorsqu'il fait la thèse de ce mécanisme absolu, qui lui permet d'avoir du pouvoir – car la physique donne des pouvoirs : si on connaît les rapports de cause à effet, on peut, en produisant une cause, obtenir et prévoir un effet, la science donne du pouvoir sur la nature –, il méconnaît qu'au principe de ce pouvoir, à sa racine, se trouve la liberté. La liberté, par définition, ne peut se définir, est impossible à quantifier. Un acte libre ne se met pas en équation. C'est justement toute la question de *Matrix* : la question du choix et de la liberté.

Comment cela ? répondrait le Mérovingien, tout ce qui existe dans la nature est soumis aux mêmes lois. Et si tout ce qui existe relève de la nécessité, comment oser affirmer que l'on pense librement ? « La causalité, pas moyen d'y échapper. » On remarquera au passage que « hors de contrôle » signifie pour lui « hors du contrôle de la volonté », et donc une soumission absolue à la causalité. « Hors de contrôle » signifie ici le contraire et la négation de toute liberté. Et pourtant, à la différence d'un objet naturel, celui qui fait de la physique est libre de concevoir cette nécessité. Entre une pierre qui tombe et le physicien qui pense la loi selon laquelle cette pierre tombe, il y a un abîme. C'est cet abîme inauguré par

Descartes qu'a creusé Sartre : la matière ne se pense pas elle-même. Seul l'homme est capable de penser la nécessité. Le fait seul de la penser le fait sortir de cette nécessité, il la surplombe. Même celui qui fait la théorie d'une nécessité universelle sort, par cela même qu'il est capable de la concevoir, de cette nécessité. Il pense librement du nécessaire. S'il ne s'en aperçoit pas, tant pis pour lui. On ne peut forcer personne à être libre. Mais on peut l'éclairer, s'il le veut.

On pourrait trouver qu'il y a là une contradiction. Par quel miracle la pensée relèverait-elle de lois spéciales ? Pourquoi échapperait-elle aux lois de la nature, de la physique, qui régissent tout ce qui existe ? Eh bien, la réponse est dans la question : la pensée n'existe pas. Elle n'existe pas au sens où on l'entend pour une chose. Elle ne se voit pas, ne se touche pas, elle n'a pas à proprement parler de lieu. On peut mesurer ses effets dans l'espace, mais elle-même n'est pas spatiale. De la même manière que Jules Lagneau avançait que Dieu ne pouvait être dit exister, la pensée ne peut être dite exister. Quand certains prétendent mesurer et localiser la pensée dans telle zone du cerveau, visible sur une radio ou une IRM, ils ne font que mesurer les effets dans l'espace de la pensée, ils mesurent ses effets, mais ils n'ont pas accès à la cause.

Au reste, le biologiste ou le physicien qui fait la théorie que la pensée est matérielle devrait être capable de localiser cette théorie dans telle ou telle zone du cerveau, et de montrer comment et par quoi elle est produite. Il pourrait ainsi montrer que ce qu'il prend pour « sa » théorie n'est qu'un sous-produit de son cerveau, qui produit des pensées avec le même naturel que son intestin produit des pets. Comparaison apparemment vulgaire empruntée à notre ami Diogène, mais, nier la liberté n'est-il pas autrement vulgaire ? On est certes libre de nier la liberté, en disant qu'elle n'existe pas. Mais c'est ce qui la définit : la liberté, ou la volonté – c'est ici la même chose –, n'existe pas. Ce n'est pas une chose, c'est un acte. C'est une exigence plutôt qu'une existence. Une exigence n'est pas reçue ou constatée comme un fait parmi d'autres, elle prévaut parce qu'on l'affirme, on la soutient, on la fait exister. Elle existe bien, mais sur un autre plan, et d'une autre manière que les choses. Elle n'existe pas : elle *vaut*.

Les ailes de l'impuissance

Descartes n'est donc pas un matérialiste obtus : la pensée n'est pas un fait, qui se passerait « en nous sans nous », selon le pur mécanisme. Tout est mécanique en ce monde, tout est mesurable, calculable, pensable, sauf la pensée qui opère ces calculs et ces mesures. Penser, c'est toujours penser du nécessaire. Mais penser n'est pas nécessaire. Le seul acte libre : la pensée.

Descartes ne parle pas ici de Dieu, mais de l'homme. Pour le Dieu cartésien, tout est liberté, puisque sa volonté infinie s'accompagne de toute-puissance, et d'un entendement infini. Mais quand Descartes nous parle de Dieu, il nous parle encore de nous. Dieu est comme un étalon qui nous permettrait de mesurer nos manques. Au sens métaphysique, nous sommes impuissants : notre entendement est fini, notre puissance aussi. Nous ne pouvons ni tout penser ni tout faire.

Par exemple, nous ne choisissons pas que le temps

passe ou pas, ni la vitesse à laquelle il passe. Jules Lagneau l'exprimait ainsi : « Le temps est la marque de notre impuissance. » Nous subissons le temps. De ce point de vue, alors que Dieu a toute liberté de réaliser et de produire ce qu'il veut, l'homme est en position de spectateur. L'homme subit le temps. Bergson le disait autrement : « Il faut attendre que le sucre fonde. » Si je mets un sucre dans un verre d'eau, même si je touille ou si j'utilise de l'eau chaude, je dois attendre. Tel est le paradoxe de notre condition : agir, c'est toujours attendre. Moins longtemps, mais attendre.

Inversement, l'espace est la marque de ma puissance. D'avoir un corps, d'être inscrit dans la matière, dans l'étendue, de pouvoir être en relation avec d'autres corps me donne puissance sur eux. Construire la distance qui me sépare d'un objet, c'est imaginer que je parcours cette distance. Percevoir, c'est anticiper une action possible. Pour vous donner un exemple très cru, si les courbes de Salma Hayek ou de Penelope Cruz vous mettent en émoi, c'est parce que vous ne percevez ces courbes qu'en anticipant une action possible, en imaginant que vous les parcourez. Si vous ne percevez la crête d'une montagne au loin qu'en imaginant que vous grimpez dessus, de même vous ne pouvez percevoir Salma et Penelope qu'en imaginant… Remplacez Salma par Brad Pitt et Penelope par qui vous voudrez, de Johnny Depp à Alain Delon, le principe reste inébranlable : vos actions « en puissance » se déplient toujours sur fond d'impuissance, puisqu'un Dieu ne baverait pas ainsi sur ses créatures.

Avoir un corps, c'est avoir droit de choc. On peut exercer ce droit de choc, exercer des pouvoirs sur fond d'impuissance métaphysique. Cette impuissance n'est pas un drame, mais la condition de notre action. On ne peut pas prévoir, quand on est humain, le succès ou l'insuccès de ses entreprises. On ne peut pas être sûr à l'avance qu'un choix sera bon ou pas. Et c'est pourquoi il faut choisir.

De quoi notre esprit est-il fait ? Un entendement fini, et une volonté infinie. Dans cet écart se déploie tout ce qui fait le sel d'une vie humaine. Sel qui manque aux anges des *Ailes du désir*. Deux anges invisibles à l'œil nu, mais visibles à l'œil de la caméra de Wim Wenders, sont installés dans un cabriolet qu'ils ne peuvent pas conduire, hélas ! car ils n'ont pas de corps, ils n'ont pas droit de choc : ils sont éternels. Ensemble, ils fantasment sur ce qu'ils aimeraient pouvoir faire : « remuer les orteils sous la table après une longue journée de travail », « marcher dans le vent », et, plus étonnant, « mentir ». C'est que, pour un ange qui participe à l'entendement infini de Dieu, le mensonge est impossible : la vérité se donne dans une nécessité absolue, avec une clarté et une distinction qui apparemment feraient la joie d'un Descartes, mais qui en réalité seraient la mort de la liberté.

Voilà ce que regrettent les anges. Ils sont éternels, mais, n'ayant pas de corps, ils ne peuvent agir. Ils savent tout, mais on sait tout d'eux. Ils ne peuvent pas refuser la vérité, ils ne peuvent pas mentir. Pour un humain, le mensonge n'est possible que sur fond d'impuissance, par un écart entre un entendement fini (celui à qui nous mentons ne sait pas que nous lui mentons) et une volonté infinie (la nôtre, nous voulons lui mentir), mais manifeste inversement un pouvoir, notre pouvoir d'affirmer ou de nier ce que nous voulons : notre volonté infinie. Alors que l'homme donne le plus souvent le sentiment de regretter de ne pas être un dieu, ici on découvre le contraire : ce qui fait rêver les anges, c'est la part d'impuissance de l'homme, son inscription dans des limites. Avoir un entendement fini, avoir un corps mortel... le rêve ! Si les anges rêvent de savoir moins, c'est que ce moins peut se retourner miraculeusement en un plus. Pas de Salma Hayek ni de Penelope Cruz pour les anges. Il n'y a qu'en quittant leurs ailes qu'ils pourront entrer véritablement dans le monde du désir.

Ce dont ils rêvent, c'est d'en savoir moins pour pouvoir vivre plus. Si l'homme agit, c'est qu'il ne peut tout savoir ni tout faire. Son impuissance métaphysique est au cœur de toutes ses actions, c'est elle qui lui donne son élan. Si je veux savoir de quoi je suis capable, je dois me lancer. Dans l'action, il y a toujours un point aveugle. On ne sait pas la fin à l'avance, et c'est pourquoi on agit, on se risque. C'est l'essence du cinéma. Le cinéma nous montre des personnages aux prises avec leur ignorance du futur, avec leur impuissance métaphysique. Suivre les aventures d'un être tout-puissant et omniscient n'aurait aucun intérêt. On ne s'intéresse aux super-héros que s'ils sont super-fragiles, et que chacun de leurs pouvoirs s'accompagne d'une impuissance en contrepartie. Spiderman est un adolescent complexé et timide. Superman est rendu inoffensif par le moindre morceau de kryptonite, substance de sa planète d'origine. Les X-Men ont chacun leur faiblesse : Malicia, la jeune fille qui absorbe comme une éponge le pouvoir de qui la touche, souffre de solitude. Wolverine, l'homme-loup au squelette métallique incassable, risque ainsi de se faire aimanter par le méchant Magneto. Cyclope, l'homme-rayon qui a véritablement les yeux revolver et le regard qui tue, ne peut plonger son regard dans les yeux de son aimée sans la carboniser…

Et les anges des *Ailes du désir* ? Même chose, puisque leur omniscience est pour eux une sorte de punition, qui les prive du bonheur de vivre. Ils nous intéressent donc moins par leur puissance que par leur impuissance. L'ange lassé de son éternité s'humanise à nos yeux grâce à cette faille en lui. À partir du moment où il renonce à être un ange pour faire l'homme, dès qu'il perd son éternité et son savoir pour agir lui aussi en aveugle, sa vie devient une aventure. On pourra donner comme contre-exemples les films d'action du type *James Bond*, où le héros se montre à la fois invincible et infaillible. Aucun doute existentiel dans la vie de James. Pas le temps, mais surtout pas le genre. Car les films de ce type n'ont d'intérêt que pour des spectateurs incapables d'imiter James. Voir une action impossible « comme si » elle était possible, devenir, grâce à James, « comme maître et possesseur de la nature », la dominer sans effort, c'est s'offrir une parenthèse de toute-puissance dans une vie d'impuissance. Un dieu ne s'intéresserait pas aux exploits de James Bond : pour Dieu, pas d'exploit, jamais, nulle part, puisque jamais d'obstacle. De manière plus générale, un être omniscient ne saurait perdre son temps à voir un film, puisqu'il connaît déjà la fin. Pas de cinéma pour Dieu. Et lui qui pourtant sait tout ne sait donc pas ce qu'il manque…

Quel genre de Dieu est l'Architecte ?

À présent, nous voici prêts, avec Néo, à rencontrer le créateur, l'architecte de la Matrice. L'Architecte, donc Dieu. Précisons immédiatement que la création, chez Descartes, est une création continuée. Créer quelque chose, ce n'est pas simplement être là au début, mais maintenir cette chose dans l'existence, en garantir la continuation : à chacun des instants de l'univers Dieu affirme, veut et fait exister le monde. Dieu est la garantie universelle, éternelle, qu'il y aura toujours une continuité entre causes et effets. Ce modèle de création continuée est la garantie des physiciens. On a besoin de Dieu en physique, on a besoin d'une garantie métaphysique, au-delà du physique, qui garantit le lien entre chacun des instants du temps. Dieu, lorsqu'il invente des lois, garantit en même temps qu'il ne va pas les changer, et va continuer à les vouloir. Car si un Dieu tout-puissant se contentait de créer le monde d'une pichenette initiale puis détournait son regard et se désintéressait de ce qu'il a fait naître, ce monde aurait toutes les chances de se désagréger. Descartes ne fait pas, en moralisateur étroit, l'apologie de la fidélité, qui est la perpétuation d'un passé, mais l'affirmation au contraire de la constance.

Quelle différence entre fidélité et constance ? Là où la fidélité nous enferme dans un passé en nous enchaînant à la promesse de rester toujours le même, la constance est une ré-affirmation, à chaque instant, de notre volonté. Il faut se méfier des rapprochements, les distinctions instruisent toujours davantage, mais on trouve un mouvement à peu près semblable chez Nietzsche : l'éternel retour qu'il promeut n'est pas la répétition stérile, à l'identique, d'un passé, mais un principe sélectif. Il s'agit de se promettre de vivre chacun des instants de sa vie non pas comme s'il était le dernier, ce serait désespéré, mais comme si on en voulait l'éternel retour. C'est un acte d'affirmation continu.

On va voir que l'architecte de ce monde dans lequel circule Néo n'est pas un dieu cartésien, puisque c'est un dieu qui ne croit pas à la liberté, à la volonté, c'est une sorte d'extrapolation du Mérovingien, du mécanisme absolu. Cet architecte a un problème avec Néo, car il n'arrive pas à comprendre la liberté. La liberté n'a pas de place dans son système, il ne peut donc la considérer que comme une anomalie.

> « Bonjour, Néo.
>
> — Qui êtes-vous ?
>
> — Celui qu'on nomme l'Architecte. J'ai créé la Matrice. J'étais impatient de te voir, tu as de nombreuses questions, et, bien que le passage ait altéré ta conscience, tu demeures irrémédiablement humain. Certaines de mes réponses te seront par conséquent accessibles, mais pas toutes. Par corollaire, bien que ta première question puisse paraître la plus pertinente, il se pourrait bien que tu ignores qu'elle est aussi la plus hors de propos.
>
> — Pourquoi suis-je ici ?
>
> — Ta vie est le reste d'une équation déséquilibrée inhérente à la programmation de la Matrice. Tu es l'éventualité d'une anomalie qu'en dépit de mes efforts les plus sincères, j'ai été incapable d'éliminer de ce qui est par ailleurs une harmonie de précision mathématique.

Quoiqu'elle demeure un fardeau dont tu veux t'affranchir, elle n'a rien de surprenant et peut donc obéir à des mesures de contrôle qui vous ont conduit inexorablement… ici.

— Vous n'avez pas répondu à ma question.

— Effectivement. Intéressant, tu as été plus rapide que les autres. »

Derrière Néo, d'autres images de lui sur des écrans répondent à sa place : « Quels autres ? Réponds à ma putain de question ! »

« La Matrice est plus vieille que tu ne le penses. Je préfère compter par paliers de l'émergence d'une anomalie à l'émergence suivante, et avec toi nous en sommes à la sixième version. »

Les autres Néo sur les écrans s'exclament : « Il y en avait cinq avant moi ? C'est des conneries. Trois ? Quatre ? » Néo garde son calme et analyse :

« Il n'y a que deux explications : ou personne ne me l'a dit ou personne ne le sait.

— Précisément. Comme tu l'as sans doute déjà déduit, l'anomalie est systémique, créant des fluctuations dans les plus basiques des équations. »

Exclamations des Néo sur les écrans : « Je fais ce que je veux ! Je dis ce que je veux ! » Néo comprend :

« Le choix. Le problème, c'est le choix. »

Néo nous confirme que la question de la liberté dépend entièrement de la question du choix. L'Architecte considère le choix comme reposant sur l'entendement, puisque choisir est facile à un entendement infini : il suffit de choisir le meilleur possible. « Le meilleur des mondes possibles » est une expression qui vient du philosophe et mathématicien Leibniz. Si on l'évoque ici, c'est que cet Architecte est moins cartésien que leibnizien. Son « harmonie de précision mathématique » évoque l'« harmonie préétablie » de Leibniz, dont la métaphysique repose sur l'idée d'un Dieu rationnel appliquant un principe d'économie et donc de continuité à la création du monde. Qu'est-ce à dire ? D'abord, la continuité. Pour Leibniz, pas de différences de nature entre les êtres, mais toujours des différences de degré. Par exemple, entre l'homme et les animaux : on ne peut pas dire que l'homme serait doué de pensée alors que les animaux en seraient privés, mais simplement que l'homme pense plus clairement et distinctement que les animaux. Les animaux pensent, mais moins ou moins bien. Pas de rupture donc, mais une continuité. De même, pas de différence de nature entre la vie et la mort. La mort n'est qu'un sommeil apparent. Pas de saut dans la nature : quand une montagne s'écroule, c'est qu'elle est depuis toujours en train de s'écrouler, mais peu à peu. Les différences apparentes de qualité ne sont donc que des différences de quantité. Tout dans la nature est ainsi solidaire et continu. Ensuite, l'économie. Comment Leibniz définit-il le meilleur des mondes possibles ? C'est le monde où il y a, tenez-vous bien, le plus de compossibles, c'est-à-dire le plus de choses possibles ensemble, en même temps, en relation les unes avec les autres (le préfixe *cum* signifie « avec »). Le meilleur monde est le plus rempli possible. Non pas rempli selon la règle d'un maximum, ce serait un trop-plein, mais selon la règle d'un optimum, d'un équilibre, pour obtenir « une harmonie de précision mathématique ».

Choix et générosité, Leibniz contre Descartes

La question de la générosité est un approfondissement de la question du choix. Que puis-je choisir si j'ignore les conséquences de mon choix ? Si j'étais aussi libre que Dieu, si j'avais un entendement infini, une volonté infinie, et surtout une toute-puissance, c'est-à-dire si j'étais capable de faire exister ce que je veux, simplement en le voulant, je n'aurais plus de questions à me poser. C'est ce que fait le Dieu cartésien, il ne se pose pas de questions, c'est un Dieu qui n'a pas besoin de raison, qui ne calcule pas avant de créer. Il crée dans un acte spontané de liberté absolue, et c'est lui, par cette création, qui fait exister la raison. C'est pour ainsi dire un super-Forrest Gump : c'est avant tout une volonté, un fonceur. La raison est seconde. Attention, on ne dit pas que c'est un abruti inconséquent, pour qui la raison n'aurait aucune valeur, mais que sa liberté est telle que rien ne lui préexiste, que sa liberté est si absolue qu'il crée aussi la raison.

Le Dieu de Descartes n'a pas besoin de calculer pour faire, contrairement au Dieu de Leibniz qui est une sorte de super-mathématicien qui calcule toutes les possibilités avant de choisir le « meilleur des mondes possibles ». Chez Descartes, Dieu fait le monde par volonté ; chez Leibniz, il fait le monde par un calcul.

Il est certain que chaque philosophe fait Dieu à son image. Et le courtisan Leibniz, homme raisonnable et policé, on ne peut mieux intégré dans les institutions, ressemble à son Dieu mathématicien, autant que le fier et rebelle Descartes ressemble à son Dieu infiniment libre. Il serait évidemment injuste de faire de Leibniz un anti-héros pour mettre en valeur par contraste le héros Descartes, mais il est juste de considérer que là où Leibniz propose une philosophie de mathématicien et de juriste (qui défendra, notamment, la *Cause de Dieu*), Descartes nous offre une philosophie d'homme libre et audacieux : « Ce cavalier français, disait Péguy, parti d'un si bon pas… » Attention, ce cavalier n'est pas un hussard. Il ne dit pas que la raison ne vaut rien. Descartes n'est pas un ennemi du calcul et de l'entendement. Il dit que la raison ne vaut rien sans la liberté.

De l'autre côté, l'Architecte, s'il est un Dieu, se pose simplement comme un entendement infini, comme une puissance de calcul, qui explique à Néo qu'il vit dans une illusion, dans l'illusion de la liberté. Néo a en effet l'impression qu'il est capable de choisir alors qu'en réalité, affirme l'Architecte, son choix est prévisible par un autre que lui. Autour de Néo – c'est très troublant –, au moment où il va dire quelque chose, apparaissent toutes les possibilités qu'il a déjà dites ou explorées dans d'autres mondes possibles face à l'Architecte. Il ne peut se retrouver qu'en situation d'irrésolution totale, puisque, quoi qu'il dise, il est paralysé par la pensée que, d'une certaine manière, il l'a déjà dit. Alors, rien de nouveau sous le soleil de la Matrice ? Nulle liberté possible ?

Oui et non puisque, s'il y a cette rencontre à ce moment-là, c'est que l'Architecte est exaspéré par Néo, par ce Néo-là en tout cas, la sixième version déjà… S'il l'appelle anomalie, c'est précisément qu'il n'est pas capable de prévoir ce qu'il va faire. Ce qui pour un calculateur relève de l'anomalie est une définition négative de la liberté, dont elle dessine la place en creux. Un système mécanique ne peut pas concevoir la liberté. Rappelons le mot de Renouvier : si on pouvait démontrer la liberté, elle disparaîtrait. La liberté n'est pas prouvable, n'est pas démontrable. La liberté ne saurait relever de la nécessité. Par conséquent, un système où tout est nécessaire ne peut, face à une manifestation de liberté, que la concevoir comme une simple anomalie qu'un meilleur calcul éliminerait. Pour la première (en fait la sixième) fois, cet entendement infini a l'air de toucher du doigt une certaine impuissance. L'humain apparemment faible en face de lui, dont l'entendement ridiculement fini n'est pas capable de tout calculer, est pourtant capable de vouloir de manière infinie.

Oracle, troisième rencontre : l'éternel retour du choix

Dans l'épisode 3, *Matrix Revolutions*, l'actrice qui joue l'Oracle a été remplacée. Je crois avoir entendu dire que c'est pour des raisons indépendantes du scénario, puisqu'elle aurait disparu dans un accident. Les scénaristes, comme les chats, retombent toujours sur leurs pieds si on leur en laisse le temps. Comment justifier un changement d'actrice ? Comme souvent quand on ne trouve pas de solution, la solution consiste à dire le problème plutôt qu'à le résoudre. L'Oracle s'excuse donc comme elle peut auprès de Morpheus et Trinity de son changement d'apparence :

« Si j'ai appris une chose durant toutes ces années, c'est que rien ne se passe jamais comme on le voudrait.

— Qui êtes-vous ?

— Je suis l'Oracle. J'aimerais pouvoir te l'expliquer en quelques mots, mais je ne peux pas. Je suis navrée que ça ait dû arriver, navrée de ne pas pouvoir être là telle que tu te souviens de moi, mais le destin en a voulu autrement. »

Ce sont de véritables excuses au spectateur des deux premiers épisodes. Qu'une machine qui se bat aux côtés des résistants humains pour faire triompher la liberté invoque le destin n'est pas sans ironie, mais passons. Les scénaristes raccrochent les wagons comme ils peuvent.

« Que s'est-il passé ?

— J'ai fait un choix et ce choix m'a coûté bien plus que je ne l'aurais voulu.

— Quel choix ?

— Celui de vous aider, de guider Néo. Puisque la seule façon de tester un choix, c'est d'être à nouveau confronté à ce choix tout en sachant ce qu'il pourrait coûter, je ne crois pas avoir pris une si mauvaise décision, puisque me revoilà, je remets ça. »

Si elle a changé d'apparence, dit-elle, c'est qu'elle paie les conséquences de ses choix. Voilà qui n'est pas tendre pour l'actrice disparue, mais pas faux non plus. Pour en rester au premier degré du film, l'Oracle explique que ce qui fait la valeur d'un choix, c'est qu'on est capable de refaire le même, c'est la constance définie plus haut. Ce choix est ainsi, d'un point de vue cartésien, une création continuée. Et d'un point de vue nietzschéen, c'est un choix dont elle souhaite et affirme l'éternel retour.

Mais examinons mieux les propos de l'Oracle. Si elle remet ça, et refait le même choix, c'est que, dit-elle, son choix était bon. Reste que, dirait Descartes, un choix n'a pas besoin d'être testé. Un choix est bon parce qu'il est fait. Lorsqu'on fait un choix, on n'a plus besoin de le tester, on renonce à le tester, on renonce à décider si son choix est bon ou pas en fonction des conséquences. On considère que, dans la situation telle qu'on la connaissait, faire le choix qu'on a fait était la seule chose à faire pour être aussi libre que possible.

Descartes prend ici un exemple particulièrement étonnant. Il dit : supposons qu'un voyageur dispose, pour atteindre son but, de deux chemins, dont l'un est réputé moins sûr car les agressions y sont plus fréquentes. Notre entendement fini ne peut pas prévoir si notre voyage sera sûr ou pas, mais, en l'état de nos connaissances, on ne peut que vouloir, seul choix raisonnable, emprunter le chemin réputé le plus sûr. Faire un choix, on l'a déjà dit, c'est toujours faire un choix en partie aveugle, car on ne sait pas à l'avance le résultat de notre action. Eh bien, Descartes affirme que si, par malheur, en prenant ce chemin réputé le plus sûr, on se fait tuer, pas question pourtant de regretter ce choix. Le contentement de soi ne dépend pas de la chance, on échappe au hasard lorsqu'on fait un choix. Quand on considère que ce qui est bon, c'est de choisir, on n'a pas à regretter les conséquences de ses choix, quelles qu'elles soient. Même si on perd la vie sur le chemin réputé le plus sûr, on peut mourir content ! Vous remarquerez que c'est le cas de nombreux héros de films : *Braveheart*, de et avec Mel Gibson, nous montre un héros écossais, William Wallace, qui choisit une mort atroce plutôt que de renoncer à sa liberté en demandant grâce au roi anglais. Même si son agonie est horrible, on peut dire qu'il meurt content. Ce genre de contentement, on l'a compris, n'a rien à voir avec l'agrément des sens. *300*, film adapté d'une bande dessinée de Frank Miller, met en scène une poignée de guerriers spartiates heureux de mourir en défiant l'innombrable armée du sanguinaire roi des Perses Xerxès. La mort au cinéma ne paraît décidément pas le pire des maux. Le pire, nous a prévenus Descartes, c'est l'irrésolution. Si l'on choisit vraiment, on peut tout sauver de notre vie, même notre mort. Voilà qui mérite méditation…

Oracle, dernière rencontre. La lumière du choix aveugle : vers la générosité

Sur la question du choix aveugle, on a une dernière rencontre entre l'Oracle et Néo. L'oracle éclaire Néo sur le fait que l'Architecte est incapable de prévoir les effets d'une volonté. Ce qu'il appelle une anomalie, qu'il aimerait bien réduire à néant, est la manifestation de la puissance humaine de vouloir. Ce n'est donc pas un Dieu au sens cartésien, puisque, chez Descartes, c'est la liberté et la volonté qui priment sur l'entendement, on l'a déjà vu, mais ce n'est pas non plus un Dieu au sens leibnizien, puisqu'il n'est pas véritablement capable de faire exister le meilleur des mondes possibles, il est obligé de s'y reprendre à plusieurs fois. Ce n'est au fond qu'un vulgaire programmeur. On a vu avec Forrest Gump une volonté infinie sans entendement. L'Architecte nous offre l'exemple d'un entendement infini sans volonté. À nous de tracer notre voie entre ces deux extrêmes. C'est le sens du dernier échange de Néo avec l'Oracle.

> « Où est-ce que ça nous mène ? Où est-ce que ça finit ?
>
> — Ça, je l'ignore.
>
> — Vous l'ignorez ou vous refusez de me le dire ?
>
> — Mais je te l'ai déjà dit. Personne ne peut voir plus loin qu'un choix dont le sens lui échappe. Vraiment personne.
>
> — Quel choix ?
>
> — Aucune importance. C'est mon choix. Je dois faire les miens, comme tu dois faire les tiens.
>
> — Est-ce que ça inclut le choix des choses à me dire et à ne pas me dire ?
>
> — Bien sûr que non.
>
> — Alors, pourquoi ne pas m'avoir parlé de l'Architecte, pourquoi ne pas m'avoir parlé de Sion et des Élus avant moi, pourquoi ne pas m'avoir dit la vérité ?
>
> — Parce que tu n'étais pas encore prêt.
>
> — Qui a décrété que je n'étais pas prêt ?
>
> — Tu le sais, Néo... »

L'Oracle, encore une fois, renvoie Néo à lui-même. C'est un mouvement cartésien. Si on ne peut comprendre que ce qu'on est prêt à comprendre, cette préparation nous incombe, et l'origine de ce qu'on comprend également. L'Oracle ne prédit jamais rien à Néo. Elle ne fait que l'éclairer sur sa liberté. Elle l'aide, par sa seule présence, à prendre conscience que tout dépend de lui, et rien d'elle. Elle l'aide, de l'extérieur, à comprendre qu'il ne faut rien accepter de l'extérieur en matière de connaissance. Elle ne fait que lui ressasser le « Connais-toi toi-même » initial. Cette fois, enfin, il a l'air de comprendre. « Qui a décrété que je n'étais pas prêt ? » demande-t-il. Il finit par répondre tout seul à sa question : « C'était moi », réalise-t-il, inaugurant ce fameux dialogue de l'âme avec elle-même – ainsi Platon définissait-il la pensée, tout en précisant que ce dialogue était muet. Ici, c'est le cas sans l'être, puisque si ce dialogue n'est pas muet directement – les personnages se parlent –, il l'est indirectement – le spectateur se tait. Tout film peut à ce titre être considéré comme l'extériorisation d'un dialogue intérieur, sous la forme dramatisée d'un conflit. Et inversement, tout film, en montrant la transformation d'un personnage confronté à des choix qui ont des conséquences extérieures, propose au spectateur de vivre cette même transformation sur le plan purement intérieur. Voir un film, c'est être invité à le vivre, à l'intérioriser. Il s'agit toujours pour moi de comprendre qu'au cinéma on parle de moi. Le film est cet oracle qui me prédit mon futur uniquement dans la mesure où il me fait comprendre que ce futur dépend de moi. Néo poursuit son échange avec l'Oracle :

> « C'était moi... Dans ce cas, je crois être prêt à apprendre deux ou trois nouvelles choses.
>
> — Je le crois aussi.
>
> — Dites-moi comment j'ai séparé mon esprit de mon corps sans même me connecter. Dites-moi comment j'ai stoppé quatre sentinelles

rien qu'en y pensant, et dites-moi exactement ce qui m'est arrivé. »

Première remarque : le type de questions que pose Néo a changé. Il ne pose plus de questions sur le futur, mais sur le passé. Il progresse. Il passe d'une question irrationnelle naïve et veule : « Quel est mon avenir ? » à une question rationnelle de physicien qui concerne le passé : « Comment l'expérience que j'ai faite est-elle possible ? », et souhaite comprendre les lois de l'univers pour agir dans le présent.

Seconde remarque : lorsque Néo demande par quel miracle il est capable de séparer son esprit de son corps, il opère exactement ce que Descartes fait quand il nous invite à distinguer la substance pensante et la substance étendue. C'est une séparation qui n'existe pas, qui n'est pas possible réellement, qui ne se constate pas. Si nous tentons de séparer réellement notre esprit de notre corps, nous ne pouvons que mourir. Cette séparation impossible de fait n'est possible qu'en droit, par la pensée. La séparation entre l'esprit et la matière n'est possible que pour l'esprit. Il faut toute la force et le génie d'un Descartes pour avoir osé maintenir cette séparation que ne constatera jamais aucun physicien.

Revenons avec le Mérovingien et l'Architecte sur l'hypothèse matérialiste radicale qui considère la pensée comme un fait. La pensée n'est plus alors qu'un objet, alors que penser, c'est précisément se déprendre de la matière, c'est la dominer, c'est la surplomber. Penser, comme dit Descartes dans le troisième précepte de sa méthode, c'est supposer de l'ordre même entre les choses qui ne se suivent pas naturellement. Se suivre naturellement ne signifie pas forcément être dans un rapport de cause à effet, mais simplement se succéder. En effet, si on parle de cause et d'effet, chronologiquement, la cause ne précède pas toujours l'effet, la cause et l'effet peuvent coïncider dans le même instant, on ne peut alors les séparer que par un acte intellectuel, par la pensée. C'est un exemple que prend Kant. Soit une boule posée sur un coussin, la boule pèse sur le coussin et le déforme, la boule est enfoncée dans le coussin comme vous en ce moment pesez sur une chaise, un fauteuil, un canapé, ou simplement, si vous êtes debout, sur le sol. La boule est la cause, la déformation du coussin est l'effet ; vous êtes la cause, et la déformation plus ou moins accentuée que vous faites subir à l'objet sur lequel vous pesez est l'effet... Vous pouvez constater que cause et effet ne se suivent pas dans le temps. Ils sont concomitants, ils ne se suivent pas chronologiquement, mais logiquement. L'ordre logique est l'ordre de votre pensée, pas celui qui vous est donné par le monde.

> « Le pouvoir de l'Élu transcende les frontières de ce monde, il peut même remonter jusqu'au point où il est né autrefois.
>
> — Où ça ?
>
> — La source. C'est ce que tu as éprouvé quand tu as rencontré ces sentinelles, mais tu n'y étais pas préparé, tu devrais être mort, mais tu n'y étais pas préparé non plus apparemment. »

Cette source, on y remonte donc de l'intérieur. « Transcender les frontières de ce monde », c'est se placer au-delà du physique. Étymologiquement, c'est ce que signifie le mot « métaphysique », *meta* signifiant « après » en grec, après et au-delà. Il ne s'agit au départ que d'un artifice de classement inventé par les bibliothécaires de la célèbre et défunte bibliothèque d'Alexandrie, pour classer l'œuvre d'Aristote – ne sachant où ranger le livre qu'il consacrait à la question des fondements théologiques de la physique, ils le rangèrent après les tomes qu'il consacrait à la physique. Mais cette « méta-physique » porte bien son nom. Fonder la physique en droit implique d'aller au-delà du physique. C'est ce que Descartes a fait avec ses méditations métaphysiques. Il est remonté à la source de toute vérité : lui-même. Le Je pense, le Cogito, qui est accessible à chacun s'il en fait l'effort, fait de chacun de nous un Élu. On est élu par soi. Néo, comme nous, commence par ne pas le comprendre. Il parle de la « source » comme d'un lieu mystérieux et caché quelque part hors de lui :

> « L'Architecte m'a dit que si je ne remontais pas à la source, Sion serait détruite à minuit ce soir.
>
> — Je t'en prie. Toi et moi nous ne voyons peut-être pas plus loin que nos propres choix, mais cet homme ne voit même pas au-delà d'un seul choix.
>
> — Pourquoi ça ?
>
> — Comprendre un choix lui est impossible par nature. Il n'y voit que des variables d'une grande équation. Une par une, chaque variable doit être analysée puis remplacée. C'est son ultime but, équilibrer la grande équation.
>
> — Et vous, quel est votre but ?
>
> — La déséquilibrer, mon trésor.
>
> — Pourquoi, qu'est-ce que vous voulez ?
>
> — Je veux la même chose que toi, Néo… »

« Je veux la même chose que toi... » Inutile de préciser l'objet, puisque ce que veut l'Oracle, comme Néo, c'est faire un bon usage de sa volonté. Elle veut vouloir. L'Architecte ne peut comprendre la liberté car il est dans le calcul pur, perdu dans ses équations comme le mathématicien que rencontre le Petit Prince de Saint-Exupéry lors de sa quête de vérité, et qu'il décrit de manière lapidaire en disant que ce n'était pas un homme, mais un « champignon » ! On ne discute pas avec un champignon, on le cueille ou on l'écrase. Enfin, Néo est prêt à comprendre que son avenir dépend de lui. Il est libre de vouloir. Mais il doit choisir de vouloir. L'Architecte à l'entendement infini n'est qu'un esprit étroit, content de lui et niant la liberté car incapable de la concevoir. Comment se fait-il qu'il ne puisse la concevoir, alors qu'on vient de dire que son entendement est infini ? Si c'est le cas, il devrait pouvoir tout comprendre. Mais l'entendement, aussi grand soit-il, ne peut jamais concevoir la liberté, puisque, on l'a vu avec Renouvier, démontrer la liberté, c'est la rater, et même pire : la détruire. L'entendement ne peut qu'être exaspéré par la liberté, qui lui échappe infiniment : il voudrait la saisir, et ne peut que la détruire. Puisqu'il ne peut que comprendre, il ne peut rien y comprendre. La liberté n'existe en effet qu'en acte. Que peut donc vouloir une volonté, que pourrait-elle vouloir d'autre que vouloir, qu'exercer sa puissance et faire un bon usage de cette puissance ?

L'Oracle, bien que ressemblant à l'Architecte par la puissance de son entendement, sait que l'entendement ne peut pas tout, et que la volonté surpasse infiniment l'entendement. Comment le sait-elle ? Mystère. Mais là où l'Architecte reste prisonnier de son entendement, enfermé dans une science étroite qui se prend pour la source de toute vérité, l'Oracle met son entendement au service de la volonté, et ouvre ainsi l'entendement à la voix de la liberté et à la voie de la philosophie. Auguste Comte déployait cette belle idée que les philosophes, pour faire entendre leur voix, se sont d'abord fait passer pour des devins. Ils influençaient les princes et l'opinion en parlant sous forme de présages. On préfère écouter les rêves que les raisons, on préfère regarder les films que lire les philosophes. Nous consultons aujourd'hui les films comme on consultait autrefois les oracles. Mais que nous dit l'Oracle à la fin ? « Je veux la même chose que toi. » La question reste donc toujours : « Que veux-tu ? » À chacun de faire son choix et de répondre. L'Oracle, comme Descartes, nous éclaire sur ce choix sans le faire à notre place. La source est en nous, nous sommes libres de vouloir ou pas, d'être libres ou pas. Libre à nous d'attendre l'avenir comme on attend le Messie, ou de vouloir dès aujourd'hui, de nous élire nous-mêmes pour gouverner notre vie et décider de l'avenir. Vouloir vouloir, ainsi Descartes définit-il la générosité.

4.

FAUT-IL SOIGNER LES PASSIONS OU SE SOIGNER PAR ELLES ?

American Beauty, ou la thérapie du coup de foudre

Paul Valéry faisait remarquer, vous vous en souvenez, que la France honorait bien mal Descartes, et s'était contentée de lui donner à Paris une « rue assez mauvaise ». Si vous avez l'occasion de l'emprunter, elle se situe juste derrière le Panthéon – là où pourtant devraient être réunis les « grands hommes ». Hasard ou ironie pour l'inventeur du repère qui permet de tracer des droites infinies, la rue Descartes est à la fois très courte, irrégulière, tordue et pentue. Mais là encore, vous allez le voir, en matière de déformations, Descartes a développé une belle expertise, qu'il nous fait partager dans son *Traité des passions*. Nos passions déforment la réalité, c'est certain, et *Matrix* repose sur l'idée que ces déformations sont à la source de toutes les illusions dont nous sommes victimes.

Après avoir choisi la pilule rouge de la vérité, Néo est guidé par Morpheus dans les arcanes de la Matrice :

« La Matrice est un système, Néo. Et ce système est notre ennemi. Quand on est à l'intérieur, qu'est-ce qu'on voit partout ? Des hommes d'affaires, des enseignants, des avocats, des charpentiers. C'est avec leur esprit qu'on communique pour essayer de les sauver. »

Tandis que Morpheus bavarde, Néo, bousculé par la foule, n'écoute que d'une oreille, distrait par une plantureuse créature blonde en robe rouge provocante. Morpheus le rappelle à l'ordre :

« Est-ce que tu m'écoutes, Néo, ou est-ce que tu regardes cette femme en rouge ?

— J'étais... »

Néo commence à se justifier lorsque la belle fille en rouge se transforme sans crier gare en « agent Smith », sorte de garde du corps aux lunettes noires, qui lui braque une arme sur la tête et va tirer. Morpheus, imperturbable, prononce simplement le mot :

« Pause ! »

Comme dans un épisode de *La Quatrième Dimension*, le temps s'arrête pour tout le monde dans cette rue bondée, sauf pour Néo et Morpheus. Néo s'étonne :

« On n'est pas dans la Matrice ?

— Non, c'est un autre programme d'entraînement. »

Néo, emporté par la foule, a un problème d'attention, et tombe dans le piège perceptif tendu par le programme d'entraînement : dans cet univers gris, une fille jolie habillée en rouge. Faire attention est le problème de tout humain plongé dans la confusion de la vie. Morpheus utilise l'imagination au service de l'entendement : en plongeant Néo dans une illusion contrôlée, il lui donne les moyens de s'entraîner à contrôler ses passions.

Le film est un bon moyen de s'entraîner à percevoir. Walter Benjamin, dans *L'Œuvre d'art à l'époque de sa reproductibilité technique*, développait l'idée que le cinéma était une sorte de simulateur permettant d'apprendre à percevoir de manière distraite et indirecte des mouvements mécaniques de plus en plus rapides, ce qui était adapté à l'agressivité du mode de vie moderne urbain industrialisé. Celui qui n'est pas capable de percevoir beaucoup de mouvements rapides en même temps et pour ainsi dire du coin de l'œil risque sa vie à chaque coin de rue au moment de traverser... Le rythme moyen du montage des films a énormément augmenté depuis la création du cinéma. Du montage hystérique de certains films d'action aux images quasi subliminales de certains clips, en passant par les ellipses de plus en plus nombreuses à l'intérieur même de la narration des films, le spectateur moderne a changé de style de perception. On pourrait dire que les films (et notamment *Matrix*) sont eux-mêmes des programmes d'entraînement, des manières de former le spectateur à de nouveaux types de perception, à de nouveaux rythmes. S'entraîner à percevoir, c'est pouvoir se déprendre de ce qu'on perçoit. C'est permettre à l'esprit de moins dépendre du corps, d'apprendre à se gouverner, de devenir maître de soi-même. Le cinéma est une école de l'attention. Une école buissonnière, mais une école.

Qu'est-ce qui définit l'école ? Le tableau noir,

c'est-à-dire le droit à l'erreur. À l'école, on a le droit de se tromper, ainsi se forge l'audace de penser. Dans la réalité extrascolaire, on n'a pas le droit de se tromper. Pas autant. Une erreur peut coûter la vie. À l'élève qui se trompe en faisant une addition, on donne le droit de recommencer. Au caissier qui se trompe en faisant la même addition, on retire le montant incriminé de sa paye, ou on le punit pour faute professionnelle. Eh bien, le cinéma est une école dans la mesure où on a le droit de s'y tromper. Et même mieux : on y voit des personnages qui se trompent, mais leurs fautes ne sont pour nous que des erreurs, dont nous n'avons pas à payer le prix. Le cinéma, école de perception. École des passions. La fille en rouge peut te coûter la vie, Néo. On voit bien l'imaginaire de mâle frustré à l'œuvre dans *Matrix*, la femme est un danger pour le *no life* boutonneux, mais peu importe. La fille en rouge prend trop de place, en attirant ton attention elle déforme ton réel : « Toutes nos passions nous représentent les biens à la recherche desquels elles nous incitent beaucoup plus grands qu'ils ne sont véritablement… ce que nous devons soigneusement remarquer afin que, lorsque nous sommes émus de quelque passion, nous suspendions notre jugement jusqu'à ce qu'elle soit apaisée » (Descartes, *Lettre à Élisabeth*, 15 septembre 1645).

Si le cinéma est bien l'école de la passion, c'est que la passion se définit par la déformation qu'elle fait subir aux objets sur lesquels elle porte. De même que la caméra dispose d'un jeu d'objectifs, avec différentes focales, plus ou moins de profondeur de champ (ou zone de netteté : clarté et distinction), les passions sont des objectifs déformants, variant de la courte focale ou grand-angle, qui surdimensionne les objets proches et déforme les perspectives en rapetissant les objets lointains, à la longue focale qui écrase les perspectives. Le zoom est-il autre chose qu'un moyen d'agrandir un objet dans le cadre ? Ainsi, le cinéma nous permet d'expérimenter toutes les déformations perceptives et passionnelles possibles, sans risquer notre vie. En nous habituant aux déformations, on peut apprendre à les corriger.

À l'article 138 du *Traité des passions*, Descartes reprend son idée, et dit que les passions « font paraître presque toujours, tant les biens que les maux qu'elles représentent, beaucoup plus grands et plus importants qu'ils ne sont, en sorte qu'elles nous incitent à rechercher les uns et à fuir les autres avec plus d'ardeur et de soin qu'il n'est convenable ». Il nous met en garde contre la déformation que les passions font subir à la réalité. La lumière de la raison, si elle veut nous apprendre à gouverner les passions, compte à la fois sur :

1. La juste distance : Descartes nous conseille de sortir du point de vue naturel de notre corps pour lire son *Traité des passions*, et prendre, comme on dit, du recul.

2. La bonne focale, qui ne déforme pas. La lumière de la raison fournit son objectif non déformant, son objectif « objectif », dépassionné, non subjectif. La lumière de la raison est le point de vue commun, universel, partageable en droit avec n'importe qui.

Juste distance et bonne focale ne sont pas toujours possibles. Aussi, « lorsque nous sommes émus de quelque passion », nous faut-il « suspendre notre jugement jusqu'à ce qu'elle soit apaisée ». Il faut du temps pour refaire le point. Il y a des moments où il ne faut pas penser, mais attendre.

Première originalité, Descartes ne parle pas ici en « moraliste » : il ne dénonce pas simplement les passions parce qu'elles seraient trompeuses et déformeraient le point de vue juste, puisque cette déformation nous est utile. Même si le résultat est de nous inciter « avec plus d'ardeur et de soin qu'il n'est convenable », cette ardeur et ce soin nous donnent davantage de chances d'atteindre notre but. Il conseille de suspendre le jugement, pas l'action. Alain fait remarquer que « Descartes a fortement montré, et sans doute le premier au monde, que les mouvements de l'amour et de la haine sont utiles à la conservation de notre corps ». Autrement dit, les passions rendent le réel expressif : désirable ou haïssable ; elles accentuent le réel, elles l'exagèrent, pas dans le but de nous tromper, mais de nous illusionner de manière utile. En effet, si la peur me représente un mal plus grand qu'il n'est, elle m'engagera à fuir plus vite et plus loin. La peur a pour utilité de me conserver. Inversement, si le désir me représente un bien plus grand qu'il n'est, mon élan vers lui sera plus vif, je ferai davantage pour l'acquérir. Le désir permet ainsi par exemple de vaincre la peur. Puisque nous ne pouvons pas ne pas ressentir de passions, le véritable moyen de les gouverner n'est pas de les supprimer, car ce serait nous supprimer – il faudrait ne plus avoir de corps –, ni de tenter de raisonner avec elles, car la passion n'entend rien à la raison. La solution n'est pas de jouer le grand sketch ridicule de la raison contre les passions, mais de jouer la subtile mécanique des passions contre les passions.

Le « réel » de la raison, qui se doit de ne pas être

déformé, n'est ainsi pas celui de la vie pratique, où les déformations des passions nous sont utiles. Descartes ne se contente pas de dénoncer cette déformation pour revenir à une seule focale naturelle, celle de la raison, mais indique qu'il faut être capable de jouer sur toutes. Si, par exemple, l'objectif de la peur nous représente un danger plus grand qu'il n'est, on peut lui ajouter l'objectif de la honte, qui, en nous représentant l'inconvénient qu'il y a à ne pas affronter ce danger, c'est-à-dire à passer pour un lâche, va rétablir les perspectives, et corriger la déformation négative de la peur par la déformation positive (ici) de l'orgueil.

Descartes nous donne les moyens de nous faire « notre » cinéma, d'agrandir ou de réduire la taille et l'importance des objets qui nous affectent. On peut apprendre à s'auto-illusionner de manière utile. Et les films nous donnent un ensemble de références imaginaires que nous sommes libres d'utiliser pour guider notre action. N'est-ce pas ce que font les sportifs qui se conditionnent à visualiser la réussite de leur geste avant de l'effectuer ? N'est-ce pas le principe de la sophrologie, et plus généralement de toutes les techniques d'autoconditionnement, programmation neuro-linguistique, etc. ? Du bon usage de nos passions et de leur combinaison plutôt que de leur anéantissement… Cet idéal d'ingénieur appliqué à notre propre corps, cet idéal, pour ainsi dire, d'« ingénieur de soi-même », capable d'utiliser les ressorts de sa propre machine plutôt que de les subir, est une invention de Descartes. « […] mon dessein, écrit-il, n'a pas été d'expliquer les passions en orateur, ni même en philosophe moral, mais seulement en physicien. »

Dans la perception naturelle, il y a déjà une

accentuation. Au fond, il n'y a pas de perception « naturelle ». Ne serait-ce que le désir de survivre trie pour nous dans la perception et agrandit à nos yeux ce qui nous permet de survivre. Quand on a faim, on perçoit de manière accentuée tout ce qui peut nous servir de nourriture. Un ancien déporté racontait comment la faim tordait la perception dans les camps de concentration : le morceau de pain du voisin était toujours perçu comme plus gros, et le sien comme plus petit.

Ou prenons le désir amoureux : quand on désire quelque chose ou quelqu'un, ce quelque chose ou ce quelqu'un est agrandi par rapport à ce qui l'entoure, transfiguré, magnifié. Ce qui fait que lorsqu'un seul être vous manque, tout est dépeuplé, c'est que l'objet d'un désir peut devenir tellement grand qu'il finit par prendre toute la place. Cette exagération, cet agrandissement, nous dit Descartes, est utile : en nous représentant un objet plus grand qu'il n'est réellement, l'imagination nous incite d'autant plus à nous porter vers cet objet et à faire effort pour le posséder. « Enfin, nous dit Alain, on aimera lire dans le *Traité* que toutes les passions sont bonnes et même les plus violentes, pourvu qu'on les sache bien gouverner. »

La belle Américaine et la (pas si) bête admiration

Prenons l'exemple d'une passion violente que nous offre le film *American Beauty*, de Sam Mendes, et penchons-nous sur le cas de Lester, père de famille léthargique et veule incarné par Kevin Spacey, qui va être réveillé de son sommeil par la rencontre miraculeuse d'une Lolita affriolante et délurée. Alors qu'il vient assister sans enthousiasme au spectacle de majorettes auquel participe sa fille, il repère dans le groupe d'adolescentes court vêtues une gamine blonde et sexy : il est comme frappé par la foudre. Le cinéma dispose de nombreux moyens pour nous rendre sensible ce coup de foudre. Immobilité parfaite de l'acteur, stupéfié, hébété. Lent zoom vers lui, ce qui l'isole de sa femme et des autres spectateurs. Zoom vers la jeune fille, ce qui l'isole des autres filles : elle devient unique. Le zoom agrandit l'objet qu'il vise, lui donne une plus grande place dans le cadre en s'approchant de lui. Variation de la lumière : une sorte de projecteur isole davantage la fille. Et astuce de mise en scène : disparition des autres filles autour d'elle. Lester ne perçoit plus qu'elle, efface les autres, l'agrandit en la zoomant, la magnifie par une lumière favorable. Son désir modifie également la chorégraphie, on passe de la perception au fantasme : il « voit » la jeune fille faire des gestes lascifs et déplacés dans le cadre d'une chorégraphie scolaire de majorettes, donc des gestes impossibles, mais qu'il invente en continuité avec la réalité par simple exagération. Enfin, quand la jeune fille finit par ouvrir son survêtement pour lui montrer sa poitrine, ce ne sont pas des seins, mais une pluie de pétales de roses qui jaillit vers notre bon Lester. Il n'y a plus d'ambiguïté, on est ici dans sa seule vision, ou plutôt dans sa passion, et la pluie de pétales rouges incarne visuellement le débordement émotionnel de Lester. Voilà le désir et les divers agrandissements qu'il fait subir à l'objet sur lequel il porte.

On remarquera que la première étape est une immobilisation, une fixation. L'homme est absorbé, effacé par la vision de ce nouvel objet qui réclame toute son attention. C'est ce que Descartes appelle l'admiration. Attention à ce terme qui peut être trompeur. Admirer vient du latin *ad-mirari*, qui signifie « tendre son regard vers », être absorbé par un objet extérieur, avec une idée de passivité, puisque *mirari* est une forme passive.

« Premièrement, explique Alain dans *Idées*, il faut entendre que le mot admiration est pris dans le sens ancien, qui le rapproche d'étonnement ; mais il s'agit ici de l'étonnement intellectuel et non point du choc de la surprise. Descartes connaît les effets de ce choc, qui sont vifs, et qui rendent d'abord presque invincibles les moindres passions ; aussi ne dirait-il point qu'une telle surprise n'intéresse pas le cœur. »

Ici, il semble qu'on ait affaire à la simple surprise, qui intéresse le cœur au plus haut point et rend cette passion « presque invincible ». Alain poursuit sa distinction entre surprise et admiration : « L'admiration n'intéresse dans le corps que le cerveau ; elle est passion en ce sens que les mouvements des esprits [1] qui l'accompagnent sont étrangers aux plis de la coutume, et l'on pourrait même dire que c'est pour cette raison qu'ils ne coulent point aussitôt dans les membres, et qu'ainsi le corps est immobile en cette passion. Et sans doute fallait-il un Descartes pour apercevoir ce qu'il y a de passion dans la première touche de l'intelligence, et avant même que l'on suppose que l'objet nouveau nous peut nuire ou servir. C'est un trait de génie d'avoir séparé de peur et même d'espérance la première curiosité, sans la couper pourtant du corps » (Alain, *Idées*).

1. Le mot « esprit » ne désigne ici rien de spirituel, mais les influx nerveux.

À y regarder de plus près, il est indéniable qu'au désir sexuel se mêle d'emblée de l'admiration dans le sens que lui donne Descartes : le corps de Lester est d'abord frappé d'immobilité. Et c'est son esprit tout aussi bien qui est frappé, puisque Lester ne se demande pas encore si « l'objet nouveau [lui] peut nuire ou servir », aucune considération pratique ni morale. Pas de peur ni d'espérance, pour l'instant. Il est simplement sous le choc. Un choc de corps – la surprise – et d'esprit – l'admiration.

« Et cette autre remarque n'en est que plus belle, d'avoir aperçu que l'admiration est la première de toutes les passions, et se trouve à l'origine de toutes. Il y a une sorte d'avide contemplation, sans mélange d'aucun sentiment, et aussi sans esprit ou presque, qui est la marque propre de l'animal pensant ; c'est qu'il livre alors les parties vierges de son cerveau à des mouvements neufs, qui se font avec une vivacité incomparable, mais d'ailleurs sans aucun plaisir réel et sans l'idée d'aucune fin ni d'aucun usage » (Alain, *Idées*).

« Avide contemplation », c'est certain, « sans esprit ou presque », c'est évident, mais « sans mélange d'aucun sentiment » et « sans aucun plaisir réel », c'est ici douteux. La pure curiosité est aussitôt orientée vers l'idée d'une fin, et à vrai dire d'un usage sexuel. Mais à y regarder de plus près, on peut tout à fait considérer que l'apparition des pétales rouges dans l'image représente précisément le moment où le sentiment vient se mélanger à la pure curiosité et la transformer en autre chose. C'est conforme à l'idée de Descartes : l'admiration est à l'origine de toutes les passions, l'admiration en est la condition, et chaque passion naît d'un mélange avec cette admiration initiale et fondatrice, qui marque une sorte de disponibilité essentielle de notre esprit à la nouveauté. Si on veut, l'admiration est un alcool blanc, une sorte de vodka, qui prend ensuite sa couleur en fonction de ce qui se mélange avec elle pour donner différentes passions. Alain nous prévient au passage que surprise ou admiration, même si elles fixent provisoirement l'esprit, sont à distinguer de l'attention dont il est question dans le premier précepte de la méthode, et qui permet la pensée véritable : « Nous ne devons point confondre l'attention avec cette surprise animale qui nous tient haletants, ni, non plus, avec cette curiosité vulgaire qui puise tout l'objet comme une boisson, et n'en fait jamais ni idée ni action. » L'admiration elle-même, si elle n'est pas reprise activement par un sujet volontaire, dégénère en une simple curiosité sans ampleur.

L'attention au sens réel, on le voit, suppose toujours volonté et ne résulte jamais d'un choc extérieur. C'est une action, pas une passion. Dans le cas de Lester, ce coup de foudre, qui est d'abord une passion, va pourtant le sauver de sa léthargie et le rendre actif : plutôt que subir cette passion ridicule d'un homme mûr pour une Lolita, il va en faire « idée » et « action ». Il commence par subir, évidemment, et par se comporter de manière incohérente et délicieusement irresponsable : il bégaye en parlant à cette amie de sa fille, l'appelle sans oser lui parler, écoute aux portes quand elle rend visite à sa fille... Mais tout change lorsqu'il surprend, dans la bouche de cette gamine qui multiplie les récits d'exploits sexuels, une petite phrase qui lui trace un avenir. Elle confie à la fille de Lester qu'elle serait prête à coucher avec lui s'il était un peu plus musclé... Aussitôt, Lester se met au travail : jogging, haltères, jus de fruits frais, il décide de se sculpter un corps d'athlète et de retrouver son audace de jeune homme : reprise du contrôle sur sa femme dominatrice, audace au travail, plaisir de vivre. On le voit : « idée » et « action ». Le Lester léthargique, mou et veule devient peu à peu énergique, solide et courageux. Il redécouvre en l'exerçant le plaisir de vouloir et d'agir, il redevient actif grâce à une passion, c'est tout le paradoxe. Et finalement, au moment de passer à l'acte, quand la jeune fille lui tombe dans les bras en lui avouant qu'elle est vierge, il renonce à ce qui était pourtant son but. Mais c'est un renoncement qui n'en est plus un et qui ne lui coûte rien. C'est un acte d'homme volontaire, une véritable décision. Le « passage à l'acte » est inutile puisqu'il est déjà passé à l'acte en se remettant à agir. Bien sûr, on pourrait interpréter différemment cette fin en y voyant l'habituelle expression de la veulerie moralisatrice des studios hollywoodiens, de même que l'actrice interprétant Lolita dans le film de Kubrick n'était pas assez jeune pour être véritablement scandaleuse, mais l'interprétation cartésienne n'est pas moins intéressante. Le plus grand plaisir, c'est celui d'être libre, de sentir qu'on a pris une décision où l'on a été aussi libre que possible, où l'on a fait preuve, comme il dit, de générosité. Ce mot, comme celui d'admiration, est à prendre dans un sens très spécial, qu'il nous faut approfondir. Mais il est ici suffisamment éloquent par lui-même.

La trajectoire de Lester vers la générosité et le contentement de soi a bien pour point de départ une passion violente. Cette passion, c'est indéniable, lui a été plus qu'utile, puisqu'elle lui a permis de se réveiller et de reprendre le gouvernement de sa vie. Si Lester devient sage, ce n'est pas par moins de passion, mais par plus de raison. Alain conclut ainsi son étude sur Descartes : « Chacun sent bien que sans les passions, et même conservées, il n'y aurait point de sage. [...] Descartes, tel que je le vois, homme de premier mouvement, décidé, grand voyageur, curieux de tous spectacles et toujours en quête de perceptions, Descartes devait savoir et sentir mieux qu'aucun homme que l'esprit ne commence rien, et que le premier départ de nos vertus, de nos résolutions, et même de nos pensées est dans les secousses de la nature, non pas une fois, mais toujours » (Alain, *Idées*).

Ainsi, Lester meurt content. « Il n'est jamais trop tard pour se réveiller », dit-il au début du film. Ce dont il est fier, c'est d'avoir pris une décision, d'avoir fait un choix, d'avoir, en appliquant fermement sa volonté, quitté la zone molle de l'irrésolution, et goûté au plaisir d'exercer sa liberté.

Ce film fonctionne comme un « simulateur de générosité » : il nous permet d'assister au combat d'une liberté humaine, aux prises avec des obstacles qu'elle ne maîtrise pas. Partager ce combat permet d'une certaine manière de pouvoir tremper sa résolution sans agir. On s'entraîne à vouloir par procuration. Ou, pour mieux dire, car on ne peut vouloir par procuration, au lieu simplement de voir un exemple, on le vit, sans avoir à en payer le prix. Lester meurt. Pas nous.

C'est donc à la fois un élargissement de nos idées – nous progressons du point de vue de l'entendement, nous enrichissons notre pensée de nouvelles situations – et un moyen de sentir qu'une décision ne repose que sur elle seule – une sorte d'incitation à vouloir, un entraînement à la générosité, puisqu'on voit bien que les plus beaux personnages sont ceux qui parviennent à trouver le moyen d'être contents indépendamment des circonstances extérieures.

Le X du cinéma, obscur objet du désir

Dans *Matrix*, on l'a vu, les machines plongent les humains dans un monde d'illusion, règnent sur eux par la manipulation de leurs passions, et la confusion qu'elles font naître : « Est-ce que tu m'écoutes ou est-ce que tu regardes la fille en rouge ? » Dans cette économie générale de l'attention, il s'agit pour les machines de contrôler les individus en produisant des leurres qui s'inscrivent dans des relations de cause à effet connues et prévisibles. Belle fille en rouge = désir sexuel = agrandissement de l'objet fille en rouge = rapetissement des autres objets = altération des facultés d'attention et de réaction à un danger extérieur. Mais quand on connaît ses fragilités, on peut y remédier. On peut échapper au piège des apparences en se soumettant à un entraînement nous bombardant d'apparences pour nous habituer à y résister.

Comment fonctionne ce « simulateur de passions » ? On a parlé des déformations que permet le cinéma. Mais, et c'est ici essentiel, ce qui permet au cinéma de fonctionner comme simulateur, c'est le phénomène d'identification, qui permet au spectateur de se mettre à la place de l'acteur, sans la prendre. Autrement dit, le cinéma repose sur le principe de l'équation.

L'équation est une invention géniale de Descartes, qui consiste à rapporter l'inconnu à du connu, et à diviser une difficulté pour pouvoir la résoudre. C'est, on s'en souvient, le deuxième précepte de la méthode. L'inconnu, c'est X. Le cinéma nous propose des X. Certes, il y a le cinéma X, qui repose sur la possibilité d'une substitution : les personnes qui sont là pourraient être n'importe qui d'autre. Le caractère éminemment remplaçable de ces acteurs fait le X de ce cinéma, où les partenaires des relations sexuelles sont échangeables sans dommages particuliers pour l'« histoire ». En gardant à l'idée ce X du cinéma, cet « obscur objet du désir », on voit que le rapport qu'on a à un film est peut-être indépendant des acteurs. L'acteur est un X sur lequel on se projette. L'objet du désir est tellement obscur qu'on peut le remplacer sans que personne s'en émeuve.

Dans *Cet obscur objet du désir*, de Luis Buñuel, le héros du film, un bourgeois satisfait, admire les mains de sa bonne : « Elle n'a sûrement jamais travaillé de ses mains, tu as remarqué comme elles sont fines », dit-il à l'ami qu'il a invité à dîner. Ce détail fait naître son désir, mais ce désir déforme tellement son objet que l'homme devient incapable d'en percevoir une variation pourtant essentielle.

On frappe à la porte de la pièce où se délasse notre héros bourgeois.

« Oui ? »

Un domestique apparaît.

« Vous désirez, monsieur ?

— Dites à Conchita de m'apporter une chartreuse.

— Jaune ou verte ?

— Verte, c'est plus stimulant.

— Et légèrement aphrodisiaque.

— Vous êtes très cultivé, Martin.

— Merci, monsieur. »

Quelques instants plus tard, on frappe à la porte. C'est « Conchita », sous les traits d'une autre actrice ne ressemblant en rien à la précédente, mais également désirable.

Si l'on peut dire, le désir égalise les conditions. Le désir occulte son objet, l'obscurcit au point de le rendre méconnaissable, ici au sens propre, puisque l'homme devient incapable de reconnaître la femme qu'il croit désirer. La substitution de l'actrice n'est possible que par la continuité factice du montage. Le montage, rappelons-le, qui relève du troisième précepte de la méthode, et consiste à supposer de l'ordre entre ce qui ne se suit pas naturellement.

Descartes promettait qu'à la condition de suivre la méthode, et de diviser la difficulté en rapportant l'inconnu à du connu, on pouvait atteindre n'importe quelle vérité, aussi éloignée soit-elle. C'est bien le cas au cinéma. L'acteur permet au spectateur de voyager dans la perception et d'atteindre des sensations aussi éloignées de lui que possible. Mais ici, c'est par une erreur que la vérité se fait. C'est par le seul mouvement du montage qu'on enchaîne deux images naturellement impossibles à enchaîner : une actrice chasse l'autre, indifféremment. C'est une erreur volontaire, évidemment, ce n'est donc pas une erreur, même si ça en a la forme. C'est une erreur « méthodique », au sens où seul un spectateur attentif pourra la remarquer.

Pour s'apercevoir qu'on a changé d'actrice, il faut un minimum d'attention. Le plaisir du cinéma ne relève donc pas de la seule « attention distraite » dont parlait Walter Benjamin, ou disons que cette attention est distraite en tant qu'elle est guidée. Le cinéma propose un jeu à notre attention. On ne peut s'apercevoir de la substitution dans cette équation que par l'attente d'une continuité. Le spectateur perçoit le film à la fois en se souvenant et en anticipant. Deux activités qui relèvent du premier précepte : l'attention, et du quatrième : l'énumération. Le spectateur est invité par le film à exercer son attention de manière triple, en utilisant toutes ses facultés : il fait jouer à la fois l'entendement qui pense le présent dans une intuition actuelle, la mémoire qui se souvient du passé et l'imagination qui anticipe l'avenir. Pour une attention « distraite », elle se révèle particulièrement active.

Le jeu des passions

Pour percevoir le film, le spectateur doit mettre en relation chaque moment du film avec les précédents et anticiper les suivants. Et, à l'intérieur de chaque plan, il est invité à mettre en rapport ce qu'il voit clairement et distinctement, le net, et ce qu'il voit clairement et confusément, le flou, ou obscurément, le noir dans le cadre, et le hors-cadre. Le flou dans une image est du X, de l'inconnu, que l'on peut rapporter au connu, au net, et l'on peut déduire en se rapportant au net la nature de ce qui est flou. Au fond, toute image mi-nette, mi-floue fonctionne sur deux niveaux : elle invite d'abord à concentrer son attention sur le net ; mais ensuite, elle propose le flou à la sagacité du spectateur. Le flou est une énigme posée à la curiosité du spectateur.

Dans *The Game*, film de David Fincher, deux frères discutent. C'est l'anniversaire de Nicolas, froid banquier incarné par Michael Douglas. Son frère, à la trajectoire plus marginale, écorché vif et rebelle, incarné par Sean Penn, l'a invité dans un luxueux restaurant. Tandis que Nicolas explique qu'il déteste les anniversaires, à l'arrière-plan derrière lui apparaissent dans le flou des uniformes blancs. Le plan d'après, on comprend qu'il s'agissait de serveurs se mettant en place pour lui faire une surprise en lui chantant « Happy Birthday ». Par une subtile inversion, le flou se propose comme ce qu'il faut percevoir, ce qu'il faut scruter pour deviner l'essentiel qui s'y cache peut-être, et qui sera net au prochain plan… On passe d'un plan au suivant comme on passe dans une déduction ou une démonstration d'une intuition à la suivante : par une idée claire et distincte.

Peut-on dire pour autant que le film, puisqu'il en a la forme, est une démonstration ? Le film nous permet pour le moins d'exercer nos facultés sans risque. Le film est une démonstration « distraite », qui se fait toute seule, mais qui permet à notre esprit de jouer. Si la démonstration est le travail de l'esprit, le film est son jeu.

Une distraction véritable n'a pas pour but d'instruire, mais de reposer. Si l'on va souvent au cinéma, pour se « vider la tête », ce « vide » est aussi un repos qui permet à nos facultés de se délasser. Le film requiert notre attention sans nous punir si nous lâchons prise. Alors que la distraction peut coûter la vie à celui qui travaille, le cinéma offre la possibilité de laisser jouer sans risque notre attention. L'imagination, sévèrement gouvernée par les nécessités professionnelles, est au contraire invitée à se déployer pleinement au cinéma. Notre tête, au cinéma, loin de se vider, se remplit d'imagination. Les nécessités de l'action sont remplacées par le plaisir du jeu.

Le jeu pourtant instruit toujours. Walter Benjamin,

on s'en souvient, disait que le cinéma, justement, en nous apprenant à percevoir de manière distraite, nous préparait à survivre au monde moderne où le danger guette au moindre coin de trottoir. Jouer, pour apprendre à survivre...

Nul mieux qu'un enfant ne sait à quel point le jeu est sérieux. Jouer vraiment, c'est jouer « pour de vrai ». Quand on dit que le cinéma invite notre attention à jouer, ce n'est pas sur le mode d'une passivité confortable. Le cinéma nous prend au jeu. Ce « pour de faux », on l'a vu, a pour ambition d'être « pour de vrai ».

Ainsi le « jeu » qui donne son titre au film *The Game* est-il un cadeau que Sean Penn offre à son frère Nicolas. Cadeau étrange, car le joueur ne connaît pas les règles. N'obéissant qu'à sa curiosité, Nicolas se rend à l'adresse indiquée sur le carton d'invitation, subit une série de tests psychologiques et moteurs de longues heures durant, puis... rien ! Mais sa vie, peu à peu, se remplit d'incidents, d'intrusions, de désordres de plus en plus angoissants. Peu à peu, cet être psychorigide, maniaque et dominateur va perdre le contrôle. Immensément riche, il finit ruiné. Influent et protégé, il se retrouve brisé, exilé au Mexique, sale et sans un sou. Quand il parvient à revenir dans sa ville de départ, aux États-Unis, il retrouve les responsables de ce « jeu » qui a détruit sa vie, et compte leur faire passer un mauvais quart d'heure. Alors que, après une poursuite qui l'amène sur le toit d'un immeuble, il braque une arme sur celui qu'il estime responsable de sa chute, une porte s'ouvre : par réflexe, il tire... sur son frère, qui, souriant, une coupe de champagne à la main, venait lui annoncer que le jeu était fini, et que tout ce qu'il avait vécu n'était qu'une sophistiquée et coûteuse mise en scène. Réalisant son erreur fatale, horrifié d'avoir tué son propre frère, consterné par sa méprise, et incapable d'affronter les conséquences de son acte, il préfère se jeter dans le vide.

Dernier coup de théâtre : ce « suicide » était lui-même prévu, sa réaction avait été anticipée grâce aux nombreux tests de personnalité auxquels il s'était soumis, si bien qu'au lieu de s'écraser au sol, il atterrit dans un immense matelas gonflable. Son frère réapparaît, bien vivant et souriant. L'arme était chargée à blanc. Le sang était faux. La mort jouée. Comme tout le reste. Le « suicidé », ébaubi, se relève au milieu d'une assemblée réunissant tous les acteurs qu'il a croisés au cours de « son » jeu. Au lieu de se mettre en colère comme il l'aurait fait d'habitude, dans sa vie d'avant, le froid Nicolas s'effondre, bouleversé et soulagé, tombe dans les bras de son frère. Le « jeu » a fendu son armure, l'a brisé pour lui permettre de renaître. Qu'offrir à quelqu'un qui a déjà tout, lui demandait son frère le jour de son anniversaire au restaurant ? Le « jeu », le sens du jeu, et le goût de la vie, telles sont les richesses qui, même si elles coûtent cher ici, ne s'achètent pas.

Descartes nous confirme que nos passions sont réelles, au sens aussi où elles affectent notre esprit et, à terme, notre santé. Le spectateur joue donc sa vie au cinéma. Apparemment moins immédiatement que le personnage du film menacé de mort, qui semble risquer sa peau à chaque plan, mais finalement beaucoup plus réellement, comme on va le voir dans les prochaines pages, grâce à la correspondance que Descartes a entretenue avec la princesse Élisabeth.

Le problème, une fois encore, fait solution. Puisque

la fiction est si « réelle » qu'elle peut mettre notre vie en danger, elle peut aussi nous réveiller, en nous faisant ressentir des passions, éventuellement violentes, capables de nous redonner le goût de la vie. La fiction change la vie. La preuve avec *The Game*, puisque le froid banquier indifférent et arrogant redevient chaud, chaleureux, ému, concerné et aimant grâce à son frère. Son frère lui a offert un « jeu » aux effets bien réels. C'est parce qu'il a cru à ce qu'il voyait, et qui était mis en scène, qu'il est finalement sauvé. Il n'est pas simplement soulagé de découvrir qu'il a vécu une illusion, il est bouleversé par les émotions qu'il a ressenties grâce à ces événements fictifs. Si l'on peut dire : fictifs dehors, réels dedans. La réalité du sentiment, tel est le résultat « pour de vrai » du jeu que propose le cinéma. C'est le plus beau cadeau qu'un homme peut faire à ce frère prisonnier de son travail et du vide émotionnel qui accompagne le sérieux. Le jeu de l'imagination sauve l'esprit de la stérilité, et sauve la vie tout court.

Du bon usage de l'illusion

De ce point de vue, la distraction n'est pas à mépriser, bien au contraire, elle devient un devoir. Et les plaisirs que procure la promenade réelle ou imaginaire nourrissent le corps aussi bien que l'esprit. L'entendement s'applique mieux si l'imagination le détend en lui « changeant les idées ». On a déjà dit qu'on pense mieux quand on ne pense pas toujours. Pour être vraiment pensant, mieux vaut ne pas être pensif. Mais Descartes va plus loin : il soutient qu'on pense mieux quand on est heureux ! Fort bien, cher René, belle découverte. Il est également plus facile de penser quand on est en bonne santé. Tout cela ne dépend pas de nous. Faut-il attendre que la vie nous soit clémente pour pouvoir bien user de notre raison ?

Non, justement. Être heureux et en bonne santé dépend de nous, bien plus qu'on ne le croit. Pour commencer, être heureux conduit à être en bonne santé. Notre santé dépend donc en grande partie de notre capacité à être heureux. Et être heureux dépend certes des événements de la vie, qui nous font ressentir des passions qu'on ne choisit pas, mais aussi des passions auxquelles on s'expose volontairement, en lisant, en allant au théâtre, et de nos jours en allant au cinéma ou en regardant la télé, c'est-à-dire en s'adonnant à l'imagination. Pour le prouver, on peut commencer par repérer ses effets négatifs. Descartes écrit dans une lettre à la princesse Élisabeth : « Je crois qu'une personne qui aurait d'ailleurs toute sorte de sujet d'être contente, mais qui verrait continuellement représenter devant soi des tragédies, dont tous les actes fussent funestes, et qui ne s'occuperait qu'à considérer des objets de tristesse et de pitié, qu'elle sût être feints et fabuleux, en sorte qu'ils ne fissent que tirer des larmes de ses yeux, et émouvoir son imagination, sans toucher son entendement ; je crois, dis-je, que cela seul suffirait pour accoutumer son cœur à se resserrer, et à jeter des soupirs ; ensuite de quoi la circulation du sang étant retardée et ralentie », cela pourrait facilement « lui opiler la rate », « altérer le poumon », « et causer une toux qui à la longue serait fort à craindre ».

Voir des spectacles tristes, même en sachant qu'ils sont « feints et fabuleux », nous fait ressentir des passions tristes. Et cette tristesse, bien que causée par des objets fictifs, est réelle. De la tristesse à la maladie, explique Descartes, il n'y a qu'un pas. Mais comme toujours, ce qui est vrai dans un sens l'est aussi dans l'autre. Ce qui appuie sur notre âme dans un sens nous permet de faire levier pour aller dans l'autre sens. Descartes poursuit : « Et au contraire, une personne qui aurait une infinité de véritables sujets de déplaisir, mais qui s'étudierait avec tant de soin à en détourner son imagination, qu'elle ne pensât jamais à eux que lorsque la nécessité des affaires l'y obligerait, et qu'elle employât tout le reste de son temps à ne considérer que des objets qui lui pussent apporter du contentement et de la joie, outre que cela lui serait grandement utile, pour juger plus sainement des choses qui lui importeraient, pour ce qu'elle les regarderait sans passion, je ne doute point que cela seul ne fût capable de la remettre en santé. »

La santé grâce à l'imagination et à la fiction... Il convient donc de choisir avec soin les œuvres auxquelles on s'expose. Une fiction triste menacerait à la fois notre bonheur et notre santé. Il faudrait, comme sur les paquets de cigarettes, indiquer sur les livres, les théâtres et les cinémas : « Attention, la fiction triste tue », ou, plus dans le style Françoise Sagan : « Attention, tristesse ». On dit que le livre de Goethe, *Les Souffrances du jeune Werther*, où le héros se suicidait, provoqua en Europe une véritable vague de suicides. Faut-il interdire les livres et les films tristes ? Ou en tout cas, plus démocratiquement et moins dogmatiquement, nous les interdire à nous-mêmes ? Descartes, pour éviter de tomber dans ce ridicule, précise sa pensée. *Traité des passions*, fin de l'article 147 : « Lorsque nous lisons des aventures étranges dans un livre, ou que nous les voyons représenter sur un théâtre, cela excite quelquefois en nous la tristesse, quelquefois la joie, ou l'amour, ou la haine, et généralement toutes les passions, selon la diversité des objets qui s'offrent à notre imagination ; mais avec cela nous avons du plaisir de les sentir exciter en nous, et ce plaisir est une joie intellectuelle qui peut aussi bien naître de la tristesse que de toutes les autres passions. »

Quand on lit un livre, quand on va au théâtre, quand on voit un film, même si ce qu'on nous représente fait naître en nous de la tristesse, de cette tristesse nous tirons une « joie intellectuelle ». La tristesse ressentie par le spectateur ou le lecteur est une « tristesse joyeuse ». Ou, pour mieux dire, car une tristesse ne peut être une joie, c'est une tristesse qui se transforme en joie. Tristesse sur un plan, mais joie sur un plan supérieur. Tristesse d'imagination, joie d'esprit. Pas question d'interdire la tristesse dans la fiction, car la tristesse y est source de joie. Descartes met simplement en garde contre les excès de tristesse fictive, car il est certaines joies dont l'usage excessif se retourne en tristesse. N'est-ce pas le cas de toutes les joies ? Repensez au goinfre du restaurant des Monty Python. Parce qu'il veut toutes les joies, il n'en a plus aucune.

Et de même qu'il existe un danger à ne s'exposer qu'à des pensées tristes, même fictives, il existe un danger à ne se consacrer qu'à la science et à la vérité. Qui eût cru qu'un savant aussi révolutionnaire et prolifique que Descartes préviendrait que trop de science est mauvais pour la santé ? Le sérieux tue, nous dit-il le plus sérieusement du monde. La science est dangereuse, c'est une vérité scientifique. Ainsi conseille-t-il, toujours à la même Élisabeth – on est en mai-juin 1645 : « [...] il se faut entièrement délivrer l'esprit de toutes sortes de pensées tristes, et même aussi de toutes sortes de méditations sérieuses touchant les sciences, et ne s'occuper qu'à imiter ceux qui, en regardant la verdeur d'un bois, les couleurs d'une fleur, le vol d'un oiseau, et telles choses qui ne requièrent aucune attention, se persuadent qu'ils ne pensent à rien ; ce qui n'est pas perdre le temps, mais le bien employer ; car on peut cependant se satisfaire, par l'espérance que par ce moyen on recouvrera une parfaite santé, laquelle est le fondement de tous les autres biens qu'on peut avoir en cette vie. »

Si quelqu'un, même accablé de soucis, décide de se détourner en imagination de la réalité, et de ne considérer, de ne choisir les objets qu'en fonction du plaisir qu'ils lui apportent, il fait bien, puisque en refusant d'augmenter en imagination les maux qui le touchent, il se met en état de mieux les affronter au moment d'agir. De la même manière que le repos est la condition de tout travail efficace, le refus de penser en permanence permet de mieux penser. Penser moins pour penser mieux, telle pourrait être la devise de Descartes.

Ce que nous propose Descartes, c'est de nous auto-illusionner, de sélectionner parmi les objets qui nous sont proposés ceux qui nous sont le plus agréables : « la verdeur d'un bois, les couleurs d'une fleur, le vol d'un oiseau », spectacles naturels qui tendent à se faire rares dans notre monde urbanisé, mais caractérisés par ce trait commun qu'ils « ne requièrent aucune attention ». Autrement dit, les voir au cinéma, sur le même mode de l'attention distraite, peut nous aider à garder la santé. Voilà un grand paradoxe, puisque nous vivons dans un monde qui nous sature, nous gave d'images, jusqu'à la mauvaise santé, pour certains jusqu'à l'épilepsie. Pourtant, nous dit Descartes, il y a un bon usage, un usage modéré et modérant de la fiction, du cinéma, de l'illusion en général, du moment qu'on sait que c'est une illusion. L'illusion dont on est conscient est bonne pour la santé. Allez au cinéma, vous vivrez mieux, et peut-être même plus longtemps.

Descartes et le cinéma

Nous pouvons donc affirmer, après tous ces développements, que Descartes est cinématographique à plus d'un titre.

Premièrement, il nous invite à tourner notre propre film, à construire nous-mêmes les évidences et à ne reconnaître comme vrai que ce que notre entendement a tourné et que notre volonté a monté ; nous sommes les seuls producteurs légitimes de vérité. Descartes, c'est le triomphe du *home movie*, le film fait à la maison.

Deuxièmement, il nous dit que nous pouvons recréer n'importe quel monde par un calcul. Le monde est mesurable, et n'importe quelle forme est calculable et reproductible. C'est l'invention des effets spéciaux numériques, et du tout numérique.

Troisièmement, il y a un bon usage de l'illusion. Regarder un film n'est pas simplement fuir dans un réel de compensation plein de satisfactions illusoires vécues par procuration, mais prendre soin de sa santé en se détournant des passions tristes.

Quatrièmement, il y a un bon usage de l'imagination, capable d'être mise au service de l'entendement, pour l'aider, par des figures concrètes, à penser des idées abstraites. Un film peut faire comprendre une idée en l'incarnant. Cette incarnation n'est qu'une approximation, comme le cercle tracé n'est pas le cercle parfait de la définition, mais les films peuvent nous servir de figures pour progresser dans la géométrie de nos passions. Le film a même cette supériorité sur l'écrit, par exemple sur le *Traité des passions*, de nous apprendre à maîtriser nos passions non pas simplement en lisant la description de leur fonctionnement, mais en les vivant de manière amoindrie par l'intermédiaire d'acteurs. Le film est un programme d'entraînement aux passions.

Enfin, les « yeux » de l'esprit ne sont pas qu'une métaphore par défaut, faute de mieux, de l'intuition intellectuelle. Tout le vocabulaire de la vue, « lumière de la raison », « clarté », « distinction », « évidence », nous permet de former une image de la pensée dont nous savons, parce qu'elle n'est qu'une image, qu'elle est à la fois le point de passage et de séparation entre le corps et l'esprit. Nous sommes indissociablement corps et esprit, l'imagination est toujours la première pensée qui s'offre à nous, nous ne pouvons nous en défaire, mais en passant par elle, nous pouvons tâcher de la surmonter, pour ainsi dire, de l'intérieur. La séparation entre le corps et l'esprit n'est possible que par la pensée. L'image est à la fois une aide et une épreuve. C'est l'épreuve de vérité : si on en reste à l'image, c'est qu'on ne pense pas encore. Si on comprend en quoi l'image est incomplète, c'est qu'on pense vraiment. Les images nous servent à mesurer leur insuffisance. Elles sont le meilleur point d'appui pour pouvoir les dépasser vers la pensée. On ne part des images – au sens où on les dépasse – qu'en partant d'elles – au sens où on commence toujours par elles...

5.

LA GÉNÉROSITÉ, POUR QUOI FAIRE ?

My Architect, ou l'héritage masqué

Certains philosophes sont également de grands écrivains. C'était le cas de Rousseau, dont Kant avouait qu'après l'avoir lu, il ne pouvait que rester frappé d'admiration par la beauté du style et devait observer quelques instants de recueillement avant de pouvoir examiner le contenu en philosophe. Descartes est de cette race. On reconnaît un grand écrivain, entre autres, à ce qu'il ne jargonne pas. Il n'invente pas de mots, il use du commun langage pour en approfondir la richesse. Il invente, si l'on peut dire, les mots sur place. Il les invente comme on invente un trésor, au sens où on l'exhume. Descartes a ainsi creusé le mot « admiration » jusqu'à ses racines latines pour lui donner un sens à la fois nouveau et originel. Il a fait de même avec le mot « générosité », dont il use dans un sens inédit, qui se révèle son sens véritable.

Qu'est-ce que la générosité ? Pour Descartes, la générosité ne consiste pas à donner aux autres, mais à se donner à soi-même la liberté, à se faire crédit, à se promettre de vouloir. On veut vouloir. Pouvoir vouloir ne dépend pas de nous. Que nous soyons libres de vouloir, nous n'y sommes pour rien, la liberté humaine est d'abord reçue, il n'y a pas à se rengorger d'être libre ou d'avoir une volonté quand on est humain ; mais l'usage que nous ferons de cette volonté sera libre, et nous en serons entièrement responsables. Nous pourrons donc être fiers de nos décisions, de nos choix. Choisir, c'est faire exister sa liberté. La liberté a cette caractéristique étrange de n'exister que si on s'en sert. Plus on s'en sert, moins elle s'use.

« C'est un beau nom que celui de générosité, un beau nom pour une belle chose. Le généreux fait confiance, il accorde avec libéralité son estime. Savoir être généreux avec soi-même, comme Descartes nous y invite, signifie s'interdire de douter de soi, ne pas céder au découragement, ne pas se condamner, ne pas se maudire. Le généreux cartésien sait que si bas qu'il soit tombé, il a toujours de quoi se relever. Le lui apprend la conscience qu'il a de sa liberté. Qu'est-ce qu'être libre, en effet, sinon ne jamais se réduire à ce que l'on est ? Si je suis libre, il y a toujours plus en moi » (Hubert Grenier, *La Liberté heureuse*).

Il y a toujours plus en moi… Ce « toujours plus », ce supplément est inépuisable. Pourquoi ? Parce qu'il trouve sa source dans de l'infini : l'infini de notre volonté. Facile à dire que notre volonté est infinie. On pourra rétorquer, en usant d'arguments tirés de la psychologie, que la volonté est innée, que la faiblesse de la volonté peut donc être reçue à la naissance, qu'il y aurait des différences de degré entre nos volontés. Certains d'entre nous seraient plus volontaires que d'autres, certains plus passifs ou léthargiques que d'autres. D'un côté Michael Douglas dans *Wall Street*, alias Gekko, le trader sans scrupule à la volonté d'acier, qui n'accepte jamais une invitation à déjeuner car c'est une perte de temps : « Déjeuner, c'est pour les mauviettes. » De l'autre le neurasthénique Lester, père de famille éteint, qui traîne son apathie dans *American Beauty*. Entre les deux, manifestement, une différence de nature.

Non, répond Descartes, la volonté est aussi infinie en chacun de nous, la volonté est précisément ce qui nous permet de nous distinguer, de nous séparer de notre nature, c'est-à-dire de ce que nous recevons à la naissance. La preuve : Lester va se réveiller, et se mettre à vouloir. D'une volonté infinie. Lester va devenir l'égal de Gekko en détermination, et il va même lui devenir supérieur, en humanité. C'est que si notre volonté est infinie, elle nous ouvre ainsi à la dimension morale. Si nous sommes libres, nous voilà responsables.

Descartes voulait d'abord appeler la générosité magnanimité, de *magna anima*, la « grande âme ». Alain donnait ici Alexandre le Grand en exemple. Alors que son armée traverse un désert qui n'en finit pas et que ses soldats meurent de soif, on apporte un casque rempli d'eau à Alexandre, également assoiffé, qui le renverse par terre au vu de tous. Grandeur d'âme. Renoncer à un privilège pour créer un lien avec les autres, accomplir un acte solitaire mais qui dépasse l'intérêt de l'individu, un acte qui prend valeur d'exemple et parle à chacun. Alexandre la grande âme… avait également de grands défauts. Et cette téméraire traversée du désert trouvait également son origine dans la grandeur de cette âme, douée d'une grande ambition.

Si Descartes a renoncé à donner le nom de magnanimité, c'est d'abord parce que la grandeur d'âme est variable selon les individus, on peut considérer qu'elle est reçue, qu'on n'a pas forcément le choix de la force native de son âme. Cependant, si tout le monde n'est pas capable de force d'âme, tout le monde est capable de volonté. Dans le *Traité des passions*, Descartes nous pique au vif : on est bien capable de dresser des chiens, dit-il, alors pourquoi pas soi-même ? N'importe qui, quels que soient le corps et l'esprit qu'il a reçus, a reçu en même temps une volonté infinie qui lui permet de se choisir. À quel point peut-on se choisir ? Descartes estime, dans l'article 50, « qu'il n'y a point d'âme si faible qu'elle ne puisse, étant bien conduite, acquérir un pouvoir absolu sur ses passions ». Il poursuit : « [...] on dresse ordinairement les chiens couchants en telle sorte que la vue d'une perdrix fait qu'ils s'arrêtent, et que le bruit qu'ils oient après, lorsqu'on tire sur elle, fait qu'ils y accourent. Or ces choses sont utiles à savoir pour donner le courage à chacun d'étudier à régler ses passions. Car, puisqu'on peut, avec un peu d'industrie, changer les mouvements du cerveau dans les animaux dépourvus de raison, il est évident qu'on le peut encore mieux dans les hommes, et que ceux même qui ont les plus faibles âmes pourraient acquérir un empire très absolu sur toutes leurs passions, si on employait assez d'industrie à les dresser et à les conduire. »

Notre entendement, lui, bien sûr, est fini, et cette finitude s'inscrit dans de grandes variations. Un mathématicien génial, si vous discutez avec lui, deviendra un infini pour vous. Mais lui-même, s'il rencontre plus génial que lui, sentira bientôt ses limites. Un homme ne vaut pas par son entendement, qui est toujours fini et relatif, mais par sa volonté : infinie, elle le met à égalité avec tous, et crée une communauté d'esprit avec toutes les autres volontés. C'est ce qui faisait dire à Descartes, pourtant mathématicien génial, que les mathématiques n'étaient qu'un jeu ; et c'est ce qui l'a fait se tourner vers la philosophie, où il est plus fondamentalement question de la volonté, de notre liberté et de la conduite de notre vie.

Comment enseigner la liberté ? Peut-on forcer les autres à être libres ? Vous vous souvenez de la « pédagogie du flingue » proposée par Tyler dans *Fight Club*... Même quand ça marche, ça ne marche pas. La liberté ne s'impose pas. Peut-on la démontrer ? Cette tentative serait non seulement inutile, mais absurde, puisque, comme on l'a vu avec Renouvier, si l'on pouvait prouver le libre arbitre, il serait nécessairement, ce qui est contradictoire. L'esprit démonstratif trouve ici ses limites. À vouloir démontrer la liberté, on perd l'esprit. Pas de preuve de la liberté, sans quoi, adieu la liberté ! En l'absence de preuve, il faut de la foi. Précisons immédiatement que la foi n'est pas ici un pis-aller. Il ne faut pas croire en la liberté faute de mieux, faute de preuve. La liberté ne tient précisément tout son être que de cette absence de preuve. C'est là un point à la fois d'une extrême difficulté, qui peut prendre très longtemps à comprendre, et d'une extrême facilité, puisque le comprendre, c'est être frappé comme par un éclair. Comprendre cela, c'est véritablement entrer en philosophie. On n'entre pas en philosophie comme en science par la preuve – même si la philosophie ne manque pas de démonstrations, et compte souvent sur elles –, mais on passe de science à philosophie par l'insuffisance de la preuve. Ce n'est pas qu'ici la preuve manque, mais qu'elle manque son but en le visant. J'aime beaucoup cette phrase de Nietzsche, qui paraît empruntée aux maîtres de tir à l'arc japonais : « Il y a des buts qui ne peuvent être atteints qu'indirectement. » La liberté est ce but que toute tentative de preuve ne peut que manquer. La question de la liberté fait comme un trou dans la science, une faille qui paraît une « anomalie » à l'Architecte de *Matrix*, mais qui est une ouverture et une lumière par où brille l'éclat de la philosophie. Voir cette porte, sentir ce passage, c'est comme pour Néo devenir l'Élu. Si vous parvenez à sentir comment ici l'esprit se réfléchit et passe dans l'élément de la liberté, comment ici s'ouvre la possibilité d'un saut qualitatif, d'une véritable révélation, vous serez vous aussi au bord de pousser ce cri des philosophes, ce cri qui est une prise de conscience : « Liberté ! »

Philia, philosophie et cinéma

Pour philosopher il faut un ami, disait Deleuze. On traduit généralement « philo-sophie » assez platement par « amour de la sagesse ». On peut inverser la chose en disant « sagesse de l'amour ». Ce qui est certain, c'est que, pour philosopher, il faut de la foi. Sur quoi s'appuie cette foi ? Par définition, sur rien. C'est une activité risquée, de funambule. Penser, c'est se risquer. Quel drôle de risque. Existe-t-il activité apparemment plus inoffensive que la pensée ? La philosophie a pourtant ses aventuriers et ses disparus. On a parlé de la condamnation de Socrate, de l'exil d'Aristote, on pourrait évoquer les persécutions subies par Rousseau, les prudentes retraites de Descartes et la discrétion de Spinoza. Mais on pourrait aborder aussi la « fatigue métaphysique » d'un Jules Lequier [1], qui à force de se débattre dans une contradiction de pensée, a été interné, puis est mort en défiant Dieu : à la recherche désespérée d'une preuve de l'existence de Dieu, il aurait nagé jusqu'au bout de ses forces. « Si tu existes, tu me sauveras. » On attend toujours la preuve. Alain évoque les terribles migraines de son maître Jules Lagneau, et rapporte lui-même des épisodes d'abattement douloureux liés à un excès d'étude. Descartes prévient des dangers de la science… Si pour penser il faut de l'amour, de la bienveillance, c'est que penser est difficile. On ne peut penser qu'en face, disait Alain, d'un auditoire acquis d'avance. Dans la conversation, pas de philosophie. Il citait Stendhal : « Tout bon raisonnement offense. » Alain ne se risquait donc à penser que devant un auditoire acquis, condition de toute audace, c'est-à-dire devant sa classe. Ce silence de l'auditoire, de nos jours, hélas ! pour les professeurs, on le retrouve moins en classe qu'au cinéma. Les conditions de réception dont rêve un professeur, ce sont celles du film. Pas besoin de faire, comme on dit, d'autorité. Le film réduit tout le monde au silence, sans avoir à élever la voix. Un auditoire acquis d'avance, plein d'attention, prêt au voyage, à l'aventure… Le voilà, le public idéal de la philosophie : le spectateur de cinéma, avide d'aventures imaginaires.

Et la seule aventure réelle, n'est-ce pas, comme disait Platon, le « beau risque » ? Le beau risque de philosopher,

1. Jules Lequier est un philosophe du XIXe siècle, méconnu, à qui Sartre a emprunté sa fameuse formule existentialiste : « Faire, et en faisant se faire. »

d'essayer de penser. On ne peut le faire que dans des conditions d'amitié au sens grec – la *philia* repose sur l'idée qu'il y a un lien entre les humains, qu'ils se connaissent ou pas. Il y a un lien entre nous et les textes, un fil qui est une *philia*, une amitié pour les auteurs qui conversent avec nous. Auguste Comte dirait que les morts gouvernent les vivants, par le fil de la tradition, et de l'admiration. La vie de l'esprit crée une communauté qui a pour lieu le livre. Le film, lui, permet la construction d'une communauté physique grâce à la salle de cinéma – c'est une *philia* paradoxale, qui isole en même temps qu'elle réunit : chacun est confiné à son siège et attend que sa bulle de silence soit respectée. Mais si le film vu en commun crée une communauté palpable pendant le temps de la projection, il tresse surtout des références communes entre tous les spectateurs du film, qu'ils le voient en même temps ou pas.

C'est une situation très curieuse. Ce que nous vivons au cinéma irrigue ensuite notre vie, mais ce sont des souvenirs communs, qui ne sont pas que les nôtres. Le cinéma est à la fois le phénomène le plus collectif et le plus intime qui soit. Tous les hommes, disait également Paul Valéry, se ressemblent en ce qu'ils croient avoir de plus caché. Il signifiait par là que ce que nous prenons pour le plus individuel est souvent le plus banal en nous, le plus commun au mauvais sens du terme, le plus vulgaire – nos bas instincts, se ressemblent tous et ne font qu'exprimer notre partie animale. Il faut chercher l'homme dans ce qu'il partage avec les autres, pas dans ce qu'il croit être le plus secret en lui. Il dénonçait par là une certaine littérature psychologique, qui prétendrait, en fouillant dans les profondeurs de chacun, ramener au jour le secret honteux qui le constituerait. C'est là une vue romantique, où le plus singulier de chaque individu serait impossible à partager avec autrui. Paul Valéry se pose au contraire en classique. On ne devient un individu qu'en se formant par les autres, par les textes, par les idées. On ne devient humain que par les « humanités ». La générosité cartésienne affirme la même chose. Ce qui fait la singularité de chacun n'est exprimable que par l'universel. Pas de sentiment individuel sans commun langage pour le dire. Pas de philosophie non plus. Autrement dit, ce que nous avons en commun, c'est le plus élevé.

De même, le film offre à chacun quelque chose qu'il offre à tous, mais qui résonne en chacun comme s'il lui appartenait en propre. Le plus singulier s'adosse au plus commun. Le cinéma remplit-il désormais le rôle que Descartes ou Spinoza voulaient faire jouer à la Raison ?

C'est bien possible, et c'est une hypothèse sur laquelle nous reviendrons. Pour l'instant, reconnaissons ce qu'implique l'idée cartésienne de générosité. La promesse qu'on se fait à soi-même d'être toujours aussi libre que possible, de se déprendre des instincts, de notre nature, de ce que nous sommes déjà, voilà ce qui nous rend humains, voilà ce que nous avons en commun.

Ainsi, dans le *Traité des passions*, Descartes nous éclaire par des définitions communes sur ce qu'il y a de plus intime en chacun de nous. Il donne par exemple une définition sublime de l'amour, bien que ce soit apparemment une définition purement quantitative : aimer, dit-il, c'est se considérer comme la partie moindre d'un tout qu'on forme avec ce qu'on aime. Première générosité : considérer qu'on forme quelque chose de commun avec un autre qui est plus important que nous, ou, pour mieux dire, auquel on accorde volontairement cette place. Descartes n'est pas un être froid qui mathématiserait là où nous nous contentons de ressentir, il ne parle pas en l'air de l'amour, il a eu une petite fille qu'il a élevée. « Même le plus humain en lui fut en dehors de l'ordre, comme cette Francine, sa propre fille, qu'il éleva jusqu'à l'âge de cinq ans comme eût fait une mère, qu'il perdit et qu'il pleura » (Alain, *Idées*). Quel intérêt de savoir cela ? Alain précise : « Dès que l'on veut connaître le caractère, les mœurs et les mouvements d'un homme, la légende n'est pas à mépriser », car ce qu'on croit d'un homme dit quelque chose de lui. J'ajouterais que dans le cas de Descartes, cela nous permet un éclaircissement important. La philosophie du XVIIe siècle ne valorise guère les enfants (*in-fans* : celui qui ne parle pas), et exclut de la raison les enfants et les fous. À cette époque, l'enfant et le fou font problème, Foucault s'est longuement penché sur cette question dans son *Histoire de la folie à l'âge classique*. Mais cette absence de considération ne signifie pas, comme certains veulent le faire croire, une indifférence criminelle. De même que la théorie dite de l'animal-machine ne signifie pas que l'on peut torturer les animaux puisqu'ils n'auraient pas d'âme, mais qu'en l'absence de preuve il n'est pas souhaitable, dans l'ordre de la connaissance, de supposer que leurs mouvements révèlent une intention. Descartes ne dit pas que les animaux n'ont pas d'âme, il dit que c'est une hypothèse inutile pour interpréter leurs mouvements. De même que, dans notre propre cas, la plupart de nos mouvements ne sont pas volontaires et ne cachent pas une pensée. Que cela n'empêche personne d'aimer les animaux ou d'avoir une relation privilégiée avec son chat ou son chien. Le domaine de la vie pratique n'a rien à voir avec celui de la connaissance. Descartes n'est pas le bourreau des animaux, mais celui de notre bêtise.

Descartes, notre architecte

My Architect, film documentaire de Nathaniel Kahn, commence par le récit d'une étrange découverte. Il y a quelques années, on a retrouvé un homme mort d'une crise cardiaque dans les toilettes de la gare centrale de New York. La police n'a pu l'identifier sur-le-champ car pour une raison inconnue il avait gratté son nom sur son passeport. Après trois jours à la morgue, il finit par être identifié. Il s'agissait du grand architecte Louis Kahn, de retour d'Inde. Que faisait-il dans cette gare ? Pourquoi avoir effacé son identité ? Que pensait-il à la fin ? « Mon père, dit Nathaniel Kahn, ne m'a laissé que des questions. »

Un homme qui ne laisse que des questions : telle pourrait être la définition d'un philosophe. La mort de Louis Kahn est une mort étrange, qui laisse son fils pensif, et bientôt pensant. Au point d'en tirer une œuvre magnifique, *My Architect*. « Mon architecte » au lieu de « mon père », puisqu'il se trouve que « mon père » était avant tout « un architecte ».

Dans ce film, ce petit garçon, un bâtard caché qui profitait rarement de son père et toujours de manière furtive, s'interroge sur la façon dont son père est mort. S'interroger sur la mort d'un homme, c'est l'acte initial de la philosophie occidentale, qui rappelons-le ne commence pas avec Socrate, mais à la mort de Socrate, puisque c'est son disciple Platon qui, scandalisé par la mort de son maître, a décidé de lui édifier un tombeau « qui fait envie », comme dirait Paul Valéry, et de le mettre en scène à travers ses immortels *Dialogues*.

En quoi la mort de Socrate était-elle scandaleuse ? Platon n'était pas seul de son avis sur ce sujet, puisque les Athéniens, ceux-là mêmes qui condamnèrent Socrate à boire la ciguë, après lui avoir fourni maintes occasions de s'évader, regrettèrent tellement leur sentence qu'ils firent condamner à mort ses accusateurs quelques mois plus tard.

Socrate était le hanneton qui piquait les ânes qu'ils étaient, et dont finalement ils appréciaient la piqûre, ou la brûlure : on l'appelait aussi la torpille, le poisson qui électrise et pétrifie, qui fait taire les bavards sophistes avec ses questions menues, mesquines, disaient-ils. Ils ont fini par avoir sa peau, mais pas son souvenir.

Platon était absent lors de la mort de Socrate, et l'intégralité de l'œuvre de Platon est dans l'ombre de cette énigme – pourquoi le disciple qui va faire vivre la parole du maître d'une manière éternelle était-il absent au moment où son maître a disparu ? Certains disent qu'il était en vacances. Mais part-on en vacances quand on connaît la date de la mort de son maître et ami ? Bien qu'il ait condamné l'écriture comme une pratique paresseuse faisant l'économie de l'exigence de mémoire inscrite dans la tradition orale, Socrate nous est disponible aujourd'hui sous la forme de livres, dans lesquels il paraît se promener. Et, bien qu'enserré dans la nécessité de ce qu'a écrit Platon, par moments, par éclairs, on peut sentir la liberté de Socrate, qui a refusé d'écrire, et qui a laissé pour toute œuvre… Platon. L'œuvre de Socrate, c'était son disciple. L'œuvre de Platon, ce sera son maître.

Ce don que Socrate a fait de sa vie à la philosophie,

Louis Khan a, si l'on veut, fait la même chose avec l'architecture. Même si personne ne l'a condamné à mort, il a payé son amour de l'architecture de sa vie. Il a négligé sa famille, ses familles, et en particulier son dernier fils. Un fils obligé de faire un film pour s'interroger sur l'absence « de son vivant » de son père. Cet abandon de famille est quelque chose qui court dans l'histoire de la philosophie. Au moment où Socrate va mourir, entouré de ses amis, sa femme Xanthippe entre avec leurs enfants. Il lui demande d'aller pleurer ailleurs, de ne pas troubler ses derniers instants par une démonstration d'émotion qui ferait naître de l'inquiétude au moment d'affronter ce qui est peut-être le seul événement de notre vie. Non qu'il faille craindre cet événement – Socrate dit à ses amis de se rassurer, de ne pas pleurer pour lui, qu'ils ne s'inquiètent pas, bientôt, ce sera leur tour –, mais il importe d'en profiter pour mettre une dernière fois ses idées en ordre.

Les enfants de Socrate ont-ils eu le même sentiment d'abandon et d'injustice que le fils de Louis Kahn ? Ont-ils, comme lui, marché sur les traces de leur père et rencontré ses disciples pour juger leur père à ses œuvres ?

« Les enfants se trompent souvent aux pères, parce qu'ils n'ont pas assez l'idée des travaux auxquels est due cette vie facile de l'enfance. Mme de Sévigné écrit à sa fille : "Votre père, Descartes." Ce mot sonne bien ici, et en tous ses sens. Il traduit un mouvement de réflexion qui est le souvenir, et par lequel l'ordre établi rend hommage au créateur. C'est de la même manière que l'idée périrait toute sans le souvenir, au moins, du jugement qui l'a faite. C'est remonter à la source des idées. Nous devons apprendre ce pieux retour, qui est penser, et savoir dire aussi : "Notre père, Descartes" » (Alain, *Idées*).

Les philosophes sont nos pères, les pères qu'on peut se choisir. Pourquoi Alain s'est-il choisi Descartes pour cette sorte de prière philosophique ? Quelle architecture, quelle œuvre a construite Descartes, qui mérite d'être découverte, habitée, fréquentée ?

Quand le narrateur arrive à la fin de son voyage, après avoir écumé les États-Unis pour admirer les bâtiments conçus par son père, il se rend en Asie où son père a passé des années à concevoir un édifice magnifique, manifestement son chef-d'œuvre : le Parlement du Bengladesh. Le fils de l'architecte rencontre, devant l'édifice, les travailleurs du matin en train de faire leur gymnastique, et qui témoignent : « C'est le plus bel endroit du Bengladesh. Nous en sommes fiers. C'est notre image nationale. »

Puis il rencontre un ami de son père, un architecte local qui a travaillé avec lui sur le projet. Quand ce témoin-clé apprend que le film ne pourra consacrer plus de dix minutes à l'histoire de ce bâtiment, les larmes lui montent aux yeux : « Il a voulu être Moïse ici. Il nous a donné la démocratie… Il a payé de sa vie pour ça… Il nous a donné ce bâtiment. Il nous a donné de l'amour. Il ne vous a peut-être pas donné tout l'amour qu'il vous fallait à vous, son fils, mais à nous, il a donné de l'amour pour les gens, pour notre peuple. Il aimait tout le monde. Quand vous aimez tout le monde, il vous arrive de ne pas voir vos proches. C'est inévitable pour les hommes de sa stature. »

Le voilà, ce père, qui apparemment a manqué de générosité envers son fils, mais qui a eu cette générosité envers lui-même de construire ce qu'il voulait, et d'édifier, pour reprendre les mots de Valéry, un « tombeau qui fait envie ». Le fils découvre comment cette générosité appuyée sur elle seule, qui a toutes les caractéristiques extérieures de l'égoïsme, se révèle le plus beau des cadeaux. Un cadeau anonyme, à personne en particulier, à tout le monde, à n'importe qui, et finalement d'abord à soi-même.

Le philosophe ne donne-t-il pas lui aussi quelque chose indirectement, de manière aveugle ? Descartes dit : « J'avance masqué », Spinoza n'a rien publié de son vivant sous son nom. Descartes et Spinoza ont longtemps vécu à l'écart pour ne pas être inquiétés. Et pourtant tous deux écrivent et composent une œuvre à la portée universelle. Ils pensent par eux-mêmes, pour eux-mêmes, mais pas pour eux seuls. Ils pensent en tant qu'hommes plus qu'en tant qu'individus. Hegel soutenait que tout ce qu'il y avait de faux dans sa philosophie venait de lui. Il s'agit de penser universellement. On pense par soi, mais pour l'autre. On touche là au cœur de la générosité. On pourrait imaginer, sur le modèle de *My Architect*, un film qui s'appellerait *Mon philosophe*, et, si ce film devait exister un jour, il me semble qu'il devrait être consacré à Descartes, le philosophe de la générosité. Il faut savoir être reconnaissant à celui qui donne ainsi, sans rien attendre en retour que la satisfaction d'avoir donné librement, et d'avoir donné liberté. Hubert Grenier concluait par ces mots le dernier cours de sa vie sur Descartes : « Un philosophe contemporain, Jankélévitch, demandait : Qui oserait dire que c'est pour notre bonheur que nous sommes libres ? Eh bien ! Descartes justement ! Au rebours de tant de doctrines qui ne rencontrent la liberté que dans des situations tragiques de conflit, de tension, de crise intérieure, de tourments, ne devons-nous pas remercier Descartes d'avoir été le théoricien de la liberté bonne, de la liberté douce, de la liberté heureuse ? »

Le fils de Louis Kahn conclut : « Il a choisi la vie qu'il

voulait. » Après toutes ces années, et grâce à ce film, le fils estime qu'il a trouvé, enfin, le moyen de faire ses adieux à son père. C'est une fin qui est un commencement. De ce père qu'il a si peu connu, il a appris une générosité dont peu d'humains sont capables, et qui continue de rayonner et de donner aussi aveuglément qu'un arbre donne ses fruits, sous la forme de bâtiments tous doués d'âme. L'architecte n'a pas aidé son fils à se construire, mais l'architecture qu'il a laissée construit ceux qui la regardent et qui la vivent. C'est en apprenant à voir et à aimer les bâtiments pensés et édifiés par son père que le fils s'est construit… un père. Le philosophe, comme l'architecte, et comme le cinéaste, « aime tout le monde », pense de manière universelle. Cela signifie-t-il qu'il n'aime personne en particulier ? Non. Mais qu'il cherche à donner de la manière la plus généreuse possible, la plus libre possible, la plus singulière possible, et donc la plus libératrice possible. Donner ainsi, ce n'est pas donner à quelqu'un, c'est donner forme – à l'humanité et à la liberté. Pour reprendre le mot d'André Portafax, la liberté est une exigence avant d'être une existence. C'est une exigence qui donne forme à l'existence. Exiger quelque chose de soi-même, exiger d'être aussi libre que possible, c'est se donner sa chance. S'obliger à la liberté n'est pas une contrainte, mais le signe de notre noblesse, au sens là encore où noblesse oblige. Donner ainsi, c'est toujours donner l'exemple. L'imitation n'est pas ici servile mais règle d'apprentissage. Et puisque l'admiration est la plus sûre méthode, ne craignons pas de reconnaître la vraie grandeur et de dire nous aussi : « Notre père, Descartes. »

SPINOZA,
L'EXPÉRIENCE DE L'ÉTERNITÉ

1.

MOI ET LES AUTRES, COMMENT TROUVER LA JOIE ?

L'Enfer, ou la jalousie ; *X-Men*, ou l'art des bonnes rencontres

On ignore, dit Spinoza, ce que peut le corps. Cette phrase m'a longtemps fasciné par les perspectives qu'elle ouvrait. Comme une promesse à portée de main, inscrite en chacun de nous, dans notre chair même. Autre citation, tout aussi mystérieuse : « L'homme n'a pas besoin de la perfection du cheval. » Rien que pour ces deux phrases, on peut aimer Spinoza, et avoir envie de mieux le connaître. Cet homme, qui mena une vie d'étude plutôt que de reprendre la riche affaire d'import-export de ses parents, finançait ses maigres besoins en polissant des lentilles pour les appareils optiques. Travail patient et usant. Lui qui affirmait également que les démonstrations étaient les yeux de l'âme a donc passé sa vie à polir ses lentilles d'un côté et ses démonstrations de l'autre. Qu'il ait, comme Descartes, mis la main à la fabrication d'yeux artificiels est suffisamment troublant pour être ajouté au crédit de notre entreprise explorant la connivence entre cinéma et philosophie.

Spinoza, en artisan solitaire, a peaufiné son chef-d'œuvre, puis a rendu l'âme. Ce chef-d'œuvre, c'est *L'Éthique*. Là encore, peu de chances de voir un jour au cinéma un film qui serait l'équivalent de ce livre. Mais peu importe. Que nous le connaissions ou pas, Spinoza mérite toujours d'être lu et relu. À vrai dire, plus on le connaît, plus il devient opaque – pas au sens d'obscur, mais de dense –, et plus il faut le relire.

Spinoza est abrupt. Ouvrir *L'Éthique*, c'est immédiatement se tenir au bord d'un gouffre. Spinoza commence *L'Éthique* par des définitions. Son ambition est de traiter son sujet, le salut de l'âme humaine, avec la rigueur d'un mathématicien. Il veut écrire, comme il dit, à la manière des géomètres. D'où le vocabulaire de la démonstration mathématique que nous allons croiser à chaque page de *L'Éthique* : proposition, corollaire, scolie, lemme. Ne vous laissez pas arrêter par ces termes, Descartes utilisait dans son *Traité des passions* les termes « définition » ou « article » dans le même but : montrer que les passions humaines, aussi confuses et violentes soient-elles, obéissent à des lois mécaniques qui nous donnent pouvoir sur elles. Quant au fait de commencer par des définitions, Kant remarquait qu'il s'agissait d'un usage plutôt mathématique que philosophique : en mathématiques, elles sont au début, car on procède déductivement, à partir d'hypothèses indémontrables, sur lesquelles on s'appuie pour démontrer autre chose. Les mathématiques, grâce à leur langage simplifié, purifié, partent du clair et distinct pour obtenir du clair et distinct. Alors qu'en philosophie, dit Kant, les définitions ne peuvent venir qu'à la fin : comme la philosophie utilise le commun langage, les mots peuvent avoir plusieurs sens, il faut expliciter ce qu'on veut dire, sortir de la confusion initiale. La clarté, en philosophie, est toujours conquise, contre l'obscurité et l'équivoque première du langage.

Pourquoi préciser cela ? Si Spinoza commence par des définitions, ce n'est pas pour autant que nous les comprendrons d'emblée. Comme il le dit lui-même, « ce qui est beau est rare et difficile ». Il n'y a pas d'introduction à Spinoza, de la même manière qu'il n'y a pas d'introduction à la philosophie : soit on reste au bord, soit on plonge. Il n'y a pas de petit bain, c'est directement le grand bain ou rien. On parle de démocratiser la philosophie. La philosophie serait à la mode, serait un phénomène de société. Mais c'est plutôt la société qui est un phénomène de philosophie. On ne comprend quelque chose aux rapports entre les hommes qu'en passant par le détour des idées. La démocratie est là : la philosophie est démocratique car elle est, en droit, accessible à tous, elle s'exprime dans le langage de l'universel, mais elle est aussi difficile pour n'importe qui. Penser est difficile. Comprendre Spinoza est difficile. Alain disait de Simone Weil, une de ses meilleures élèves, qu'elle était si douée qu'elle était bien capable d'avoir compris Spinoza. Ce n'était pas un mince compliment. Toutefois, Spinoza est connu comme le philosophe de la joie. C'est un indice que nous pouvons tâcher de persévérer dans sa connaissance. Pas pour le plaisir fat de devenir des spécialistes de ce philosophe, mais pour la joie de comprendre, de ressentir notre perfection propre, et de tâcher d'expérimenter, comme il dit, que nous sommes éternels...

Alain a écrit, à destination de ses élèves, un petit livre très clair que je vous recommande, et qui s'intitule sobrement *Spinoza*. Dans la préface, il regrette le côté un peu scolaire, un peu « exposé » de son livre : « La philosophie est certes une grande chose ; on peut en faire tout ce qu'on veut, excepté quelque chose de plat. » Nous allons faire en sorte de ne pas tomber dans ce travers, même si nous pourrions aisément nous sentir aplatis par la grande ombre de Spinoza. Et c'est en nous appuyant sur l'écran, pourtant plat, du cinéma que nous allons donner du relief, de l'incarnation, du mouvement aux textes de Spinoza, qui certes sont lumineux par eux-mêmes et n'ont pas besoin de cet artifice – c'est nous qui en avons besoin. Mais, nous allons le voir, tout comme Descartes, Spinoza ne renie pas l'aide de l'imagination et de la fiction, il en dit même la fertilité et la richesse. Plongeons donc au cœur de *L'Éthique*, sans introduction, mais avec l'aide du cinéma. Si nous parvenons, grâce à lui, à ressentir des affects spinozistes, nous serons sur la voie des concepts. J'utilise ici une idée chère à Gilles Deleuze, autre grand commentateur de Spinoza, dont le *Spinoza philosophie pratique* complétera de manière stimulante le livre d'Alain pour qui voudrait se lancer à l'assaut de *L'Éthique* ; Gilles Deleuze considérait en effet que tout concept s'accompagne d'« affects » et de « percepts » correspondants. Autrement dit, il n'y a pas qu'un rapport intellectuel à la philosophie, ce qu'on comprend sur le plan des idées peut également se ressentir sur le plan des émotions, des sentiments, des perceptions. Deleuze proposait, pour appréhender Spinoza, de ne pas respecter l'ordre naturel de la lecture et de se lancer *in medias res*, de plonger directement « au milieu des choses ». On ne peut finir par comprendre quelque chose à Spinoza qu'en y baignant, en s'y habituant comme à un nouvel élément, plutôt qu'en considérant qu'il faudrait escalader ses cimes. Commençons nous aussi par le milieu de *L'Éthique*, plongeons au début de la troisième partie, intitulée « Des sentiments et des passions », où nous accueillent… des définitions !

« I. J'appelle cause adéquate celle dont on peut par elle-même percevoir clairement et distinctement l'effet. Je nomme, au contraire, cause inadéquate, ou partielle, celle dont on ne peut par elle seule comprendre l'effet » (*L'Éthique*, III, Définitions).

C'est aussi raide que de la géométrie, mais n'escaladons pas : baignons ! Une cause adéquate est celle qui nous donne une idée claire et distincte d'elle-même. Ou pour mieux dire, celle dont on voit clairement et distinctement, c'est-à-dire entièrement, comment elle fait naître tel effet. « Adéquate » signifie « entière », ou « suffisante pour expliquer entièrement un effet ». Vous remarquerez que Spinoza utilise le vocabulaire de Descartes : « clairement et distinctement ». Mais il le fait, on va le voir, contre Descartes. Pour marquer sa différence, le mieux est toujours d'utiliser le vocabulaire de son ennemi. Le mot ennemi n'est pas ici adapté. La philosophie n'est pas une guerre, et Spinoza ne ressent aucune haine pour Descartes. Plutôt de l'admiration. Simplement, Spinoza estime qu'il approfondit, corrige ou complète Descartes. En philosophie, la réfutation est toujours une reconnaissance. Spinoza s'appuie sur Descartes pour s'éloigner de lui, pour affirmer sa différence. Clarté et distinction augmentent par le contraste.

C'est une méthode que je vous recommande. D'ailleurs, nous allons l'appliquer immédiatement. On ne comprend que par des distinctions, en faisant des différences. Pour comprendre ce qu'est une cause adéquate, nous allons commencer par voir ce qu'est une cause inadéquate. Une cause inadéquate ou partielle est celle dont on ne peut pas, par elle seule, comprendre l'effet. Ça signifie que quelque chose d'extérieur entre en jeu. Exemple : dans l'amour, il y a le plus souvent quelque chose d'extérieur. À moins de n'être capable de n'aimer que soi-même, aimer porte sur quelque chose ou quelqu'un d'autre. Si, comme le chantent les Rita Mitsouko, « les histoires d'amour finissent mal, en général », c'est qu'en aimant quelque chose qui nous est extérieur, ce qui est le cas en général, on n'est pas la cause adéquate de son sentiment. Aimer ne dépend pas que de nous. Aimer, c'est dépendre. Dépendre d'un objet qui peut toujours nous échapper, puisque nous ne faisons pas qu'un avec lui. Si on aime une pierre, c'est facile, on peut s'assurer de la garder chez soi ou sur soi. Impossible de faire de même avec une femme ou un homme. À vrai dire, même une pierre, on ne peut pas être sûr qu'elle ne sera jamais volée, perdue ou brisée. En tant même qu'elle nous est extérieure, qu'elle ne fait pas partie de nous, nous dépendons d'elle si nous l'aimons. Aimer un être humain est encore moins facile, à double titre, car, premièrement, on n'est pas assuré de l'amour de l'autre, et deuxièmement, on n'est pas assuré de la durée, de la pérennité de cet amour. C'est le problème d'être attaché à un objet extérieur, de dépendre de cet objet : d'une certaine manière, rien ne dépend moins de nous que nos sentiments. Ou, pour mieux dire, il nous faut distinguer deux cas, selon qu'on est, ou pas, la cause adéquate de quelque chose. Spinoza poursuit son travail de définition :

« II. Je dis que nous sommes actifs lorsque, en nous ou hors de nous, il se produit quelque chose dont nous sommes la cause adéquate, c'est-à-dire (selon la définition précédente) lorsque de notre nature il suit en nous ou hors de nous quelque chose que l'on peut comprendre clairement et distinctement par elle seule. Mais je dis, au contraire, que nous sommes passifs, lorsqu'il se produit en nous quelque chose, ou que de notre nature suit quelque chose dont nous ne sommes que la cause partielle » (*L'Éthique*, III, Définitions).

On est actif quand on est la cause adéquate, passif quand on n'est que la cause partielle. « Adéquate » veut bien dire « complète », et quand on est la cause complète de quelque chose, quand on est donc la seule cause, on peut être dit actif, puisque l'effet ne dépend que de nous. Et l'on peut, inversement, être dit passif quand l'effet ne dépend pas que de nous.

Lester, cause adéquate ?

Reprenons l'exemple de Lester dans *American Beauty*, qui offre l'avantage de nous montrer qu'une évolution est possible, puisque le personnage passe, dans le temps d'un film, d'un état de passivité totale à l'activité la plus pleine et joyeuse. Sa passivité du début, celle d'un père de famille éteint par la routine, subit une première secousse quand il aperçoit la jolie majorette qui le bouleverse jusqu'au coup de foudre. Dans le coup de foudre, comme son nom l'indique, on se montre essentiellement passif, puisqu'on subit quelque chose d'extérieur qui nous frappe. Mais comme le coup de foudre fait ressentir de la joie, la puissance d'agir de notre corps, paradoxalement, est augmentée, aidée. Lester va soudain avoir un but dans la vie, un but dont il n'est pas la cause adéquate, puisque ce but lui est extérieur, et ne dépend pas de lui : s'il veut séduire cette gamine, il va devoir changer, mais rien ne garantit qu'elle s'intéressera à lui. Il risque de sombrer dans une dépendance et une passivité bien pires que sa léthargie d'origine, car s'y ajoutera le pathétique de sa situation de père de famille amoureux d'une Lolita. Mais c'est le contraire qui va se produire. Après avoir repris sa vie en main, et cessé de subir les vexations de sa femme dominatrice et castratrice, ou les humiliations sourdes de la vie de bureau, il retrouve, par la pratique sportive, la musique et l'usage récréatif d'une fumette de qualité, une telle joie de vivre qu'au moment où la jeune majorette s'offre à lui, il ne veut plus d'elle. Il la repousse non par peur des conséquences, mais dans un geste protecteur soucieux de l'épanouissement de l'autre. Il est devenu actif, il est enfin la cause adéquate de ce qui lui arrive. Au lieu de subir une passion, il affirme une action. Spinoza résume la chose ainsi et la généralise :

« III. Par sentiments, j'entends les affections du corps, par lesquelles la puissance d'agir de ce corps est augmentée ou diminuée, aidée ou contenue, et en même temps les idées de ces affections » (*L'Éthique*, III, Définitions).

Faites attention au mot affection. « Les affections du corps » désignent ici la manière dont un corps est affecté, c'est-à-dire les modifications qu'il subit, les changements qui se font en lui. Par exemple, courir affecte mon corps. Écouter de la musique affecte mon corps, etc. Ces « affections » peuvent être bonnes ou mauvaises pour moi. Dans le cas de Lester, le sport, la musique et la fumette aident et augmentent la puissance d'agir de son corps, tandis que sa femme et son travail contiennent et diminuent cette même puissance. Mais la manière dont quelque chose nous affecte peut varier. Ainsi, le sport affecte d'abord Lester négativement : il est essoufflé, il souffre. Peu à peu, grâce à l'entraînement, le sport l'affecte positivement et augmente sa puissance. Pour sa femme, c'est le contraire : quand il l'a connue et aimée, elle était pleine de fantaisie et l'affectait positivement ; aujourd'hui qu'elle est devenue une snob dominatrice et maniaque, elle l'affecte négativement.

Vous remarquerez que Spinoza précise que les sentiments ne sont pas simplement constitués des affections du corps, mais comprennent également « les idées de ces affections ». C'est un point décisif pour comprendre quelque chose à Spinoza. Tout ce qui se passe dans le corps se passe également dans l'esprit. Il y a pour toute affection, pour tout changement dans le corps, une idée correspondante dans l'esprit. Pour faire simple, s'il se passe quelque chose de bon pour mon corps, il se passe également quelque chose de bon dans mon âme. Vous apercevez la beauté de la chose ? Le corps n'est pas l'ennemi de l'âme, au contraire, ils sont, comme dit Spinoza, « une seule et même chose », mais considérée selon deux points de vue. Il n'y a donc pas, comme ont pu dire certains, un « parallélisme » chez Spinoza entre l'âme et le corps, ça va beaucoup plus loin, puisque l'âme et le corps sont « la même chose », que l'on peut voir selon deux modalités. Si l'on ignore ce que peut le corps, c'est qu'à y regarder de plus près, le corps, c'est l'âme. En jouant sur les affections du corps, nous jouons aussi sur les idées de l'âme. Lester le sait mieux que personne. Courir ne donne pas le même genre d'idées que rester vautré dans le canapé. Et fumer un petit joint « change les idées » au sens propre, et de manière bien plus positive que de se faire engueuler par sa femme ou humilier par le merdeux des ressources humaines.

Et Spinoza précise : « Si donc nous pouvons être cause adéquate de quelqu'une de ces affections, j'entends alors par sentiment une action ; dans les autres cas, une passion. » Lester a commencé dans la passion pour s'élever à l'action. C'est la question qui préoccupe Spinoza, et nous avec lui : comment ne plus dépendre de l'extérieur, comment ne plus subir, comment devenir de plus en plus actif ? Comment devenir la cause adéquate de nos sentiments ? Autrement dit, comment gagner en joie ? Belle question, dont vous remarquerez l'inspiration cartésienne. Mais là où Descartes se demandait comment être aussi libre que possible, Spinoza se demande comment être aussi actif que possible. C'est une différence dont nous comprendrons le sens peu à peu, et qui, je l'espère, sera claire pour vous à la fin de ces développements.

L'enfer de la jalousie

Nous avons vu avec *American Beauty* que l'on pouvait sortir de la passion pour passer à l'action, et de passif devenir actif. Avant d'explorer les moyens d'entrer dans cette spirale positive et bienfaisante, nous allons mesurer les risques, en sens inverse, de sombrer dans une spirale négative et destructrice, car l'on peut également passer de l'action à la passion et s'y enfoncer sans retour. Nous allons pour cela visiter *L'Enfer*, de Claude Chabrol, film qui met en scène un couple amoureux, les Prieur : Nelly, incarnée par Emmanuelle Béart, et Paul, incarné par François Cluzet. Il s'agit, vous l'avez deviné, de l'enfer de la jalousie.

Spinoza l'analyse ainsi : « Si l'on imagine qu'un autre s'attache la chose aimée par le même lien d'amitié – ou par un plus étroit – que celui par lequel on l'avait seul en sa possession, on sera affecté de haine envers la chose aimée elle-même, et on enviera cet autre » (*L'Éthique*, III, proposition 35). Spinoza précise dans le scolie : « Cette Haine envers la chose aimée, jointe à l'Envie, s'appelle Jalousie, qui donc n'est rien d'autre que le Flottement dans l'âme né à la fois de l'Amour et de la Haine, accompagnés de l'idée d'un autre qu'on envie. »

Dès qu'il y a amour, il y a risque de haine puisqu'on n'est pas assuré du comportement de l'autre. Distinguons immédiatement deux termes souvent confondus : l'envie et la jalousie. L'envie porte sur l'autre qui aime le même objet que nous, la jalousie porte sur l'objet qu'on aime. Vous voyez la différence ? Par exemple, chez Freud, si on est un petit garçon, on envie son père, on est jaloux de sa mère. L'inverse si on est une petite fille : on envie sa mère, on est jalouse de son père. Cet exemple n'est pas le meilleur, car, dans le cas des enfants, la haine qu'ils peuvent avoir pour leurs parents se mêle toujours d'amour. Pour prendre un exemple plus simple, chez Feydeau ou chez Guitry, on envie le mari de sa maîtresse, et on est jaloux d'elle. Ou prenons une femme jalouse de l'affection que son mari porte à sa mère : elle est jalouse de son mari et envie sa belle-mère. On comprend bien dans ces deux cas la différence entre envie et jalousie. Alors que l'envie est simplement de la haine sans aucune trace d'amour – puisque dans les cas étudiés il ne fait pas de doute que l'amant déteste le mari et que la femme déteste sa belle-mère –, la jalousie, au contraire, est le produit du mélange de ces deux passions : la haine envers la chose aimée (qui elle-même est un mélange de haine et d'amour), et l'envie envers celui qui l'aime ou qu'elle aime. La jalousie a à la fois sa cause en celui qui jalouse, car la haine et l'envie sont ressenties par lui, et également hors de lui, puisque l'envie et la jalousie portent sur des objets extérieurs. Nous ne sommes pas la cause adéquate de ce que nous ressentons, mais la cause partielle. La jalousie n'est pas une action, mais une passion. Même si, comme on va le voir dans le dialogue suivant, où Paul interroge sa femme, le jaloux a l'air actif, puisqu'il prend l'initiative des questions, il se subit en réalité lui-même, et se montre donc passif :

> « T'es restée chez ta mère jusqu'à trois heures ?
>
> — Non, bien sûr que non.
>
> — Tu devais pas déjeuner chez elle ?
>
> — Si, mais elle avait un élève débutant avant une heure de garde, alors merci. Non, j'ai été manger un morceau avec Marilyne. On a fait la dînette à la boutique. [...] J'ai envie de prendre une douche. Tu viens ?
>
> — Et les clients pendant ce temps ?
>
> — Quels clients ?

— Pendant que vous mangiez dans la boutique.

— Ben non, il est venu personne, ça devait être un jour creux.

— Jusqu'à trois heures ?

— Écoute, je passe pas mon temps à regarder l'heure. Attends, fais voir un peu toi, viens à la lumière… C'est pas vrai, mais t'es jaloux !

— Jaloux, oui c'est ça.

— Moi, ça me plaît que tu sois jaloux, parce que ça prouve que tu tiens à moi. »

Dans la jalousie, il y a bien de l'amour, voilà le paradoxe : la jalousie, c'est de la haine, mais envers la chose aimée. La jalousie n'est possible que mêlée d'amour, c'est une haine qui n'est possible que sur fond d'amour. Pour l'instant, la haine semble moins forte que l'amour. Ce mélange paraît encore suffisamment équilibré pour que la femme y lise l'amour plutôt que la haine. Vous remarquerez que la femme demande à son mari de venir dans la lumière pour constater sa jalousie. Autrement dit, la jalousie se lit sur le visage, et le déforme. Spinoza, comme Descartes, dénonce les passions tristes et leurs dangers pour la santé. La tristesse tue, peu à peu. La jalousie nuit au jaloux.

Le scolie poursuit : « […] celui qui imagine la femme qu'il aime se prostituant à un autre sera attristé non seulement parce que son propre désir est contrarié, mais encore parce qu'il est contraint d'unir l'image de l'être aimé aux parties honteuses et aux excrétions de l'autre, et cet être aimé lui fait alors horreur. »

Comme on le voit, ce n'est pas de la philosophie de puceau ou de pisse-froid. Il faut être soi-même incapable de grandeur pour voir en Spinoza un être « pusillanime[1] ». Spinoza connaît la passion, il sait de quoi il parle. Il sait qu'on souffre quand on pâtit. « Il est contraint », dit-il : par quel genre de nécessité ? Une nécessité propre à la logique de la passion, à la logique tout court, à notre mécanique mentale. « Celui qui imagine » est attristé non par ce qu'il voit, mais parce qu'il produit des images, et quelles images ! La pornographie qui met en scène non des acteurs X, mais quelqu'un qu'on aime fait souffrir celui qui se la projette mentalement. C'est une pornographie subie par le jaloux. Il fait un mauvais usage de son imagination, mais cet usage est le seul qui lui est possible, s'il pense à la femme qu'il aime. Il ne peut pas ne pas y penser. Il y a ainsi, pourrait-on dire, une spirale négative de la passion. On est pris dans un enchaînement, on est « contraint », et on subit de plus en plus.

Le film suit cette mécanique négative avec précision. Le couple Paul-Nelly tient un hôtel-restaurant. Un des clients de l'hôtel s'amuse à filmer tout et n'importe quoi, puis à organiser des projections collectives pour les autres clients. Tandis que tous s'amusent des images projetées, Paul, persuadé que sa femme est intéressée par un bellâtre nommé Martineau incarné par Marc Lavoine, reste dans son coin, mutique, fermé, tendu. On épouse son point de vue. Aux images réelles vues par tous vont se mêler pour lui, et donc pour nous, des images imaginées par lui seul,

---

1. Pusillanime signifie petit au sens de mesquin. Voir le livre signé Alain Minc.

où sa femme se donne à Martineau. Le cinéaste amateur commente ses images, où l'on voit Nelly et Martineau sur un bateau :

> « Y en a moins que je voulais, j'avais du mal à les suivre. »
>
> Sifflets dans la salle. Rires.
>
> Solitude de Paul, sombre, un verre d'alcool à la main, qui se parle à lui-même :
>
> « Allez, un peu de courage, regarde la vérité en face. »
>
> Bruit d'avion. Sur l'écran (noir de ses nuits blanches), il se fait son cinéma et voit Martineau trousser sa femme dans l'herbe.

La vérité qu'il voit n'est pas la réalité. Voilà ce qu'est une idée inadéquate, incomplète. Il y a quelque chose de vrai dans ce qu'il perçoit, il voit un film, mais la matière du film, c'est lui qui l'invente, ou plutôt qui la déforme : pendant que les autres rient en voyant des images innocentes, lui voit sa femme en train de le tromper avec Martineau, et prend les rires pour lui. Il y a bien des rires, mais qu'il interprète mal. Là encore, idée incomplète, inadéquate, partielle. Il interprète, il extrapole, il est « contraint d'unir l'image de l'être aimé aux parties honteuses et aux excrétions de l'autre, et cet être aimé lui fait alors horreur ». Cette projection privée, qu'il est le seul à voir, s'oppose à la projection collective. La jalousie tronque la réalité et enferme le jaloux dans des idées inadéquates.

Le cinéma joue de ses moyens propres pour nous aider à faire le même diagnostic sur l'état de Paul : au moment où la caméra s'intéresse à lui, elle opère un petit mouvement de spirale, et d'obscurcissement. L'idée adéquate se caractérise par sa clarté et sa distinction. Ici, on a au contraire une image qui s'obscurcit, qui tourne sur elle-même, instable, et devient confuse ; le son est également altéré : un énorme bruit de guêpe participe à la confusion croissante qui s'empare du jaloux. Voilà comment une idée devient inadéquate : elle s'obscurcit, devient partielle, et éventuellement se mêle à d'autres idées inadéquates – le bruit de guêpe passe au premier plan sonore et occulte le reste. Une idée inadéquate, c'est une passion. Quand une idée n'est pas complète, on la subit. On souffre de ce caractère incomplet. On entre dans une spirale d'obscurcissement.

Un peu plus tard dans le film se produit une panne de courant. Paul, toujours inquiet, cherche sa femme. Il ouvre une porte : son fils joue du piano avec un client. Il demande à son fils :

> « Maman n'est pas là ? »
>
> Le client lui répond :
>
> « Non, mon vieux, comme vous le voyez, nous sommes entre hommes. Maman a disparu, elle s'est évanouie dans les ténèbres. Fais-moi une petite place, fiston, je vais te jouer quelque chose. »
>
> Paul s'éclipse, repasse par la réception, où une employée téléphone :
>
> « C'est une bonne nouvelle, espérons-le. »
>
> Elle s'adresse à Paul, son patron :
>
> « Ils disent qu'il n'y en a pas pour longtemps. »
>
> Paul ne répond pas, on entend sa voix, mais

off : « Évanouie dans les ténèbres... Providentielles ténèbres. »

En même temps que Paul monte l'escalier dans le noir, la caméra opère un mouvement de spirale inverse, qui fait, pour ainsi dire, tomber cet escalier. Grâce au mouvement de caméra et à la lumière, l'obscurcissement du jugement et la chute dans la passion de ce jaloux nous sont parfaitement sensibles. Le cinéma nous permet d'avoir le point de vue du jaloux sans être nous-mêmes jaloux, de nous mettre dans la situation du jaloux tout en nous laissant la distance que lui n'a pas. Cette distance nous permet d'analyser la mécanique de la passion sans y tomber.

Quels sont donc les symptômes de la jalousie ? Pour le jaloux, tout est à double sens, il opère une interprétation inadéquate des signes qu'il fait naître. Ce délire interprétatif se double d'un isolement mental. Le jaloux s'enferme en lui-même, il ne dialogue plus et laisse se déployer un monologue intérieur, sa voix devient une voix off, qu'il est le seul à entendre.

Peu à peu, cet enfermement devient total, et l'on ne peut plus épouser le point de vue du jaloux, qui est allé trop loin dans ses propres ténèbres. Pour continuer à suivre sa chute, le film ne nous montre plus le point de vue du jaloux, de l'« obscurci », mais un point de vue extérieur et compétent, celui d'un médecin dont le métier est de garder l'esprit clair pour percevoir les signes et les symptômes. En le sortant de chez lui, en l'introduisant dans le milieu neutre du cabinet médical, on nous présente le jaloux sous un autre jour. Paul, après avoir violemment frappé et, semble-t-il, violé sa femme, déboule furieux chez le médecin qui l'a examinée et soignée :

> « Où elle est ? Où vous l'avez cachée ?
>
> — Asseyez-vous, monsieur Prieur.
>
> — Cher monsieur, je tiens à vous signaler que vous pourrez être tenu comme responsable. Abandon du domicile conjugal, je peux vous attaquer pour complicité à tout moment. On est bien d'accord ?
>
> — Allez, asseyez-vous.
>
> — Oui, je sais, il faut pas que je me mette en colère, moi, si elle me quitte, il ne me reste plus rien, vous comprenez ? Je peux pas vivre sans elle, vous me comprenez ?
>
> — Mais oui, restez calme.
>
> — Je vous en supplie, docteur, rendez-la-moi. »

Le voilà, ce « Flottement de l'âme » dont parle Spinoza. D'une phrase à la suivante, le jaloux passe de la menace à la supplique, de la haine à l'amour. La stratégie du médecin consiste simplement, pour l'instant, à changer les affections du corps du jaloux, espérant ainsi changer ses idées : il le fait asseoir, tâche de le ramener au calme. Puis, tel un chimiste manipulant des substances qui deviennent explosives si elles sont mises en contact, il amène avec précaution la femme dans la pièce :

> « Venez, Nelly, n'ayez pas peur.
>
> — Ah ben, on a mis la main à la pâte, merci, docteur, combien je vous dois ?
>
> — Vous n'êtes pas drôle, Paul, vous avez

blessé Nelly cette nuit, il fallait bien que je l'examine.

— Vous l'avez examinée à fond à ce que je vois.

— Ah ! ça suffit, continuez sur ce ton et je vous boucle, ce ne sera pas long vous savez !

— Elle est bonne celle-là, c'est elle qui est malade et c'est moi qu'on veut boucler, c'est la meilleure de l'année. Si vous croyez que je vais me laisser faire, cher monsieur, vous vous fourrez le doigt dans l'œil. Contrairement à ce que vous croyez, je connais très bien mes droits, l'internement arbitraire, ça peut aller chercher très loin, on est bien d'accord ? Vous n'avez pas compris qu'elle se fout de vous ? Qu'elle vous ment, comme à moi ? Elle ment comme elle respire. »

Il suffirait donc qu'elle ne respire plus pour ne plus mentir. On voit dans quelle direction sa logique emmène le jaloux. La logique va toujours au bout. On ne reconnaît pas le fou à plus de passion mais à trop de raison. Ou, pour mieux dire, car la logique des passions n'a rien à voir avec la raison, il ne faut pas tout mélanger, la raison à l'œuvre au cœur même des passions est une raison inadéquate, incomplète. C'est la définition même de la passion : une idée, mais inadéquate, incomplète, partielle. Une idée à quoi il manque quelque chose pour devenir vraie. Inutile d'essayer de le ramener à la raison, car le jaloux ne craint pas de raisonner, c'est ce qu'il fait, mais à la fois trop et pas assez, il raisonne mal. Voyez ce que donne l'appel à la raison que tente le médecin :

« Voyons, Paul, vous l'avez battue !

— Battue ? Je l'ai giflée une fois, en six ans de mariage, je vous jure qu'elle l'avait pas volé. Si c'était à refaire, je le referais tout de suite.

— Cette nuit, vous vous rendez compte que vous avez failli l'estropier.

— Mais vous pouvez pas savoir ce que j'ai subi. Au début, je l'ai crue et puis à force j'ai compris, j'ai compris et j'ai pardonné, j'ai pardonné, mais quand votre femme se relève pour aller faire des passes au grenier, vous pouvez plus pardonner. Quand elle se relève à deux heures du mat' pour aller coucher avec les clients, vous faites quoi ? Croyez-moi, j'ai mis du temps avant de la coincer, parce qu'elle est rusée. Elle se débrouillait toujours pour faire semblant de dormir. Moi, je me programmais, je me réveillais, mine de rien je lui tâtais les pieds. Ils étaient glacés, c'était bien la preuve qu'elle s'était levée, non ?

— Bien sûr. »

La malheureuse Nelly, croyant que le docteur a pris le parti de son mari, intervient :

« Mais, docteur… »

Le médecin la fait taire :

« Non je vous en prie, laissez-le parler, taisez-vous, c'est très intéressant.

— Oh ! c'est pas sa faute, je sais qu'elle m'aime, à sa façon. Seulement, quand ça la prend, c'est n'importe où n'importe qui, les clients, le garagiste, le barman. Elle est malade ! »

On comprend qui est vraiment malade. Le passionné voit des signes partout. Les pieds glacés de sa femme deviennent une preuve qu'elle l'a trompé. Voilà une idée inadéquate, incomplète. Il y a de la vérité en elle, mais incomplète : oui, les pieds de Nelly sont froids, c'est vrai. Mais manque la raison véritable de ce refroidissement. Le passionné pense toujours à moitié. La moindre absence de l'autre devient une preuve de culpabilité. Que dire d'un homme dont la pensée est ainsi estropiée ? Cet homme est malade… d'amour. On pourrait penser que « l'enfer » désigne la situation de la femme, prisonnière de la folie de son mari. Mais l'enfer véritable concerne le mari. Il vit l'enfer de la dépendance. Quand on n'est pas la cause adéquate des affections qu'on ressent, quand on subit, on souffre. On souffre d'aimer, on souffre à proportion qu'on aime. Et quand bien même on se mettrait à haïr celle qu'on a aimée, on ne cesse de souffrir, car on souffre de haïr, et bizarrement cette haine sera d'autant plus grande que l'on aura davantage aimé : « Si l'on commence à haïr la chose aimée, de sorte que l'amour soit complètement anéanti, on éprouvera pour elle, à motif égal, une haine plus grande que si on ne l'avait jamais aimée, et d'autant plus grande que notre amour aura été plus grand » (*L'Éthique*, III, proposition 38).

Démonstration : « […] Donc celui qui aime sera, pour cette raison aussi, affecté de tristesse, et d'une tristesse d'autant plus grande que son amour aura été plus grand ; c'est-à-dire que, outre la tristesse qui fut cause de la haine, une autre naît de ce qu'il a aimé la chose ; et par conséquent il considérera la chose aimée avec un plus grand sentiment de tristesse, c'est-à-dire qu'il éprouvera pour elle une haine plus grande que s'il ne l'avait pas aimée, et d'autant plus grande que l'amour aura été plus grand. »

N'aimez pas, vous risquez de haïr. N'aimez pas trop, sinon vous haïrez trop. Aimez peu, vous souffrirez moins. N'aimez pas du tout, vous ne subirez plus jamais. C'est beau comme une (mauvaise) chanson d'amour. Spinoza aurait-il pu faire une carrière de crooner sentimental ? Non, car il ne fait preuve d'aucune complaisance. Aucun pathos, chez Spinoza. Il décrit le mécanisme de la passion, comme nettoyé de l'homme. C'est ainsi, paradoxalement, qu'il touche au cœur de l'homme. Il décrit froidement des choses brûlantes. Mais c'est parce qu'il connaît la brûlure du feu de la passion qu'il le circonscrit avec prudence, et nous offre les moyens de l'observer pour apprendre à le dompter avec les pinces de ses propositions et démonstrations. Il met à nu, sous le bouillonnement contradictoire de la jalousie, la mécanique implacable à l'œuvre dans cette spirale négative. Vous remarquerez que la haine et l'amour se mélangent mal, puisque si la jalousie, au départ, contenait également de l'amour, la haine finit par avoir la peau de l'amour, et, dit Spinoza, par l'anéantir complètement. L'amour s'est noyé dans la haine, la jalousie commence par l'amour mais s'achève dans la haine.

J'aimerais revenir un instant sur le sort de cette femme jalousée et donc battue. Je n'aime pas ce « donc », mais il est logique. Spinoza nous dit : « Celui qui hait quelqu'un s'efforcera de lui faire du mal, à moins qu'il ne craigne de subir lui-même un mal plus grand par là même ; et inversement, celui qui aime quelqu'un s'efforcera, selon la même loi, de lui faire du bien » (*L'Éthique*, III, proposition 39).

Pourtant ici se présente la situation inverse. Il a frappé sa femme, dit-il, parce qu'il l'aime ! C'est le drame de la femme battue. Être battue par amour. Aimer celui qui la bat. Haïr celui qui l'aime aussi mal. Être haïe par celui qu'elle aime. Sentir que ces coups ne viennent pas de la haine… Attention ici. On ne dit pas qu'il la bat parce qu'il l'aime, ce serait absurde. S'il la frappe, c'est parce qu'il l'aime et la hait en même temps. C'est le mélange qui est insupportable. La haine seule est une tristesse pour ainsi dire pure, alors que la jalousie torture celui qui la ressent car elle est mêlée d'amour, elle est causée par l'amour, et par un double approfondissement provoque une double exaspération : si on frappe deux fois plus fort l'objet qu'on a aimé, c'est qu'à la tristesse de la haine s'ajoute la tristesse de l'amour déçu ; et la déception est proportionnelle à l'amour passé, elle va aussi bas que l'amour était allé haut. Comment résoudre ce bouillonnement interne, cette contradiction vécue, de haine amoureuse ? La violence est toujours un soulagement, comme le remarquait Alain. À double titre : le bouillonnement interne est extériorisé et canalisé ; et l'action de frapper manifeste une perfection qui est propre au corps, exprime sa puissance. On souffre quand on pâtit, on souffre dans la passion ; on se retrouve, on se reprend dans l'action. On s'était perdu dans la tristesse de la jalousie, on se ressaisit dans la joie de l'action : « Ainsi, l'action de frapper, en tant qu'elle est considérée physiquement et que nous considérons le seul fait qu'un homme lève le bras, serre le poing, et meut son bras tout entier avec force de haut en bas, est une vertu qui se conçoit par la structure du corps humain » (*L'Éthique*, proposition 59, scolie).

L'action de frapper manifeste une puissance positive du corps humain. Le coup que je donne, j'en suis la cause adéquate, c'est la structure de mon corps qui exprime, qui manifeste ainsi sa puissance. Je suis donc actif, et de cette action naît de la joie. Frapper est bon pour moi. Tout de même, est-on en droit d'objecter, si du point de vue du corps qui frappe se manifeste une puissance positive, du point de vue du corps qui reçoit le coup, on ne peut pas considérer que cela lui fait du bien.

Spinoza fait ici une démonstration étonnante : « Une action quelconque est dite mauvaise dans la mesure où elle naît de la haine ou de quelque mauvais sentiment qui nous affecte. Or aucune action, considérée en soi seule, n'est bonne ou mauvaise, mais la même et unique action est tantôt bonne, tantôt mauvaise » (*L'Éthique*, proposition 59, démonstration).

Ce qui est mauvais, nous dit Spinoza, ce n'est pas de porter un coup, c'est de le porter avec haine, dans le but de détruire directement le rapport qui constitue un autre être. Le vocabulaire de Spinoza n'est pas le vocabulaire de la morale, il n'évoque pas le bien et le mal, mais, dans le vocabulaire de l'éthique, le bon et le mauvais. Rien n'est bon ou mauvais en soi, ça devient mauvais en fonction du but que ça sert et du sentiment qui accompagne cette action. Si on frappe avec haine, alors seulement c'est mauvais.

Pour comprendre ce que veut dire Spinoza, nous devons faire la distinction entre direct et indirect. Prenons par exemple un cyclone. Un cyclone qui va détruire une maison ne la détruit pas avec haine, il ne fait qu'exprimer sa puissance propre, sa perfection propre : il ne la détruit pas directement, il n'en veut pas à la maison, il la détruit indirectement. Ce qui fait qu'il est cyclone, c'est justement qu'il est cette puissance incompatible avec ce qu'est une maison, mais il ne la détruit pas avec haine. Ça signifie que s'il faisait partie de notre essence, de notre perfection de frapper, de tuer, alors nous ne pourrions être dits mauvais. Un cyclone n'est ni bon ni mauvais. Du point de vue de la maison, le cyclone est mauvais, mais, comme le cyclone n'avait pas l'intention de détruire la maison, la destruction de la maison est une conséquence indirecte que ne visait pas le cyclone. Le cyclone ne peut donc pas être dit mauvais. Si l'on veut, il n'est pas mauvais directement. Il est dangereux pour la maison, mais pas méchant. C'est le moment de citer à nouveau ce mot d'Alain, que je trouve très beau : « Cet univers ne nous a rien promis. » La vague qui te noie est la même qui te porte. Pas d'intentions dans la nature. Pas d'amour, mais pas non plus de haine.

Ce problème du mal conduit pourtant Spinoza à des considérations étranges, par exemple sur le matricide : Néron tue sa mère, c'est terrible. Cependant, Spinoza soutient que le problème n'est pas qu'il tue sa mère mais qu'il la tue avec haine. Comment pourrait-on tuer sa mère sans haine ? Cela paraît absurde. Remarquons pourtant qu'en effet, on peut tuer par amour – c'est le cœur du débat sur l'euthanasie et sur l'acharnement thérapeutique. On peut tuer ou laisser mourir pour abréger les souffrances. C'est ce que des médecins font tous les jours dans les hôpitaux. Mais Spinoza ne parle pas de ça. Il dit que si on n'est pas animé par la haine, alors on n'est jamais en état de vouloir tuer sa mère. Il ne porte pas de jugement moral sur le fait de tuer, et fait simplement une considération éthique : du point de vue de la puissance des corps en présence, il y a des rapports de convenance et de disconvenance, et c'est assez pour guider notre action. Si on considère toujours sa propre puissance et non pas son impuissance ou ses passions, alors on n'est jamais en état de faire quelque chose de mauvais.

Spinoza prend les choses à l'envers : il ne veut pas éradiquer le mal pour des raisons morales, en fonction de ce qui serait bien ou mal en général ; il affirme que si je n'obéis qu'à des raisons éthiques, en fonction de ce qui est bon ou mauvais pour moi, le mal disparaîtra de lui-même. Pas besoin de lutter directement contre le mal, il suffit de vouloir directement le bon pour écarter indirectement le mal. Il se trouve que tuer un autre homme, ressentir de la haine, Spinoza le démontre, est avant tout mauvais pour moi. C'est d'abord mauvais pour moi, et indirectement mauvais pour l'autre. Si je recherche directement ce qui est bon pour moi, l'idée ou le désir de tuer l'autre ou de le haïr ne me viendra jamais à l'esprit. Voilà pourquoi Spinoza affirme que le mal n'est rien.

L'éthique des X-Men

Pour mieux comprendre la différence entre bon et mauvais d'un côté et bien et mal de l'autre, nous allons nous appuyer sur *X-Men*, film fantastique adapté d'une bande dessinée, qui met en scène des mutants aux pouvoirs surnaturels. Le film commence par une scène étonnante. On est en 1944, en Pologne, dans un camp de concentration que l'on devine également d'extermination. Il pleut, les chiens des soldats aboient. Un enfant, séparé de sa mère, la voit partir vers la mort tandis qu'un portail métallique se referme sur elle. Il tend désespérément les bras vers elle en hurlant. La seule force de son émotion déforme le métal du portail qui les sépare. Des soldats allemands essayent de le maîtriser, il continue à agir sur le métal par sa seule volonté. Ils l'assomment. Fin de la scène. Pourquoi est-ce bouleversant ? C'est qu'il n'y a pas d'endroit au monde où les hommes aient autant pâti, subi, été séparés de leur puissance que dans ces camps. Voir un enfant agir là où tous pâtissent satisfait un désir de spectateur, qui souffre quand il voit un personnage subir. Nous allons voir tout cela de plus près, mais souvenez-vous de cet enfant, nous allons le retrouver bientôt.

Résumons un peu. Passion se distingue d'action. Pâtir, c'est subir quelque chose d'extérieur, c'est ne pas être complètement à l'origine de ce qu'on ressent, c'est en être, au mieux, la cause partielle. Agir, c'est être entièrement à l'origine, c'est être la cause adéquate de l'effet qu'on provoque et du sentiment qu'on éprouve. Agir, c'est manifester sa puissance. Subir, c'est être séparé de sa puissance.

On a parlé également de rapports de convenance et de disconvenance. Nous allons explorer en détail ce que cela signifie. C'est une idée essentielle de Spinoza, qui a des conséquences énormes. De même qu'il nous invite à remplacer les idées générales et donc creuses de bien et de mal par les idées singulières de bon et de mauvais, autrement dit à remplacer la morale abstraite par l'éthique concrète, Spinoza soutient que ce qui définit nos rapports et ce qui nous définit nous-mêmes, ce sont moins des espèces ou des genres, qui sont des idées générales, des abstractions, que les rapports de convenance ou de disconvenance que nous établissons avec les autres. Par exemple, ce qui va définir un animal, ce n'est pas son appartenance à une espèce, l'espèce cheval ou l'espèce crapaud, mais c'est une puissance d'être affecté. Ce n'est pas ce qu'il est en soi, mais ce qu'il peut faire et ce qu'il peut subir, de quel genre d'affect il est capable. Vous me direz, l'espèce à laquelle on appartient définit tout de même, en gros, le genre d'affections dont notre corps est capable. Spinoza le dit lui-même : l'homme n'a pas besoin de la perfection du cheval. À chaque espèce une perfection propre. Oui, mais l'espèce définit un cadre général, elle ne dit (presque) rien de l'individu. Si on vous propose de choisir un chien dans une portée de chiots, tous correspondent à l'espèce chien, mais il y en a un vers qui vous irez, ou qui viendra vers vous. Ils sont tous beaux, mais celui-là... Même principe dans une boîte de nuit, certes on cherche une femme ou un homme en général, mais c'est tel individu qui va nous attirer, et tel autre nous repousser, comme si, au fond, ils n'appartenaient pas à la même espèce. Hemingway disait qu'il n'aimait pas les chiens ni les chats. Il en a pourtant eu des dizaines. Il voulait dire qu'il n'aimait pas les animaux en général, comme espèce, mais qu'il avait aimé à chaque fois des individus, tel chien pour tel trait de caractère, tel chat parce qu'il montait la garde devant le berceau de son bébé, etc.

Spinoza nous invite à oublier l'espèce à laquelle nous appartenons pour découvrir ce qui nous singularise et nous définit comme individu. Pour cela, nous avons un bon point de départ : notre corps. « Personne, en effet, n'a jusqu'ici déterminé ce que peut le corps, c'est-à-dire que l'expérience n'a jusqu'ici enseigné à personne ce que, grâce aux seules lois de la Nature – en tant qu'elle est uniquement considérée comme corporelle –, le corps peut ou ne peut pas faire, à moins d'être déterminé par l'esprit » (*L'Éthique*, III, proposition 2, scolie).

On ignore ce que peut le corps… Le corps recèle des surprises. Il peut plus qu'on ne le pense. Comment savoir de quoi il est capable ? Par les rencontres que l'on fait. Il faut en faire l'expérience. C'est en multipliant les rencontres que l'on apprend qui on est, c'est-à-dire avec qui ou quoi on convient, ce qui augmente notre puissance et nous apporte de la joie ; ou, au contraire, avec qui ou quoi on disconvient, ce qui diminue notre puissance et nous apporte de la tristesse. Exemple : si je trempe la main dans l'eau chaude, ça me convient, si c'est dans l'eau bouillante, ça me disconvient. Soit c'est bon, et ça m'apporte de la joie ; soit c'est mauvais, et ça m'apporte de la tristesse.

Autre exemple, plus parlant, si l'on peut dire : le baiser. Apparemment, lorsque deux êtres s'embrassent, il y a composition de rapports, il y a convenance. Deux êtres se rapprochent, ils con-viennent, ils « viennent ensemble » pour former quelque chose qui augmente leur puissance, et apporte de la joie à tous deux. Le baiser paraît la forme la plus simple de cette composition de rapports. Revenons à *X-Men* pour le vérifier. Prenons une jeune fille dans sa chambre.

Marie flirte avec son petit ami David. Quand ils finissent par joindre leurs lèvres pour un premier baiser, le garçon, comme aspiré par une force destructrice, se met à se « craqueler », à étouffer, et s'effondre. Elle hurle. Ses parents accourent. Affolés par l'état du garçon, ils demandent ce qui s'est passé. Marie répond, affolée : « Je sais pas ! Je l'ai touché ! Je l'ai pas fait exprès ! Je voulais pas ! Faut pas me toucher ! Foutez-moi la paix ! »

Petite surprise. « [...] le corps, par les seules lois de sa nature, peut beaucoup de choses dont son esprit reste étonné » (*L'Éthique*, III, proposition 2, scolie). Marie comme David s'attendaient à une composition de rapports, mais il s'avère que dans la rencontre entre ces deux êtres, il y a une disconvenance, la fille ne convient pas au garçon, ou le garçon ne convient pas à la fille, comment savoir ? Le résultat est là : même s'ils avaient l'air de se plaire, leurs rapports ne se composent pas. Elle n'avait pas l'intention directe de lui faire du mal, donc on ne peut pas dire que ce qu'elle a fait était mauvais, on peut même dire que c'était bon puisque ça avait pour but de composer un rapport, d'augmenter sa puissance à elle, d'obtenir de la joie, et d'augmenter la puissance de l'autre et de lui donner de la joie. Comment ce but direct de donner de la joie s'est-il transformé en empoisonnement destructeur ? C'est que Marie vient de découvrir par cette rencontre qu'en elle se déploie l'expression d'une puissance surhumaine, incompatible avec l'humain. Le moindre contact peut être fatal pour qui la touche. Ce n'est guère plausible, puisque cela suppose que personne ne l'ait touchée avant ce garçon. D'un autre côté, ce garçon est le premier à la toucher de cette manière. On voit l'idée sous-jacente, que l'on peut trouver, au choix, moralisatrice ou amusante : l'entrée de la jeune fille dans le monde de la sexualité la rend dangereuse pour autrui. Aucun contact ne sera plus jamais innocent. Une enfant ne provoque pas les mêmes émotions qu'une jeune fille, elle devra vivre désormais avec cette idée, à laquelle elle n'est pas encore habituée : « Je l'ai pas fait exprès ! Faut pas me toucher ! »

Cette question de la rencontre est décisive chez Spinoza. On peut dire que *L'Éthique* est la description de l'ensemble des expériences qu'on peut faire et de tous leurs effets possibles. Faire des expériences, c'est faire des rencontres, qui se révèlent bonnes ou mauvaises. Une rencontre est toujours susceptible de receler une surprise. On l'a vu avec le baiser. Après le baiser, voyons donc le combat.

Un présentateur chauffe la foule qui entoure une cage-ring où attend un homme à la coupe de cheveux étrange du nom de Wolverine, le « roi de la cage », et annonce un nouveau candidat venu le défier :

> « Messieurs, dans toute ma carrière, je n'ai jamais rien vu de pareil ! Est-ce que vous allez laisser cet homme s'en aller avec tout votre pognon ?
>
> — Non !
>
> — Mesdames et messieurs, notre sauveur ! (À voix basse, au nouveau candidat, une brute épaisse :) Bon alors, t'évites de taper les couilles.
>
> — Tous les coups sont permis, non ?
>
> — Bien sûr, mais les couilles, ça le rend méchant. »
>
> Tandis que la foule crie : « Tue-le ! », le candidat se rue sur Wolverine et le frappe à un endroit contre-indiqué. Alors qu'il veut continuer à le frapper, il est cueilli par un coup de poing qui le cloue sur place avec un étrange bruit métallique. Le type est K-O. Le présentateur conclut :

« Mesdames et messieurs, le vainqueur de ce soir garde son titre de roi de la cage : Wolverine ! »

La surprise est moindre. On s'attendait à une disconvenance entre les deux adversaires. La surprise réside ici dans la nature de la disconvenance entre le prétendant, le « sauveur », et le poing de Wolverine. Comment un poing humain peut-il produire un tel bruit et un tel impact ? Cet homme a-t-il des os en métal ? Cet homme est-il un homme ? On le retrouve un peu plus tard dans une rixe, et des griffes métalliques jaillissent de ses poings. Il se bat à coups de griffes avec la vivacité d'un loup. D'où son surnom de « roi de la cage », Wolverine vient de *Wolf*, le loup ; on comprend mieux sa coupe de cheveux, qui ressemble plutôt à une coupe de poils. Bref, comme dirait Spinoza, ce qui le définit est moins son appartenance au genre humain qu'un ensemble de capacités d'affecter les autres corps, et d'être affecté lui-même en tant que loup. C'est un mutant, coincé entre deux espèces, mi-homme, mi-loup, et donc ni homme ni loup. Si ce n'est pas son appartenance à une espèce qui le définit, qu'est-ce qui le caractérise comme individu ?

L'homme-loup tombe dans une embuscade et rencontre d'autres puissances, dont certaines cherchent à le décomposer tandis que d'autres cherchent à le maintenir dans l'existence. Un individu fortement poilu équipé d'immenses dents, se comportant comme un tigre – autant dire un homme-tigre –, cherche à tuer l'homme-loup. Wolverine, inconscient, est sauvé par l'intervention d'une femme-tornade et d'un homme-cyclope. Si l'homme n'a pas besoin de la perfection du cheval, ce film nous permet pourtant d'explorer ce qui se passe lorsqu'un homme a la perfection du loup, du tigre ou lorsque la femme a la perfection d'une tornade… Ces différentes perfections se composent et se décomposent en fonction des lois de leur nature.

Toutefois, pourrait-on objecter, on ne saurait être défini uniquement par les rencontres que l'on fait. Si on peut rencontrer l'extérieur, c'est qu'on dispose d'un intérieur, qu'on est déjà quelque chose. Les rencontres nous permettent de découvrir ce que nous sommes, mais nous le sommes déjà par nous-mêmes. Les rencontres nous révèlent, même si ensuite, évidemment, elles peuvent nous modifier. On peut essayer de connaître de quoi on est fait avant de s'exposer à des rencontres. Inutile de mettre la main au feu pour savoir que cette rencontre sera mauvaise pour nous : l'expérience des autres, dans un premier temps, mais surtout, par la suite, la connaissance des lois physiques et chimiques nous permettent d'éviter les mauvaises expériences. Mais cette connaissance reste générale. Il faut penser l'individu, le singulier. Qu'est-ce qui fait de nous un individu ? Chaque être est constitué, dit Spinoza, de parties ayant entre elles certains rapports de repos et de mouvement. Chaque être est défini par sa formule d'être. Peut-on « voir » la formule d'un être ? Dans *X-Men*, les mutants qui ont sauvé Logan, alias Wolverine, le ramènent vers leur base. Ils le passent au scanner pour analyser sa formule d'être, avant de chercher à le soigner. Ils constatent qu'étrangement, il s'est soigné tout seul… De quoi est-il fait ?

Le docteur, la jolie Jean Grey, expose le résultat de ses analyses au professeur Xavier :

« L'adamantium. C'est un métal, enfin, un

alliage supposé indestructible. Il a été greffé par chirurgie sur l'ensemble de son squelette.

— Comment a-t-il pu survivre à une opération pareille ?

— Sa mutation. Ses capacités de régénération sont sans précédent, ce qui lui permet de guérir très vite. Pour les mêmes raisons il est impossible d'estimer son âge. Il pourrait bien être plus vieux que vous, professeur.

— Qui lui a fait ça ?

— Il ne le sait pas. Et il n'a aucun souvenir de sa vie avant cet événement.

— L'expérimentation sur les mutants. Ce n'est pas inconcevable. Mais là, je dois dire que je n'ai jamais rien vu d'approchant. »

Nous non plus, évidemment. Pourquoi cet homme est-il doué des capacités d'un loup métallique ? Pour le côté loup, on ne sait pas, c'est l'effet d'une mutation, d'origine naturelle ou pas… Pour le métal, il a subi une opération, c'est un ajout artificiel. Ce n'est pas un être naturel, et pourtant il fait partie de l'existence. Du point de vue spinoziste, il est défini par une formule d'être, de la même manière qu'un être né naturellement. Dans *L'Éthique*, la première définition de la quatrième partie commence par cette célèbre formule : « Dieu, c'est-à-dire la nature. » La nature, ce n'est pas, vous vous en doutez, la nature opposée à la ville par exemple, les arbres plutôt que le béton, mais l'ensemble de ce qui existe, de ce qui peut exister. La nature, c'est à la fois le béton et les arbres. Et c'est aussi l'ensemble des principes qui font que quelque chose existe, ce sont les lois de l'existence.

Comme lorsqu'on parle de la nature de quelque chose, c'est-à-dire de son essence, de sa définition. C'est une définition suffisante pour l'instant. De ce point de vue, Logan, l'homme-loup modifié artificiellement, est un être naturel. La nature dont parle Spinoza n'est pas opposée à l'artifice. Elle est même la règle de tout artifice. On peut très bien, en tant qu'on invente des nouvelles formules d'être, fabriquer de nouvelles manières d'être. Quiconque veut modifier la nature doit pour cela lui obéir. Au reste, on ne modifie jamais les lois de la nature, on ne peut que jouer avec elles, en leur obéissant. Qui veut commander ici doit toujours obéir. Si un être artificiel peut subsister, c'est qu'au fond il est naturel. Il se maintient dans l'existence parce que sa formule d'être est compatible avec les lois de la nature.

On peut ainsi penser l'artifice comme faisant partie de la nature. C'est uniquement selon les lois de la nature qu'on va pouvoir recomposer les êtres entre eux. La formule d'être, la formule constitutive de cet homme-loup fait qu'il convient ou disconvient avec les autres. Ces griffes métalliques lui permettent d'exprimer une puissance. Il rencontre d'autres êtres modifiés, on ne sait pas comment mais peu importe, ce qui compte, ce qui les définit, c'est ce qu'ils sont capables de faire, la manière dont ils peuvent affecter les autres corps ou être affectés par eux.

Ces X-Men appartiennent à une école de mutants, qui forme les enfants mutants surpris par leur propre puissance – comme Marie, la jeune fille au contact mortel – et leur apprend à la canaliser, à ne pas être débordés et brisés par leurs capacités. Qui dit école dit professeurs et organisation. On devine que Logan, alias

Wolverine, l'homme-loup, ne va pas aimer ça : il a toutes les caractéristiques du loup solitaire.

Dans son bureau de proviseur, assis dans son fauteuil roulant, le professeur Xavier fait les présentations. Logan commence par s'inquiéter de ce qui est arrivé à la jeune Marie, qui l'accompagnait quand il a été attaqué :

> « Où est la fille ?
>
> — Malicia ? Elle est ici, elle va bien.
>
> — Ah ouais ? »
>
> Entre une superbe femme noire à la longue chevelure blanche et aux yeux bleu glacier…
>
> « Ah ! Logan, j'aimerais vous présenter Aurore Munroe, alias Tornade. »
>
> Elle le salue :
>
> « Bonjour. »
>
> … puis un homme dont les yeux sont cachés derrière une étrange paire de lunettes.
>
> « Et voici Scott Summers, alias Cyclope. Ils vous ont sauvé la vie. Vous connaissez déjà le docteur Jean Grey. Vous êtes dans mon école pour surdoués, pour mutants. Magnéto ne peut rien contre vous ici.
>
> — C'est quoi, ça, Magnéto ?
>
> — Un mutant particulièrement puissant qui pense qu'une guerre couve entre les mutants et le reste de l'humanité. Cela fait assez longtemps que je le surveille. Votre agresseur est un de ses acolytes du nom de Dents de sabre. »
>
> Logan contemple d'un air moqueur le professeur dans son fauteuil roulant :
>
> « Dents de sabre ?… Tornade ?… Et vous, c'est quoi, Roulettes ? »

Logan ironise, mais ironise juste. Car ce sont des roulettes qui roulent toutes seules, ou plutôt qui sont mues par la seule volonté. Ironie subtile, le professeur Charles Xavier, ou Professeur X, l'être le plus puissant de ce film de super-héros, est infirme. C'est une indication elle-même assez spinoziste dans la mesure où, dans la Ve partie de *L'Éthique*, Spinoza laisse entendre que, bien qu'on ignore ce que peut le corps, le salut de notre âme ne passerait pas par le corps, mais, plus classiquement, par l'esprit. C'est une question délicate, qui mérite un plein développement. On y reviendra.

Vous avez remarqué que le professeur Xavier ne se contente pas de donner le nom des personnes présentes, mais également leur surnom, qui dit ce qui les définit : leur puissance d'être affectés ou d'affecter les autres corps. Ce qui les définit, c'est ce qu'ils peuvent faire et ce qu'ils peuvent subir. Ce sont des X-Men, des hommes-X, qui sont définis par ce X, cette qualité qui est propre à chacun et le singularise. Ainsi Marie, la fille au contact mortel, qui aspire les qualités et la puissance de qui la touche, est-elle surnommée Malicia. Cyclope est doué d'un regard laser, Tornade maîtrise les éléments et peut déclencher des tempêtes, etc.

C'est très clair. Chaque être a sa formule d'être, sa définition propre, c'est-à-dire un rapport constitutif qui définit des rapports de mouvement et de repos entre ses parties, et une puissance d'affecter les autres corps ou d'être affecté par eux. Quand mon être se compose avec un autre être, quand nos rapports conviennent et se composent, ma puissance augmente : je gagne en être. Et c'est réciproque, celui avec qui je me compose gagne en être également. Gagner en être se mesure de manière très simple : ça fait ressentir de la joie. C'est même la définition que donne Spinoza : « La joie est le passage d'une perfection moindre à une perfection plus grande. » Et, inversement, « la tristesse est le passage d'une perfection plus grande à une perfection moindre ». Donc ce qui augmente ma puissance m'apporte de la joie, ce qui diminue ma puissance m'apporte de la tristesse. Ou pour mieux dire : « La même chose, que j'appelle passage à une moindre perfection, si je considère la puissance d'agir d'un être, je l'appelle tristesse, si je considère la capacité qu'il a d'être heureux ou malheureux » (Alain, *Spinoza*).

C'est très simple, la vie : il suffit de se composer avec ce qui nous apporte de la joie. Là où ça se complique, c'est que dans les rencontres qu'on fait, tous les êtres avec lesquels on peut se composer sur un plan peuvent nous décomposer sur un autre. La jeune fille qui embrasse son petit ami pense se composer avec lui, et finalement se transforme en poison – sa manière d'affecter l'autre, c'est de l'empoisonner. Elle se compose avec lui sur le plan amoureux, mais le décompose sur le plan physique. Cela ne signifie pas qu'elle ne pourrait pas convenir avec quelqu'un d'autre. Ce qui est poison pour l'un se révèle nourriture pour l'autre. Rien n'est bon ou mauvais en soi, mais toujours dans une rencontre. La même chose peut se révéler bonne ou mauvaise pour la même personne, selon le moment, selon la manière ou selon le dosage. L'eau est bonne pour l'homme assoiffé, mais peut le tuer s'il en boit plusieurs litres d'affilée. Quelques gouttes d'eau sauveront l'homme retrouvé presque mort de soif dans le désert, mais l'eau le tuera s'il en boit d'emblée plusieurs gorgées. L'eau est bonne pour l'homme qui nage, puisqu'il s'appuie sur elle pour flotter et avancer, mais peut le noyer s'il l'avale ou le tuer par hypothermie s'il y reste trop longtemps. Et ce qui est valable pour l'eau est valable pour tout. Que se passerait-il, par exemple, si cette jeune fille qui a failli tuer son petit ami en l'embrassant touchait non pas un simple mortel, mais un X-Man ? Comment leurs rapports vont-ils se composer ou se décomposer ? Que va-t-il se produire – c'est une épreuve chimique – dans cette rencontre entre deux êtres, chacun doué d'une puissance capable de détruire l'autre ? C'est excitant comme une panoplie d'apprenti sorcier offrant toutes les combinaisons possibles. Et si Marie-Malicia touchait Logan-Wolverine ?

> Elle s'approche de lui pendant qu'il dort :
> « Logan, réveille-toi. »
> Il se réveille en sursaut et, réflexe malheureux, lui plante ses griffes dans l'épaule. Il appelle au secours : « Aidez-moi ! Venez m'aider ! »
> Elle est gravement blessée, mais, en touchant Logan, elle « aspire » sa puissance et ses qualités, parmi lesquelles une capacité de régénération exceptionnelle. Au lieu de se vider de son sang, elle cicatrise à une vitesse surnaturelle, mais pompe l'énergie de Logan. Il est sur le point d'en mourir quand les autres arrivent et détachent Malicia de sa « victime ». Elle se justifie, honteuse :
> « C'était un accident. »

La mort, en tant qu'elle résulte d'une mauvaise rencontre, est toujours un accident. Il la blesse par accident. Comme elle le touche, et que son pouvoir consiste à aspirer les pouvoirs de l'autre, elle risque également de le tuer par accident. Gravement blessée, elle résout son problème de manière très habile : en touchant Logan, elle aspire sa formule d'être et s'approprie ses capacités de régénération. En recomposant son propre rapport pour se maintenir dans l'existence, elle décompose le rapport de l'autre et le chasse de l'existence. C'est plus fort qu'elle, elle est débordée par sa propre puissance. Tel est le drame des super-héros, doués d'un excès de puissance qui les met à l'écart de la société et des humains impuissants. Leur excès de puissance les condamne à la singularité et à la solitude.

Ce film fantastique nous offre ainsi une scène de pénétration, certes de griffes dans une épaule, entre un adulte à l'âge indéterminable et une fille très jeune, même si, comme dans *American Beauty*, ça ne va pas jusqu'au bout. C'est qu'en se faisant du bien, ils se font du mal. Ce qui convient sur un plan disconvient sur un autre. Voilà pourquoi la vie est compliquée : la même personne qui peut vous faire du bien peut vous faire du mal. Spinoza parle de cette composition du bon et du mauvais. Le problème de convenir ou de disconvenir avec un autre est complexe car l'autre est un mélange, tout comme nous. Nous pouvons, dans une rencontre avec un objet, nous faire du bien d'un point de vue, et du mal d'un autre. Malicia, en pompant la vie de Logan, d'un côté se fait du bien, puisqu'elle cicatrise plus vite, de l'autre se fait du mal, puisqu'elle tue celui qu'elle aime. La métaphore est claire. La jeune fille, débordée par le désir sexuel qui la transforme en prédatrice, ne peut obéir à sa pulsion qu'en détruisant l'adulte, qui ne peut que se laisser faire. Ils conviennent sur le plan sexuel, et disconviennent sur le plan social. Ce sont les « autres » qui les sauvent en les interrompant dans l'acte, avant qu'il ne soit trop tard.

La tragédie de Roméo et Juliette plonge ses racines dans le même type de problème : en même temps qu'ils conviennent sur le plan amoureux, ils disconviennent sur le plan social et familial. *La Femme d'à côté*, de François Truffaut, nous montre des amants, joués par Gérard Depardieu et Fanny Ardant, qui se retrouvent voisins par hasard, longtemps après une idylle de jeunesse passionnée. À présent, lui a une femme et des enfants, qu'il aime. Mais le passé est le plus fort, et les amants retrouvent leur fougue, recomposent le rapport qui faisait d'eux un couple. Ils se font du bien. Et en même temps du mal. À proportion qu'il reconstruit le couple avec « la femme d'à côté », il détruit sa famille. Ils ne peuvent se faire du bien qu'en se faisant du mal. C'est inextricable. Les amants vont se suicider. La femme d'à côté a tué celui qu'elle aimait. Ces deux-là ne pouvaient se composer qu'en se décomposant. Ils ne convenaient qu'à la condition de disconvenir. Leurs retrouvailles signifient leur fin à tous deux. C'était une mauvaise rencontre, un empoisonnement réciproque. Voilà le difficile en cette vie : s'écarter de ce qui n'est bon pour nous qu'à la condition d'être mauvais.

Ce qui est mauvais, c'est toujours de subir, de pâtir. La passion, souvenez-vous, nous sépare de notre puissance. Nous ne sommes pas la cause adéquate de ce qui se passe en nous ou hors de nous. Ce qui est bon, inversement, c'est d'agir, d'être la cause adéquate de ce qui se produit en nous ou hors de nous. Pourquoi Spinoza précise-t-il ces deux possibilités : « en nous » ou « hors de nous » ? C'est que la passion, comme l'action, tout en ayant des effets hors de nous, a d'abord des effets en nous. Et si nous ne pouvons jamais maîtriser tout ce qui se passe « hors de nous », point de salut pour notre âme si nous ne parvenons à régler ce qui se passe « en nous ». C'est d'ailleurs un excellent critère pour juger du bon et du mauvais. Ainsi, la haine. Si je ressens de la haine pour un objet, et que cet objet est détruit, c'est apparemment bon pour moi, puisque la destruction de cet objet va me procurer de la joie. Mais Spinoza répond que ce n'est pas une joie réelle, ce n'est pas une joie pure, puisque s'y mêle de la haine. Le problème de la haine n'est pas qu'il serait « mal » au sens moral de la ressentir, mais qu'elle me fait du mal, qu'elle est mauvaise pour moi, au sens de la puissance et de la santé. La haine est mauvaise indirectement, « hors de nous », puisqu'elle porte sur un objet extérieur, mais elle est surtout mauvaise directement, « en nous ». La haine détruit celui qui la ressent, l'attriste, et diminue sa puissance. Le « méchant » se nuit d'abord à lui-même, et c'est pourquoi il ne peut jamais gagner. Ce n'est pas pour des raisons morales, de bien et de mal, mais pour des raisons « éthiques », de bon et de mauvais. L'amour est bon pour la santé, la haine mauvaise.

Voyons cela avec nos *X-Men*. On a fait connaissance avec les « bons » mutants, menés par le bienveillant professeur Xavier. À présent, voyons le « méchant » Magnéto. Vous vous souvenez de cet enfant fou de désespoir de voir partir sa mère vers la mort dans un camp nazi en 1944 ? Cet enfant capable de déformer le métal du portail qui le séparait de sa mère ? Eh bien, cet enfant a grandi. Ainsi que son pouvoir. Et cet enfant plein d'amour est devenu, à force de tristesse, un aimant géant plein de haine : le méchant Magnéto. Platon dirait ici : « Nul n'est méchant volontairement », le méchant est toujours celui qui a mé-chu (mé-choir : mal tomber). La méchanceté plonge ses racines dans un malentendu sur la nature du bon et du mauvais. Le méchant croit que la haine lui fait du bien. De la même manière que le mari jaloux de *L'Enfer* s'enfonçait dans une spirale de haine, Magnéto est le résultat d'un long bain de tristesse et de haine, et d'une spirale négative du même genre. Pourtant, sa haine et sa tristesse étaient au départ légitimes. Comment ne pas être triste de voir sa mère assassinée ? Comment ne pas haïr les nazis ? Mais quels que soient les objets « hors de nous » sur lesquels portent nos sentiments, ce qui compte, à la fin, c'est l'effet « en nous » de ces sentiments. La vraie victoire des nazis, c'est la haine qu'ils inspirent. Cette haine a transformé un enfant innocent en paranoïaque violent.

Magnéto croit, comme tout haineux, qu'il suffit de décomposer le rapport de l'autre pour maintenir le sien. Il n'y a qu'à détruire l'autre pour se construire ou se conserver. Il cherche donc non pas à maîtriser sa propre puissance, mais à gagner du pouvoir. Quelle différence entre puissance et pouvoir ? Pour faire simple, la puissance est positive, le pouvoir est négatif. La puissance affirme l'être, le pouvoir sépare les êtres de leur puissance. Le pouvoir, au fond, n'est qu'une mauvaise utilisation de sa puissance. Le bon professeur Xavier cherche à développer sa puissance et celle des autres. Le méchant Magnéto cherche à développer son pouvoir contre les autres. Le pouvoir, c'est une puissance qui s'est dégradée, et qui tire sa joie de la tristesse des autres.

Mais que faire quand on est agressé ? Ne faut-il pas se défendre et faire en sorte de détruire ceux qui veulent notre destruction ? Magnéto, et c'est ce qui en fait un méchant passionnant, n'a pas de mauvaises intentions. Il ne veut que se défendre par tous les moyens. En effet, les êtres humains normaux ont peur des mutants, et certains représentants politiques, prospérant sur cette peur, militent pour l'adoption d'une loi obligeant les mutants à se manifester comme tels, à se signaler, autrement dit à se dénoncer. On comprend que Magnéto n'aime pas cela, et que ça lui rappelle la persécution nazie. Plutôt que de laisser faire, Magnéto fait enlever le sénateur à la tête de ce mouvement sécuritaire et, au lieu de le convaincre, va se contenter d'en faire lui aussi un mutant. Il ne va pas le raisonner, mais le magnétiser. On observe sur les visages l'échange qui a lieu : d'un côté, le sénateur qui reçoit une puissance, et de l'autre, Magnéto qui perd cette puissance en l'appliquant. Il se vide à proportion qu'il affecte l'autre : ça lui pompe son énergie. On voit qu'il ne peut faire du mal qu'à proportion qu'il s'en fait à lui-même. C'est l'essence de la haine. Ce qu'elle fait « hors de nous », elle le fait aussi « en nous ». Magnéto finit donc épuisé. La haine n'a pas d'avenir.

Magnéto est un personnage particulièrement intéressant, à plus d'un titre. Premièrement, il ne se déclare pas ennemi du genre humain. C'est le contraire : le genre humain se déclare ennemi des mutants. Deuxièmement, il ne considère pas que les humains sont ses ennemis à titre personnel, mais qu'ils sont les ennemis de tous les mutants. Il y a de l'altruisme dans sa démarche : il ne veut pas se sauver lui-même, il veut sauver tous les mutants, y compris les X-Men du professeur Xavier qui pourtant luttent contre lui. Enfin, il ne se contente pas, comme un vulgaire méchant, de vouloir faire disparaître ses ennemis. Il ne les tue pas : il en fait des mutants, les obligeant ainsi à changer de point de vue et à revoir leurs préjugés sur ce qui est normal ou pas. C'est de la pédagogie musclée. Un peu comme si, par un coup de baguette magique, Hitler se retrouvait dans la peau d'un Juif déporté. Ne changerait-il pas de point de vue ?

Voyons ce que ça donne. Le sénateur intolérant vient de se faire magnétiser par Magnéto. Il est emprisonné. Il pose sa tête contre les barreaux qui le séparent de la liberté et, à sa grande surprise, sa tête se déforme, passe entre les barreaux. Aussi déformable qu'une méduse, le reste de son corps suit : il s'évade. Être devenu un mutant a des avantages. Mais où aller, désormais, et que faire ? Son nouveau corps l'embarrasse : un homme-méduse ne rentre plus dans ses vêtements, a des problèmes d'adaptation sociale. Bien obligé de changer son fusil d'épaule, il va consulter les seuls capables de le guérir et de le ramener à sa formule d'être initiale : ses ennemis d'hier, les mutants du professeur Xavier. Pris en charge et mis en observation, il demande à Tornade de rester avec lui :

> « Ne me laissez pas tout seul, je ne veux pas être tout seul.
>
> — D'accord.
>
> — Vous détestez les êtres humains normaux.
>
> — Oui, parfois.
>
> — Pourquoi ?
>
> — C'est peut-être que... qu'ils m'ont toujours fait peur.
>
> — Oui, si ça peut vous rassurer, vous avez une personne de moins à craindre. »
>
> Disant cela, il se liquéfie complètement.

Est-ce que cette modification est compatible avec sa survie ? La réponse est claire, il a trop changé pour continuer à vivre. Magnéto a raté son but en l'atteignant. Faire changer l'autre pour le faire changer de point de vue, c'est en même temps le tuer. Altérer revient à tuer. Ce que Spinoza résume ainsi : « Ce qui fait que le rapport de mouvement et de repos qu'ont entre elles les parties du corps humain est conservé, est bon ; au contraire, est mauvais ce qui fait que les parties du corps humain ont entre elles un autre rapport de mouvement et de repos » (*L'Éthique*, IV, proposition 39).

Les parties du corps du sénateur ont bien changé de rapport de mouvement et de repos entre elles, puisque son corps, après la mutation, est capable de mouvements qui lui étaient impossibles auparavant, et qui, au fond, sont incompatibles avec ce qu'est un corps humain. C'est-à-dire que même avant de se réduire à une flaque d'eau, même lorsqu'il avait encore toutes les apparences de la vie, il était déjà mort. Le scolie de la proposition précise : « [...] je ne vois rien qui me force à admettre que le corps ne meurt qu'au cas où il se change en cadavre ; à la vérité, l'expérience même semble suggérer autre chose. Car parfois un homme subit de tels changements que j'hésiterais beaucoup à dire qu'il est le même. »

Cet homme, avant même de mourir au sens vérifiable de ce terme, s'est changé en autre chose, qui permet de dire qu'il était déjà mort... de son vivant. Le plus étonnant dans ce que dit Spinoza, c'est que la mort n'est rien, la mort n'est pas inscrite en nous, puisqu'elle consiste simplement en un rapport de mouvement et de repos qui a changé. La mort n'est qu'un cas particulier de tous les changements de rapports de mouvement et de repos possibles. Vous voyez l'intérêt de la chose ? On peut donc considérer, à rebours, que si la mort n'est qu'un changement parmi d'autres, tout changement significatif peut à son tour être considéré comme une mort. Ainsi, affirme Spinoza, dans une vie, nous pouvons connaître plusieurs morts. Et donc plusieurs vies.

Suite et fin du scolie : « C'est ce que j'ai entendu raconter d'un certain poète espagnol, qui avait été atteint de maladie et qui, bien que guéri, demeura cependant dans un tel oubli de sa vie passée, qu'il ne croyait pas que les nouvelles et les tragédies qu'il avait composées fussent son œuvre ; et on aurait certes pu le considérer comme un enfant adulte s'il avait oublié aussi sa langue maternelle. Et si cela semble incroyable, que dirons-nous des enfants ? Un homme adulte croit leur nature si différente de la sienne, qu'il ne pourrait se persuader d'avoir été enfant s'il ne conjecturait sur lui-même d'après les autres. »

« Que dirons-nous des enfants ? » Éduquer, c'est faire sortir l'enfant de lui-même, c'est bien faire mourir l'enfant pour lui permettre de devenir adulte. Drame et beauté d'être parent. Quand les enfants grandissent, seuls leurs parents se souviennent de qui ils étaient. Et ce souvenir correspond à quelqu'un qui est mort : dans l'adulte, l'enfant n'est plus. Mais ses parents peuvent-ils faire autrement que voir en lui l'enfant qu'il était ? Indépendamment de l'éducation, nous avons tous fait l'expérience de revoir quelqu'un qui a tellement changé que la personne que nous avions connue n'est plus. Ou peut-être est-ce nous, au contraire, qui avons tellement changé que la personne que nous étions est morte. Si on résume la stratégie de Magnéto, il tue pour convaincre. Ce n'est guère efficace, puisque, même transformé en mutant et sur le point d'en mourir, le sénateur défenseur de la loi anti-mutants ne peut que penser que celui qui l'a fait muter est éminemment dangereux.

La définition très simple que donne Spinoza lorsqu'il définit un corps par un rapport de mouvement et de repos entre ses parties est extrêmement fertile et dérangeante, ce qui a valu à Spinoza bien des ennuis. Deleuze remarque avec humour qu'il arrive qu'un philosophe finisse sa vie dans un procès – il pensait évidemment à Socrate –, mais qu'il est plus rare qu'il commence par une excommunication et une tentative d'assassinat. Spinoza aurait gardé toute sa vie, dit-on, le manteau portant la trace du coup de poignard donné par un fanatique. Thomas De Quincey, dans son fort drôle et instructif *De l'assassinat considéré comme un des beaux-arts*, affirme qu'on peut mesurer l'intérêt d'une philosophie aux dangers qu'elle a fait courir à son auteur. C'était une attaque contre le trop sage et rébarbatif Kant, mort dans son lit. Mais comme toujours avec Thomas De Quincey, plus c'est drôle, plus c'est juste. N'est-ce pas en étant condamné à mort que Socrate est devenu une légende ? Descartes n'a-t-il pas été contraint, comme il disait, d'avancer masqué pour ne pas subir les mêmes attaques qu'un Galilée ? Et Spinoza, en la matière, mériterait la palme d'or.

La raison pour laquelle la philosophie de Spinoza a pu être considérée comme dangereuse est liée à ses conséquences indirectes. Les philosophies les plus révolutionnaires ont souvent une apparence anodine. Ici, tout part d'une définition… Définir le corps non pas comme appartenant à un genre ou à une espèce, mais comme un rapport de mouvement et de repos entre ses parties, fait immédiatement trembler sur ses fondations la catégorisation générale des êtres, et par exemple la séparation entre les hommes et les animaux. Si ce qui nous définit est notre capacité d'être affectés ou d'affecter, il est possible qu'il y ait plus de ressemblance entre tel homme et un crapaud qu'entre tel homme et son voisin. Certains caricaturistes s'amusent à croquer les humains sous forme d'animaux. C'était le cas, pour ceux qui s'en souviennent, du « Bébête Show », qui transformait les hommes politiques en leurs équivalents animaux. Pour ceux qui ne s'en souviennent pas, peu importe, pensez aux fables de La Fontaine, qui reposent toutes sur ce principe : les comportements « humains » se rapprochent de ceux des bêtes. Ou plutôt, par le détour des bêtes, on parle mieux des hommes. Le chien et le loup, le corbeau et le renard, la cigale et la fourmi ne nous invitent pas simplement à voir en l'homme un animal, mais à mieux voir l'homme par les animaux.

Spinoza ne nous invite pas à opérer ainsi des rapprochements, puisque chaque être a sa perfection propre, et ne saurait ressembler à un autre qu'à la condition d'en différer. Mais il invite à ne pas considérer comme valables les barrières entre espèces inventées par les naturalistes pour la commodité du classement. Si on considère les êtres en fonction de leur puissance d'agir ou de pâtir, peut-être qu'un homme ressemble moins à un autre homme qu'il ne ressemble à un crapaud, à un cheval, etc. C'est une voie de la connaissance de soi : certaines civilisations parlent d'animaux-totems – chaque humain ayant ainsi des affinités avec plusieurs animaux, dont le mélange le rend singulier. Ne peut-on pas dire que nous sommes entourés de fouines, de lions, de moutons, de chiens ? Et chacun de nous n'est-il pas un mélange singulier de puissances d'affecter et d'être affecté, le rapprochant à la fois et selon les aspects de tel ou tel chien, d'un mouton, d'un requin, d'une larve ? Deleuze évoquait la tique, sensible à seulement deux affects, et dont le monde se réduit à la recherche de chaleur et de nourriture (plus précisément, de sang). Chacun de nous n'a-t-il pas quelque chose de la tique en lui ? La perfection de la tique est-elle totalement étrangère à l'humain ? Et n'y a-t-il pas des humains dont le monde est aussi réduit à la seule recherche de chaleur et de nourriture ? Prenons l'exemple d'un sprinter. N'y a-t-il pas, pendant qu'il court, plus de différence entre lui et un nageur qu'entre lui et un cheval ? En même temps, Spinoza dit le contraire : l'homme n'a pas besoin de la perfection du cheval...

Que penser ? Ces deux énoncés ne sont pas contradictoires. L'homme qui court ne court pas à quatre pattes, et, même si chacun ressemble aux autres en tant qu'il est capable du même type d'activité, chacun a une perfection qui lui est propre, qui le rend singulier. Inutile de lorgner sur la perfection propre du voisin. Vouloir devenir comme le voisin n'est pas simplement vain et frustrant, mais suicidaire. Supposons un triangle, et un carré. Si le triangle rêvait d'avoir, comme le carré, un côté de plus, et que le Dieu de la géométrie venait à l'exaucer en lui ajoutant un côté, il ne deviendrait pas ainsi un triangle plus parfait, il ne serait plus du tout un triangle, mais un carré. Il serait mort comme triangle. Spinoza nous prévient : l'imagination nous fait croire que nous pourrions emprunter leurs qualités aux autres – c'est le principe de la publicité –, mais, si c'était le cas, ce serait au prix de notre vie. Imiter, c'est mourir. Le problème est de développer sa perfection propre, pas celle du voisin. Le petit jeu des ressemblances doit rester un jeu, même si c'est un jeu qui n'est jamais très drôle. Ne pas se moquer, dit Spinoza, mais comprendre. La bonne question n'est pas : « À qui ressembles-tu ? », mais : « Comment comprendre et développer ta perfection propre ? »

De cette question découle une autre : « Par quelles rencontres peux-tu augmenter ta puissance ? », qui en pose indirectement une troisième : « Quelles rencontres dois-tu éviter ? » Si le film *X-Men* est aussi jouissif, c'est qu'il permet de s'amuser à ce jeu des rencontres. On peut se demander, comme face à un problème d'échecs, ce qui permettrait de décomposer les rapports des X-Men. Si on essayait un homme-crapaud ? Apparemment, un crapaud ne peut rien contre une tornade, contre un loup, mais si on amplifie ses qualités en les associant à un homme... L'homme-crapaud commence par mettre en grave difficulté les X-Men. Il utilise sa langue immense et musclée avec agilité et force, à la fois comme fouet, comme bras déformable, comme poing, comme bouclier, comme lasso, etc. Son corps d'une incroyable élasticité, ses cuisses aux muscles surnaturels lui permettent des sauts insensés... Il va trop vite, il est trop fort. Les qualités du crapaud, lorsqu'elles sont amplifiées à l'échelle d'un homme, encore plus à la dimension d'un mutant, constituent un antidote efficace contre les X-Men. Il leur disconvient particulièrement bien, et risque même de les tuer. Jusqu'à l'intervention de Tornade, qui balaye l'homme-crapaud en faisant naître une tempête. Mais au lieu de faire comme tout le monde et de se laisser emporter par la tornade, au moment de basculer dans le vide, il lance une langue désespérée vers la rambarde et s'y retient fermement. Tornade, maîtresse des éclairs, pose à voix haute un problème de physique assez simple, qu'elle résout aussitôt :

« Que fait le crapaud quand la foudre lui tombe sur la tête ? Il fait comme tout le monde, il dit "Aïe". »

Elle fait tomber la foudre sur la rambarde. L'homme-crapaud grille, électrocuté :

« Aaaaaaaaïe ! »

Grâce à une analyse physique, elle a trouvé le moyen de décomposer le rapport constitutif du crapaud, attaché par sa langue humide à une rambarde métallique, qu'elle utilise comme conducteur pour le foudroyer. Elle pense en termes de rapport de puissances. Les X-Men sont avant tout des physiciens, ils ne vivent pas dans une école pour rien, puisque, avant de se composer avec les autres êtres, ils essayent d'anticiper l'effet de cette rencontre, et de déterminer à l'avance s'ils vont pouvoir y survivre, s'ils vont se composer avec l'autre ou pouvoir le décomposer sans se décomposer eux-mêmes. Quand apparaît le puissant Magnéto, on ne commence pas par le voir, mais, c'est la force de l'aimant, par le sentir. Wolverine, au squelette métallique, se retrouve paralysé, plaqué contre le mur également métallique. Il prévient les autres :

« Tirez-vous d'ici, tous.

— Qu'est-ce qu'il y a ?

— Je ne peux plus bouger. »

Entre Magnéto, qui les cloue tous au mur grâce à des morceaux de métal qu'il fait voler et déforme pour en faire des entraves. Il les salue :

« Ah ! mes camarades ! Bienvenue. (À Wolverine :) Quant à toi, tu voudras bien réorienter ces méchantes griffes. (Il aimante ses griffes métalliques et les retourne contre Wolverine. Puis s'adresse à Cyclope :) Je fermerais les yeux si j'étais toi. »

Les lunettes protectrices de Cyclope volent. Il ne peut plus maîtriser le pouvoir de ses yeux laser et doit les fermer. Wolverine et Cyclope sont neutralisés. L'un d'eux crie à Tornade, immobilisée mais pas neutralisée :

« Tornade, grille-le !

— Bien sûr ! La foudre s'abattant sur un immense conducteur cuivré… Et ça vit dans une école ! »

Magnéto ironise avec raison. Rien de ce qui est métallique ne lui est étranger. Tout morceau de métal peut ainsi devenir une chaîne, un véhicule, un projectile, une arme… Si Magnéto est aussi puissant, c'est pour trois raisons : premièrement, le métal est omniprésent dans notre monde. Deuxièmement, Magnéto peut agir à distance. Et troisièmement, c'est un bon physicien. Il ne suffit pas de pouvoir agir sur la nature, encore faut-il la connaître pour la maîtriser véritablement. Il faut calculer les puissances en présence avant de tenter de se composer avec elles ou de les décomposer. Et faire preuve d'imagination dans la manière d'utiliser et de donner forme au métal : bon physicien et excellent mécanicien. Wolverine voit ainsi ses griffes se retourner contre lui ; son squelette entier étant métallique, il se retrouve cloué à la paroi en cuivre du bâtiment. Les autres sont immobilisés par des morceaux de métal transformés en entraves. Les lunettes de Cyclope lui sont ôtées. S'il ouvre les yeux, il brûlera tout et tous indistinctement. Enfin, si Magnéto immobilise Tornade par la force, il la neutralise par la raison. C'est un argument de physique qui l'empêche d'utiliser sa puissance, qui se retournerait sinon contre elle et contre eux tous.

Qu'a fait Magnéto ? Il a séparé ces êtres de leur puissance. Ils pâtissent, ils subissent une passion. Ils ne sont pas la cause adéquate de ce qui se passe hors d'eux ni en eux. Immédiatement, cet amoindrissement de puissance s'accompagne de tristesse, puisque, comme on l'a vu, le passage à une perfection moindre, telle est la définition de la tristesse. Cette tristesse est même redoublée, car s'y ajoute la tristesse de voir la joie d'un être qu'ils détestent. La joie de quelqu'un que l'on hait nous attriste. Pourquoi, inversement, Magnéto est-il joyeux ? Apparemment parce que la tristesse de quelqu'un que l'on hait nous rend joyeux. Joie mauvaise, fausse joie, qui en a d'abord l'apparence. Mais les X-Men ne sont pas l'objet principal de la haine de Magnéto. S'il les neutralise, c'est pour mener à bien un projet de plus vaste envergure, auquel ils font obstacle. Vous vous souvenez de la manière dont il avait cherché à faire changer d'avis le sénateur porteur de la loi anti-mutants ? Il en avait fait un mutant en le magnétisant, ce qui hélas ! l'avait tué. Eh bien, pour résoudre définitivement la question née de la différence entre humains et mutants, il a tout bonnement décidé de faire muter tous les humains. Quand il n'y aura que des mutants, plus de loi anti-mutants. C'est la technique nazie à l'envers. Plutôt que d'exterminer l'« autre », le rendre semblable à soi. Le problème, on l'a vu avec le sénateur transformé en homme-méduse puis en flaque d'eau, c'est qu'à l'envers ou pas, la technique revient au même. Faire changer l'autre à ce point, c'est amoindrir sa puissance, c'est le rendre triste (la tristesse étant le passage à une perfection moindre) jusqu'à le tuer. Ce qui attriste évidemment encore plus les X-Men impuissants, puisque la tristesse de ceux qu'on aime, ou simplement d'un de nos semblables, nous attriste. Comment vont-ils sortir de toute cette impuissance et de toute cette tristesse ?

Je vous laisse le plaisir de le découvrir en regardant le film. Précisons cependant que Magnéto a tiré la leçon de la « magnétisation » du sénateur. En le magnétisant pour le transformer et/ou le détruire, Magnéto s'était épuisé. La haine coûte à celui qui la déploie. C'est ce qu'ont constaté les nazis eux-mêmes, qui observaient un problème de moral (sans « e », c'était tout le problème) chez les troupes chargées de l'exécution des familles juives. La haine se paye. Les nazis avaient résolu ce problème en industrialisant l'extermination, c'est-à-dire en mettant le plus de distance possible entre le meurtre de masse et eux-mêmes, au point de confier l'essentiel de la tâche aux futures victimes, chargées de vider les chambres à gaz, de manipuler les cadavres et de remplir les fours crématoires. Magnéto, tout comme les nazis, a cherché et trouvé le moyen de déléguer. Je vous rassure : la folle entreprise de Magnéto n'aboutira pas. Mais, une fois que Magnéto a été vaincu, comment l'empêcher de nuire sans le tuer ? C'est un problème de physique avant d'être un problème de morale : comment vaincre un aimant ? La solution pour séparer Magnéto de sa puissance est logique : il suffit de l'enfermer dans une prison de plastique. Le plastique n'est ni bon ni mauvais, il est simplement neutre et indifférent. On ne parle pas du point de vue environnemental, mais dans le cadre de la rencontre avec Magnéto, l'homme-aimant : le plastique n'est pas magnétisable. Il ne décompose pas la formule d'être de Magnéto, le plastique ne peut pas être dit strictement mauvais pour lui, mais il l'empêche de faire du mal aux autres. Magnéto n'est ni modifié ni tué, il est simplement séparé de sa puissance.

Après l'affrontement physique, vient le moment de la conversation. De manière surprenante, le professeur Charles Xavier rend visite dans sa prison de plastique à celui qui le considère pourtant comme son ennemi. C'est même le seul à lui rendre visite. Ensemble, ils jouent aux échecs. Ils font en petit ce qu'ils viennent de faire en grand : ce problème du rapport aux autres êtres, de se composer avec eux, ou d'éviter ceux qui peuvent nous décomposer, n'est-ce pas exactement ce qu'on fait quand on joue aux échecs ? On essaye de déployer sa puissance sans être décomposé par la puissance adverse, et de manière à la décomposer. Pour cela, on construit un rapport de mouvement et de repos entre des parties qui chacune ont leurs qualités propres : le cheval ne se déplace pas comme la tour, ni comme la reine, le cheval n'a pas besoin de la perfection de la tour, ni la reine de celle du cheval, puisque toutes sont complémentaires, etc. Magnéto, prisonnier pour l'instant, tout en jouant aux échecs essaye de faire naître chez le professeur une passion triste : la peur. Le but de Magnéto est toujours de séparer l'autre de sa puissance et d'exercer sur lui un pouvoir :

> « Cela ne te réveille pas au milieu de la nuit, l'idée qu'ils adopteront un jour cette loi ridicule, ou une autre du même genre, et qu'ils viendront vous chercher, toi et tes élèves ?

— En effet, oui.

— Et que fais-tu, une fois que tu as ouvert les yeux ?

— J'éprouve surtout une grande pitié pour qui viendrait à cette école dans un but malveillant.

— Charles, pourquoi viens-tu ici ?

— Si tu connais la réponse, pourquoi poses-tu la question ?

— Bien sûr. Ton éternelle recherche de l'espoir. Tu le sais, que leur prison de plastique ne me retiendra pas toujours. Cette guerre aura bien lieu, et j'ai l'intention de me battre, par tous les moyens nécessaires.

— Et tu me trouveras toujours en face de toi, mon vieil ami. »

Pourquoi le professeur Xavier continue-t-il à venir voir Magnéto ? C'est que neutraliser le méchant ne suffit pas à l'homme raisonnable. On ne peut pas en même temps aimer la raison et les prisons. Plutôt que le séparer de sa puissance de manière coercitive, le professeur Xavier aimerait que Magnéto renonce de lui-même à la haine pour rejoindre le camp de la raison. Il imagine que par sa présence et sa conversation, il va faire entendre raison à celui qui utilise sa puissance de manière mauvaise. Ce n'est pas là une naïveté coupable – le professeur Xavier est également capable de combattre sans peur –, mais une ambition profondément spinoziste, pas au sens où elle ne serait propre qu'à Spinoza, mais au sens où elle est la marque de la raison. Tandis que « celui qui veut répondre aux injures par la haine vit dans la tristesse et le chagrin, celui qui veut vaincre la haine par l'amour combat joyeusement et sans crainte. Il triomphe aussi bien d'un grand nombre d'ennemis que d'un seul, et n'a point du tout besoin du secours de la fortune. Ceux qu'il parvient à vaincre sont joyeux d'être vaincus ; et, vaincus, ils ne sont pas moins forts ; au contraire, ils sont plus forts ». Voilà pourquoi là où le passionné, le fou et l'esclave voient un ennemi, l'homme raisonnable voit un « vieil ami ». Il veut le rendre plus fort, il veut guérir Magnéto de la haine en lui montrant l'exemple et, si l'on peut dire, par un magnétisme positif, en l'aimant. L'amour, arme absolue.

2.

COMMENT DEVENIR SOI-MÊME ?

Fight Club, ou la tentation de l'autre

On ne peut pourtant écarter d'un revers de la main l'objection de Magnéto. Que faire contre celui qui nous hait, et qui ne serait pas « vaincu par l'amour » ? Peut-on éprouver autre chose que de la haine pour qui veut notre mort ? « J'éprouve surtout une grande pitié pour qui viendrait à cette école dans un but malveillant », répond le professeur Xavier. Pas de haine mais de la pitié. Pas seulement parce que attaquer une école de mutants aux pouvoirs surhumains relève du suicide, mais pour des raisons que je laisse le soin à Spinoza d'éclaircir, et qui relèvent de ce qu'il appelle « imitation de sentiments » : « Si nous imaginons qu'une chose semblable à nous et pour laquelle nous n'avons éprouvé aucun sentiment est affectée de quelque sentiment, nous sommes par cela même affectés d'un sentiment semblable » (*L'Éthique*, II, proposition 27).

Spinoza indique ici, comme j'y ai rapidement fait

allusion, que la compassion (*cum-patior* : pâtir avec, subir avec) ne concerne pas que ceux qu'on aime, mais plus largement toute « chose semblable à nous », même sans avoir jamais « éprouvé aucun sentiment » à son égard. Pour la haine, c'est évident, puisque la haine inverse la compassion : la joie de celui qu'on hait nous attriste, et sa tristesse nous met en joie. Pour l'amour, rien non plus de surprenant. Si on aime la « chose semblable à nous » qui est affectée d'un sentiment, il est logique qu'on soit « affecté d'un sentiment semblable ». La joie de ceux que j'aime me met en joie. Et leur tristesse m'attriste. Mais Spinoza va beaucoup plus loin. Pas besoin, dit-il, d'aimer l'autre pour ressentir la même chose que lui, il suffit de voir en lui un semblable. Et il suffit d'imaginer que cette « chose semblable à nous » éprouve un sentiment pour éprouver le même. La joie d'un semblable nous rend joyeux. Sa tristesse nous attriste. « Cette imitation de sentiments, quand elle concerne la Tristesse, s'appelle Pitié » (*L'Éthique*, II, proposition 27, scolie).

La voilà, la pitié du bon professeur Xavier pour les malveillants. Le « mal-veillant », étymologiquement, « veut mal ». Il veut du mal, et c'est là mal vouloir. La haine rend triste, on l'a vu, le malveillant est donc triste. La tristesse d'un semblable nous attriste, et nous ne pouvons que ressentir de la pitié pour qui nous veut du mal. CQFD, non ?

La spirale des passions

Avant d'approfondir cette question passionnante de l'imitation de sentiments, il nous faut accepter l'idée d'un mécanisme des passions. Les passions s'enchaînent en nous selon des règles qu'étudie Spinoza, dans la droite ligne du *Traité des passions* de Descartes, et cet enchaînement va toujours à l'amplification, dans un mouvement de spirale. Pourquoi parler de spirale des passions ?

Si on met le doigt dans la tristesse, on se met dans une spirale négative qui n'a pas de terme, qui peut aller jusqu'à la mort : « Lorsque l'esprit imagine son impuissance, il est par là même attristé. »

« Imagine » est le mot important, puisqu'un esprit ne peut pas être impuissant, par définition il est puissant : il a la puissance de comprendre. Lorsque l'esprit imagine son impuissance, qui est donc une impuissance imaginaire, il en est attristé. Par exemple, à chaque fois que l'on se dit qu'on est incapable de comprendre quelque chose, qu'on est bête, la tristesse qui accompagne ce sentiment d'être bête est immédiatement augmentée par l'idée qu'on applique mal son esprit. On est coupable de cette bêtise. On est pourtant assez intelligent pour comprendre qu'on ne l'est pas. Donc, on ne l'est vraiment pas, intelligent, puisqu'on ne comprend même pas ce qu'on pense, etc. L'esprit travaille ici contre lui-même.

Corollaire : « Cette tristesse est de plus en plus favorisée si on imagine qu'on est blâmé par d'autres » (*L'Éthique*, III, proposition 55).

Dès que nous sommes dans la tristesse, il se trouve toujours un « ami » pour nous dire, croyant nous consoler : Pourquoi es-tu triste, tu as tout pour être heureux ! Que le reproche soit réellement prononcé par quelqu'un ou pas, peu importe, à la fin il est toujours prononcé par nous-mêmes : « si on imagine qu'on est blâmé par d'autres », on donne réalité au reproche.

Cornélius, le semi-héros de *Fight Club*, souffre d'une grave insomnie. Il va consulter un médecin, qu'il supplie de lui prescrire des somnifères puissants. L'homme de l'art refuse, lui conseille de mâcher des racines de valériane et de faire du sport pour obtenir un sommeil naturel. Cornélius insiste :

> « Je vous en prie, je souffre.
> — Vous voulez en voir, de la souffrance ? Faites un petit tour à l'église méthodiste le mardi soir, vous verrez des gars qui ont un cancer des testicules. Ça, c'est de la souffrance. »

Non seulement il est triste alors qu'il devrait être heureux, donc il est coupable aussi de cette tristesse, mais cette tristesse sans raison est liée à une impuissance qui lui est propre, puisque les autres se contentent d'un sommeil naturel ou souffrent véritablement, eux. Et, pour parachever le tout, on le lui fait remarquer, on lui en fait le reproche. Ça n'a pas de terme. « Cette tristesse est de plus en plus favorisée si on imagine qu'on est blâmé par d'autres. » « De plus en plus »... C'est une spirale !

Heureusement, inversement : « Lorsque l'esprit se considère lui-même et sa puissance d'agir, il se réjouit, et d'autant plus qu'il s'imagine lui-même et imagine sa puissance d'agir plus distinctement » (*L'Éthique*, III, proposition 53). Corollaire : « Cette joie est de plus en plus favorisée à mesure que l'homme imagine davantage qu'il est loué par d'autres. »

Plus nous considérons la puissance d'agir de notre esprit, c'est-à-dire sa puissance de penser, plus cette joie augmente encore notre puissance. Nous nous réjouissons à la fois de comprendre quelque chose – car l'esprit se réjouit d'être actif –, et de bien employer notre esprit. La joie est fière d'elle-même, heureuse de son bonheur ! Nous sommes joyeux d'être capables de nous réjouir, et nous sommes joyeux d'imaginer les compliments, réels ou pas, que nous pensons mériter ainsi, etc. On n'est jamais mieux servi que par soi-même.

On a donc deux spirales. Une négative : si on commence à considérer son impuissance, cette spirale n'a pas de terme, elle peut aller jusqu'à la destruction de soi, jusqu'à la mort. Inversement, si nous commençons à considérer notre puissance d'agir et notre perfection propre, alors la spirale positive n'a quasiment pas de terme, puisque Spinoza nous promet de devenir « aussi éternels que possible en cette vie ».

Joie ou tristesse, bien qu'elles puissent venir toutes deux des objets extérieurs, ne sont pas égales. On appelle passion le fait de subir un effet de l'extérieur, mais, on l'a déjà vu, il y a deux types de passions. La passion triste, qui fait naître de la tristesse en nous séparant de notre puissance. Et inversement, la passion joyeuse, même si la cause de cette joie est extérieure, d'une certaine manière c'est comme si nous en étions la cause adéquate, puisque la joie augmente notre être et nous rend actifs.

L'inversion des anges

Et en voici la preuve par le film, mesdames et messieurs… Wim Wenders, dans *Les Ailes du désir*, nous permet, comme *X-Men* le faisait avec les super-héros, de partager les sentiments d'êtres exceptionnels fictifs : les anges. Certes, les anges n'ont pas de corps, mais le cinéma nous permet de les voir, et donc d'imaginer, malgré leur irréductible différence de nature, qu'ils sont des « choses semblables à nous ». Circulant parmi les hommes, ils lisent dans leur esprit. L'un d'eux explore les pensées déprimées et déprimantes des voyageurs d'une rame de métro :

> « Elle a peut-être pas assez d'argent pour consulter un autre médecin. Elle en aurait pourtant besoin. Ça fait quatre ans que je l'avais pas vue. Et deux ans qu'elle est malade.
>
> — ... prier avec des mots qui soient les vôtres...
>
> — J'ai pas confiance dans le médecin qui l'a soignée...
>
> — Je croyais que ma jambe allait mieux...
>
> — ... ces petites qui font déjà de la... et elles se retrouvent sur le trottoir...
>
> — Pourquoi est-ce que je vis, moi ?
>
> — ... celui qui le premier est monté sur la montagne du Diable ? Comment s'appelle celui qui le premier a traversé le Wannsee à la nage ?
>
> — Comment je vais faire pour tout payer, j'ai une si petite pension...
>
> — Il faut que je nettoie partout, que j'aille chercher mon garçon...
>
> — ... le matin je me lève tôt, trop tôt, je suis fatigué, je trouve pas de travail, y a pas de travail... »

Déprimant, non ? Vous venez de faire, à moindres frais, l'expérience négative de l'imitation de sentiments. Notre ange s'arrête sur le plus désespéré de tous, un homme d'âge moyen, en train de s'enfoncer dans une spirale de tristesse :

> « Tout est perdu, ça peut durer encore longtemps, tes parents t'ont rejeté, ta femme t'a abandonné, ton amie est dans une autre ville, tes enfants ne se souviennent que de tes manies, quand tu te vois dans une glace tu pourrais te gifler… »

Cet homme imagine qu'il est blâmé par d'autres, ce qui augmente sa tristesse, qui se transforme en haine de soi. Le suicide n'est pas loin. L'ange « touche » son esprit. Aussitôt, l'homme relève la tête :

> « Qu'est-ce que c'est ? Qu'est-ce qui se passe ? Je suis encore là. Si je le veux, si seulement je le veux. Il faut que j'en aie la volonté. Je vais m'en sortir, c'est moi qui me suis laissé aller, je peux donc aussi m'en tirer. Manquerait plus que ça. Maman avait raison de dire : ne te laisse pas marcher sur les pieds. »

On assiste ici à un phénomène remarquable : la spirale négative d'augmentation de tristesse soudain devient spirale positive par l'intervention de l'ange. Lorsque l'esprit commence à considérer sa puissance plutôt que son impuissance, il ressent de la joie, cette joie augmente sa puissance, il devient actif… Et vous remarquez qu'aussitôt, il imagine qu'il est loué par d'autres, en l'occurrence par sa maman, ce qui augmente encore sa joie. C'est une idée extrêmement pratique, au sens où Spinoza nous invite à la pratiquer. Chacun peut devenir son propre ange, pour peu qu'il le comprenne.

Voilà le point de retournement… La manière dont

les choses extérieures nous affectent n'est pas égale, selon qu'elles nous apportent de la tristesse ou de la joie. Quand ça nous apporte de la joie, on est bizarrement déjà un peu actif. On a mis le doigt dans une spirale positive, et on va devenir de plus en plus actif. Tel est le miracle que décrit Spinoza, un miracle à notre portée, puisqu'on peut le provoquer, et c'est pourquoi on gagne à faire de bonnes rencontres. La joie qui vient de l'extérieur nous met en contact avec nous-mêmes, nous permet de nous reprendre, de nous déployer, de nous développer. Spinoza nous conseille la multiplication des rencontres joyeuses : « Ce qui dispose le corps humain à pouvoir être affecté de plusieurs façons, ou le rend apte à affecter les corps extérieurs de plusieurs façons, est utile à l'homme, et d'autant plus utile que le corps est rendu par là plus apte à être affecté et à affecter d'autres corps de plusieurs façons ; au contraire est nuisible ce qui diminue cette aptitude du corps » (*L'Éthique*, IV, proposition 38).

Le fait de pouvoir ressentir beaucoup de choses, de pouvoir rencontrer et convenir avec des choses variées est utile à l'homme. Pourquoi ? Parce que les affections du corps correspondent à des idées dans l'esprit. Plus le corps est capable d'affections, plus l'esprit est riche d'idées. Le cinéma peut remplir le rôle de l'ange. Il suffit qu'on y ressente de la joie, par l'imitation de sentiments, pour entrer aussitôt dans une spirale positive. Le cinéma change la vie. En mieux. CQFD. CQFD, c'est vite dit. Et si le film nous montre des passions tristes, ne nous met-il pas inversement dans une spirale négative ?

L'imitation de sentiments

Nous voilà revenus, comme promis, à la question de l'imitation de sentiments. Je sais que vous la savez déjà par cœur, mais je ne résiste pas au plaisir de vous citer à nouveau cette proposition : « Si nous imaginons qu'une chose semblable à nous et pour laquelle nous n'avons éprouvé aucun sentiment est affectée de quelque sentiment, nous sommes par cela même affectés d'un sentiment semblable » (*L'Éthique*, II, proposition 27).

Je trouve très intéressant que Spinoza ne dise pas « semblable », mais « chose semblable à nous » ; et qu'il dise « imaginer » et pas « constater ». Ces précisions ouvrent le champ à l'imagination et à la fiction. Le cinéma ne nous montre pas des semblables, mais des « choses semblables à nous ». Ce sont des images, qui nous ressemblent. La définition de Spinoza permet de comprendre l'effet des dessins animés, des jeux vidéo et plus généralement de toutes les images artificielles. Un personnage de dessin animé n'est pas notre semblable, c'est une « chose semblable à nous ». Un dessin ne ressent aucun sentiment, mais peu importe : pour qu'il y ait imitation de sentiments, il suffit que nous imaginions que cette chose semblable à nous éprouve quelque chose. Cette imitation ne concerne pas seulement le domaine de l'image. Les mots sont également concernés : un personnage de roman, bien que n'ayant la matérialité que d'un peu d'encre et de papier, a l'épaisseur d'une « chose semblable à nous » dès que nous l'imaginons : on peut pleurer à la mort de Gavroche sur les barricades des *Misérables* de Victor Hugo, haïr le malveillant Javert, aimer et souffrir avec Jean Valjean... Simplement, le cinéma a un effet plus immédiat, plus direct que la fiction écrite, puisque l'effet de « semblable » y est plus fort, l'imagination y est plus facilement et vivement impressionnée.

Il suffit, pour créer une identification au cinéma, de montrer une « chose semblable à nous » affectée d'un sentiment. Par exemple : si on voit un homme se faire frapper, on prend spontanément son parti. On l'aime aussitôt, on hait ce qui l'agresse. S'il finit par se défendre et renverser la situation en frappant à son tour, loin de le haïr pour cela, et de prendre parti pour l'autre, on sera soulagé, content de ce renversement : la joie qu'il va ressentir en se défendant, nous allons la ressentir nous aussi. C'est pourquoi, dans *X-Men*, on prend soin de nous montrer Logan, alias Wolverine, d'abord en situation de victime. Il se fait frapper par une brute avant de réagir. S'il avait commencé par frapper, on n'aurait pas éprouvé pour lui la même sympathie. L'ordre dans lequel on fait naître des sentiments pour un personnage est particulièrement important : il détermine la perception de tout ce qui va suivre. Créer un « bon » aimable ou un « méchant » haïssable ne prend qu'une poignée de secondes : tout dépend du premier sentiment qui lui est associé.

Spinoza nous permet de comprendre les paradoxes de l'acteur de cinéma. Ainsi, puisqu'il nous suffit d'« imaginer » des sentiments chez la « chose semblable à nous » pour les ressentir, l'acteur n'a pas besoin de ressentir de sentiments pour que nous en ressentions. Diderot développera longuement cette réflexion pour le théâtre dans son *Paradoxe du comédien*, puisqu'il nous suffit d'imaginer qu'il ressent quelque chose pour ressentir la même chose. Mais Spinoza nous met sur la voie d'une découverte plus étonnante : il vaut mieux que l'acteur ne soit pas déjà connu, il suffit qu'il soit « une chose semblable à nous et pour laquelle nous n'avons éprouvé aucun sentiment ». Un acteur qu'on a déjà vu dans un autre rôle n'est plus une matière neutre, on a soit aimé, soit haï son personnage, il arrive ainsi chargé positivement ou négativement, ce qui va altérer la pureté de la fiction. C'est pourquoi Robert Bresson ne voulait faire jouer dans ses films que des inconnus. Il ne disait d'ailleurs pas « acteurs », mais « modèles », estimant qu'ils n'avaient pas à jouer : l'imitation de sentiments faisait tout. Inconvénient de ce phénomène pour un acteur : votre première image risque de vous coller à la peau. Un rôle de « méchant » suffira à vous confiner dans cette catégorie – Clint Eastwood est longtemps passé pour une brute fascisante à cause de son rôle de flic expéditif dans la série des *Inspecteur Harry*. Pour s'en sortir, l'acteur devrait changer de tête à chaque rôle – ce que préconise de manière très spinoziste l'Actor's Studio. L'acteur connu se doit, à lui-même et au film, de devenir méconnaissable. Voyez Daniel Day Lewis dans *Au nom du père* puis dans *Gangs of New York* ; Robert De Niro dans *Taxi Driver* puis dans *Raging Bull* ; Al Pacino dans *Scarface* puis dans *Le Parrain* ; Marlon Brando dans *Dernier tango à Paris*, dans *Le Parrain*, dans *Apocalypse Now*. Une autre solution consiste à avoir la tête de Monsieur Tout-le-monde, à avoir des traits suffisamment neutres pour se faire oublier. Tom Hanks dans *Forrest Gump* ou *Il faut sauver le soldat Ryan* ; François Cluzet dans *L'Enfer* ou *Ne le dis à personne*. James Stewart ou Cary Grant remplissaient cette fonction chez Hitchcock : un acteur qui, parce qu'il est exceptionnel, vous donne l'impression d'être n'importe qui. Edward Norton dans *Fight Club*, par opposition à un Brad Pitt au physique singulier de star.

À l'inverse, on peut utiliser l'acteur pour jouer du fait qu'il n'est pas une matière vierge et amène avec lui amour ou haine. Le « passif » de l'acteur entre dans la chimie du film. Brad Pitt, dans *Fight Club*, incarne la vie dont rêve Monsieur Tout-le-monde, d'autant plus facilement qu'il est déjà une star. Son aura est intégrée dans le scénario, c'est un ingrédient décisif. Avec cette conséquence inévitable et paradoxale : la star est « une chose semblable à nous » qui ne ressemble à personne. Ce qui la singularise, c'est que tout le monde peut se prendre pour elle le temps du film. Elle est à la fois infiniment différente de nous, et infiniment semblable. Son succès repose sur ce paradoxe : elle ne peut s'élever au-dessus de tous qu'à la condition que chacun se prenne pour elle. La vie d'une star ne peut être qu'imaginaire. Pour ne pas souffrir de ce grand écart existentiel, un seul conseil : si vous voulez être une star, ou que vous êtes déjà une star et que vous voulez vous en sortir, lisez Spinoza. Vous êtes sur la bonne voie, puisque vous lisez déjà ces lignes.

Les acteurs s'adaptent donc à leurs rôles. Ils tâchent, le plus souvent, de se fondre dans leurs personnages et dans l'univers du film. Mais s'ils sont connus, ils ont beau se maquiller ou se déguiser, on sait qu'il s'agit d'eux. Ils se ressemblent toujours un peu. Et cette ressemblance a des conséquences aisées à imaginer : « Du seul fait que nous imaginons qu'une chose a quelque ressemblance avec un objet qui provoque d'ordinaire dans l'esprit joie ou tristesse – et bien que l'élément de ressemblance avec l'objet ne soit pas la cause efficiente de ces sentiments –, nous aimerons cependant cette chose ou la haïrons » (*L'Éthique*, III, proposition 16).

Un acteur peut être vu, selon qu'on l'aime ou pas, comme un « objet qui provoque d'ordinaire dans l'esprit joie ou tristesse ». Quel que soit son rôle, qu'il joue un bon ou un méchant (ou autre chose, ne soyons pas simplistes), il apporte avec lui, comme un chef arrive avec ses fonds de sauce, un fond d'amour ou de haine. Les méchants de cinéma ne sont jamais aussi attachants que lorsqu'ils sont interprétés par des acteurs qu'on aime. Inversement, on ne pourra pas s'attacher à un personnage, aussi gentil soit-il, s'il est interprété par un acteur qu'on déteste. On peut aller plus loin : Spinoza parle de ressemblance. Il suffit que nous imaginions qu'une chose « a quelque ressemblance avec un objet » que l'on aime ou déteste. Autrement dit, si un acteur a le malheur de ressembler à quelqu'un que l'on hait, on ne pourra que le haïr. Inversement, s'il ressemble à un être aimé, il jouira de notre faveur sans avoir rien fait en ce sens. Et pourquoi ne parler que des acteurs ? C'est un principe évidemment plus général que propose Spinoza. Descartes remarquait la même chose dans son *Traité des passions*. Il rapporte avoir toujours eu un faible pour les filles « louches » (c'est-à-dire qui louchaient, selon l'expression de l'époque), et n'en avoir compris la raison que tard dans sa vie : alors qu'il n'était qu'un enfant, la première fille pour laquelle il ressentit de l'amour était « louche » ; aussi ne cessa-t-il désormais, par association d'idées, d'être ému par les filles « louches », du seul fait, pour parler comme Spinoza, qu'il imaginait qu'elles avaient quelque ressemblance avec un objet qui provoquait d'ordinaire dans son esprit de la joie...

Pour revenir au cas particulier du cinéma, il présente l'avantage de nous mettre en relation avec le sentiment du semblable sans nous mettre réellement aux prises avec des semblables. Le cinéma nous met en contact avec une humanité abstraite, purifiée des hommes. C'est l'humanité moins les hommes. Le cinéma n'est pas simplement un cas particulier de ce que dit Spinoza, mais, de manière beaucoup plus large et troublante, permet d'en faire une expérience inouïe. En quoi expérimenter l'humanité détachée des hommes réels est-il un avantage ? En fait, il y en a deux. Premièrement : les hommes, disait Rousseau, ont manqué à l'Homme. Autrement dit, peu d'hommes réels peuvent être dits humains, et l'on se fait une meilleure idée de l'humanité au contact des idées qu'au contact de nos semblables [1]. Deuxièmement, et c'est cela qui est à la fois propre au cinéma et proprement inouï, on peut y expérimenter des affects et des sentiments qui nous sont ailleurs impossibles. Si nous pouvons aussi facilement nous identifier avec des X-Men, c'est qu'il nous suffit d'imaginer que ce sont des « choses semblables à nous ». Quand on voit une chose qui nous ressemble affectée d'un sentiment, on est affecté du même sentiment. Ces super-héros nous ressemblent, ils ont visage humain, ils diffèrent de nous en tant que « X », mais nous ressemblent en tant que « *men* ». Ce ne sont pas des « semblables », mais des « choses semblables à nous » et

1. C'est tellement vrai qu'il semble même que le spectateur se montre plus humain au cinéma que dans la vie réelle, verse plus facilement sa larme pour une « chose semblable » fictive que pour ses semblables de chair et de sang. Rousseau dénonçait là un des vices de la représentation, qui risque toujours de nous détacher de nos semblables réels en nous attachant à des êtres fictifs.

cela suffit. Quand Spinoza disait : « On ignore ce que peut le corps », il ne pensait peut-être pas au corps fictif des super-héros mutants. Reste que le cinéma nous permet ici d'expérimenter des sentiments reliés à un corps surpuissant, à un corps autre que le nôtre, comme si nous étions invités à faire l'expérience chimique ou alchimique de nouvelles rencontres, de nouvelles manières de rencontrer les êtres, de nouvelles puissances du corps. Voir un film, c'est faire une expérience réelle. En voyant *X-Men*, nous expérimentons véritablement, peut-être pas une super-puissance, mais les affects correspondants, les passions correspondantes. Nous sommes assis, nous subissons l'enchaînement des images et des sons du film, et en subissant cet enchaînement nous ne pouvons que former les sentiments correspondant à ces images. Apparemment nous sommes dans une situation passive, mais, c'est le paradoxe, nous entrons ainsi en relation avec les actions d'un corps qui n'est pas le nôtre, dont nous pouvons ressentir les affects. Ce n'est pas une illusion. L'imitation de sentiments a pour effet la réalité des sentiments. Que la chose soit réellement présente ou pas ne change rien à l'effet qu'elle fait sur nous. Que nous ne soyons pas réellement dans le film ne change rien à l'effet réel qu'a le film sur nous. Nous reviendrons sur ce point tout à l'heure.

Le cinéma fait donc naître chez le spectateur des pensées qui ne correspondent pas directement à son corps, mais qu'il forme réellement, grâce à l'imitation de sentiments. Puisqu'à tout état du corps, pour parler comme Descartes, correspond un état d'âme – Descartes et Spinoza seraient ici d'accord –, tout ce qui se passe dans le corps se produit également dans l'âme ou produit quelque chose en elle de réel : une idée. Ils sont d'accord sur cette idée, mais opposés sur la manière dont le corps et l'âme sont liés. Pour Descartes, toute action du corps se traduit par une passion dans l'âme, l'âme commence par exprimer des idées qui sont conséquences du corps, l'âme commence par subir le corps. Pour Spinoza, c'est le contraire, toute action du corps correspond également à une action de l'âme. Plus le corps est actif, plus l'âme est active. Ce qui compte, quel que soit le philosophe qu'on décide de suivre ici, c'est qu'ils sont d'accord sur un point : tout ce qui se passe dans le corps a également un effet dans l'âme, et inversement. La fiction nous donne des idées que l'on forme sans y faire attention, on pense sans réfléchir, on expérimente une autre vie, ou un autre mode de l'existence.

Allons plus loin, car il n'y a pas de limites à la notion de « chose semblable à nous » : il suffit de montrer quelque chose à l'écran pour faire naître un point de vue correspondant à une « chose semblable à nous ». Ainsi dans *X-Men* est-on invité à partager le point de vue d'une tornade ou d'un champ magnétique, autrement dit à renoncer à l'idée d'un point de vue au sens habituel, ancré dans un corps humain, pour partager les affections du « corps » d'une tempête. Expérience impossible, vous en êtes d'accord. Le cinéma ne fait pas qu'arpenter les affects traditionnellement attachés au corps humain, il permet d'en explorer de nouveaux, et d'en inventer autant qu'on voudra.

Plus près de nous, on peut, grâce à *L'Enfer*, expérimenter la jalousie sans la ressentir. Sans être le mari de Nelly, on peut avoir son point de vue, on peut partager sa jalousie, « à blanc ». Le film fonctionne comme un simulateur de jalousie. Et le cinéma, comme on l'a déjà envisagé avec Descartes, comme un simulateur de passions. Alexandre Astruc avait donc tort de dire qu'on n'avait guère de chances de voir un jour un film qui serait l'équivalent sur le plan du cinéma d'une œuvre philosophique. Le cinéma dans son ensemble relève au moins à la fois du *Traité des passions* de Descartes et des parties de *L'Éthique* de Spinoza consacrées aux passions : « Des sentiments et des passions » et « De l'esclavage de l'homme ». Voir des « choses semblables à nous » ressentir des passions nous permet à la fois de les ressentir et d'en observer le mécanisme. C'est à la fois une description et une expérimentation distanciée des passions, autant dire un excellent remède.

Ce qui répond à notre question initiale : voir au cinéma des « choses semblables à nous » ressentir des passions tristes n'est-il pas dangereux pour nous ? La tristesse n'est-elle pas toujours contagieuse ? N'entrons-nous pas ainsi dans une spirale négative ? La réponse est non, rassurez-vous. Évidemment, tout comme Descartes, Spinoza déconseille les excès en général, et ceux de fiction triste en particulier, mais ne prononce aucune contre-indication. Et si Descartes précisait que dans une fiction l'expérience des passions, même tristes, faisait toujours naître une joie intellectuelle, Spinoza ajoute que, d'une part, comprendre apporte toujours de la joie à l'esprit, et comprendre les passions tristes en particulier, et que, d'autre part, en tant que ces passions tristes sont attachées à des êtres imaginaires, nous éprouvons également la joie d'exercer ainsi notre puissance d'imaginer. Cette fois, CQFD.

De l'imitation à l'émulation

Puisque nous avons remis un pied dans *L'Enfer* et dans la jalousie, lisons la fin du scolie sur l'imitation de sentiments : « [...] mais si elle concerne le Désir, précise Spinoza, elle s'appelle Émulation, qui donc n'est rien d'autre que le Désir d'une chose qui naît en nous parce que nous imaginons que d'autres êtres semblables à nous ont le même Désir » (*L'Éthique*, II, proposition 27).

Autrement dit, il suffit de voir une « chose semblable à nous » désirer quelque chose pour désirer la même chose. C'est le principe de la vitrine. Ou, encore mieux, de l'écran. L'écran est lui-même une sorte de vitrine, en plus efficace, puisqu'il ne se contente pas de nous montrer des objets présentés comme désirables, mais les met en situation, en nous montrant des êtres semblables à nous en train de les désirer. Le film est publicitaire dans son principe même.

Dans *Thank You for Smoking*, le héros, un génie sans scrupule de la communication et de la persuasion, travaille pour le lobby des fabricants de cigarettes. Il convainc son patron d'investir dans le cinéma pour faire apparaître à l'écran des acteurs en train de fumer, et relancer la consommation de cigarettes en créant une émulation. C'est le principe du placement de produits dans les films : voir un personnage en train de consommer des produits de marque a plus d'impact à long terme qu'interrompre le film par des coupures publicitaires. *The Truman Show* va au bout de cette logique. Le malheureux Truman, incarné par Jim Carrey, n'est pas un bébé-éprouvette mais un bébé-télévision : sa vie est scénarisée, filmée, et retransmise en direct dans le monde entier depuis sa naissance. Ce n'est même plus de la télé-réalité, mais de la réalité-télé. Et tous les produits qu'utilise Truman ou qui entrent dans le champ de sa vie sont ainsi mis en vitrine de manière active. Si tous les désirs de Truman sont soigneusement orchestrés, c'est qu'ils donnent la règle du désirable aux spectateurs. Il suffit de montrer Truman désirant quelque chose pour que le désir de cette chose naisse également en nous – puisqu'il suffit que nous imaginions « que d'autres êtres semblables à nous ont le même Désir ».

On pourrait se réjouir de cette imitation de sentiments, qui nous rend capables de partager les affections et les idées de nos semblables. Quelle belle idée, cette communication universelle. Faites l'amour, pas la guerre. Pourtant, comme toute médaille, celle-ci a son revers. Si c'était possible, on pourrait même dire qu'elle en a deux. Premièrement, le problème de la rareté des ressources ou de la singularité des objets. Deuxièmement, la question de l'origine du désir, et de sa dénaturation par l'imagination.

Premier problème : rareté et aura

Si nous imitons les sentiments et les désirs de nos semblables, si nous voulons par conséquent les mêmes choses qu'eux, et que ces choses n'existent pas en nombre suffisant, que se passera-t-il ? Pas l'amour, justement, mais la guerre : « Si nous imaginons que quelqu'un tire de la joie d'une chose qu'un seul peut posséder, nous ferons tout pour qu'il ne la possède pas » (*L'Éthique*, II, proposition 32). Démonstration : « Le seul fait d'imaginer que quelqu'un tire de la joie d'une chose nous fait aimer cette chose et désirer en éprouver de la joie. Or nous imaginons qu'à cette joie s'oppose le fait que cet autre en tire aussi de la joie ; donc nous ferons tout pour qu'il ne la possède pas. »

C'est le principe qu'affichent ces T-shirts au message subtil, que vous avez peut-être aperçus sur le poitrail de créatures virilement démonstratives : « J'aime ta femme » – J'aime ce que tu aimes parce que tu l'aimes, et si ce que tu aimes n'existe qu'en un exemplaire, alors ça me gêne que tu en jouisses, car ça m'empêche de le faire. Ton désir est à la fois pour moi une inspiration et un obstacle. Je vais te haïr parce que j'aime ce que tu aimes. Autrement dit, les amis de mes amis sont mes ennemis. Ou plutôt : les amants de ma maîtresse sont mes ennemis. Ou encore : au restaurant, je suis toujours déçu par mon assiette et attiré par la tienne. Il suffit que tu portes des chaussures pour que je m'achète les mêmes. Si je te vois pêcher, je cours m'acheter une canne à pêche. Mais si tu arrêtes de pêcher, je n'ai plus envie de le faire. C'est le principe des frères ennemis. S'ils n'étaient pas frères, ils seraient amis. Ils sont ennemis parce que frères. C'est la proximité qui fait naître la convoitise. Ça peut aller très loin. N'est-ce pas, Abel et Caïn ? J'ai vu un jour deux jeunes enfants, deux frères, qui avaient l'air de s'aimer et de s'amuser dans une fête foraine. Chacun mangeait une crêpe offerte par leurs parents. Le petit frère trébuche et fait tomber sa crêpe par terre. Il ne reste plus qu'une crêpe, dont le grand frère se régale. « Si nous imaginons que quelqu'un tire de la joie d'une chose qu'un seul peut posséder, nous ferons tout pour qu'il ne la possède pas. » De dépit, le petit frère bouscule le grand et fait tomber sa crêpe par terre. Bien vu, Spinoza.

L'Enfer, comme son nom l'indique, finit tout aussi

mal. Paul, le mari jaloux jusqu'à la folie, voit sa femme comme une crêpe entre les mains du rival Martineau. « Si nous imaginons que quelqu'un tire de la joie d'une chose qu'un seul peut posséder, nous ferons tout pour qu'il ne la possède pas. » Détruire celle qu'on a aimée pour qu'un autre n'en tire pas de joie, la détruire car un seul peut la posséder. On remarquera au passage que les crêpes ne sont pas des femmes, puisqu'on peut les partager, et qu'il aurait suffi au petit frère frustré de demander à son grand frère de partager la crêpe restante, ce qu'il aurait peut-être fait par magnanimité. Ou pas. Et peu importe, car, si on peut les partager, on peut également les refaire [1]. Une crêpe en vaut une autre, ce qui n'est pas le cas des femmes, et explique qu'un homme adulte, s'il peut être fort jaloux de sa femme, laissera plus volontiers mordre dans sa crêpe.

Autre exemple, plus culturel, apparemment moins brutal : un tableau dans une vente aux enchères, que tout le monde désire. Un seul pourra l'acheter et en profiter. À moins que ce ne soit un musée qui en fasse l'acquisition. Mais les musées eux-mêmes se livrent entre eux des luttes sans merci. Comment résoudre ce problème ? Un seul objet, plusieurs personnes qui le désirent.

Première réponse : la production de masse. Mais la production de masse fait naître ses propres difficultés. C'est un problème qu'analyse brillamment et en détail Walter Benjamin dans *L'Œuvre d'art à l'époque de sa reproductibilité technique*. Il explique ainsi la différence entre les œuvres d'art uniques, comme les tableaux, et les

1. D'autant qu'on vous a donné la recette lors de notre promenade dans le repère cartésien.

œuvres d'art faites pour être reproduites, comme la photographie, et surtout le cinéma. Il constatait que, si l'œuvre devenait ainsi également accessible à tous puisqu'elle n'avait plus de lieu unique et qu'elle était la même partout – on voit le même film, sans déperdition, dans une salle ou dans une autre –, elle perdait du même coup en « aura ». L'aura est la marque de l'œuvre unique, c'est un rayonnement magique de l'être singulier, le charme de l'individu ; alors que l'objet fait pour être une copie est lui-même une copie que rien ne distingue. La production de masse nie le charme du singulier. Pour le dire avec les mots employés plus haut, on peut être jaloux d'un tableau, pas d'un film. Personne ne trouverait intelligent de voler une copie dans un cinéma, alors que le vol d'un tableau ou d'une femme est parfaitement compréhensible.

Fight Club nous présente à la fois la solution de la société dite de consommation, et les nouveaux problèmes qu'elle crée. Vous vous souvenez de Cornélius, ce jeune agent d'assurances célibataire qui s'ennuie dans sa vie sans surprise. Cornélius reconnaît l'origine du mal qui le taraude et l'empêche de dormir. Il ne se définit plus du tout par lui-même, mais par les objets dont il fait l'acquisition : « Comme tant d'autres, j'étais devenu l'esclave de l'instinct du cocooning Ikea. Si je voyais une nouveauté ingénieuse comme une table basse représentant le yin et le yang, il fallait que je la possède. Je feuilletais le catalogue en me demandant : quel genre de vaisselle me définit en tant que personne ? J'avais tout. Même les bols et les assiettes en verre avec des petites bulles et des imperfections pour prouver que c'était bien l'œuvre des artisans simples, honnêtes et travailleurs des régions rurales de

Dieu sait où. Dans le temps, on lisait des revues porno, maintenant, c'étaient les catalogues de mobilier. »

Fight Club pose ici les deux questions. La question matérielle de la réduction des conflits liés à l'imitation du désir, et la question éthique de la définition de soi. Cette seconde question est évidemment la plus importante, puisqu'elle subsiste même si la première est réglée. À supposer que tout le monde puisse avoir en sa possession le même objet, reste la question de savoir pourquoi on le désire. Parce qu'il est bon pour nous, ou parce que quelqu'un d'autre le désire ? Se définir par des objets, au fond, ne pose pas problème. Si on se définit moins par l'espèce à laquelle on appartient que par les rencontres qu'on fait, rencontrer des objets peut être bon pour nous. Se définir par les rencontres et s'entourer d'objets, humains ou pas, avec lesquels on entretient des rapports de convenance et qui augmentent notre puissance d'être, tel est notre lot. Le problème, c'est l'origine de notre désir pour ces objets. Vient-il de nous, ou d'une émulation ? Voulons-nous posséder tel objet parce qu'il est bon pour nous, ou parce que le voisin le désire ? Est-ce que ce canapé est véritablement bon pour moi, ou est-ce que j'envie mon voisin qui le possède ? Si Cornélius affirme que le catalogue a remplacé la revue porno, c'est qu'il s'agit toujours d'une consommation imaginaire d'un objet que l'on désire lui-même pour des raisons imaginaires, parce qu'il est présenté comme désirable. Le catalogue est toujours pornographique. Si la publicité a réduit la femme au rang de femme-objet, elle a également réduit, on le dénonce moins souvent, les objets au rang d'objets-femmes. À cette différence près qu'il n'y a plus besoin de se battre pour voler la femme de son voisin : il suffit d'acheter la même que lui. Je voulais dire le même canapé que lui, mais vous aviez compris. Grâce à la production de masse, chacun peut avoir l'impression de la singularité en possédant pourtant exactement la même chose que les autres.

Second problème : imitation ou perfection propre ?

Le problème de cette solution, c'est qu'elle contribue à aggraver le problème de l'émulation en le dissimulant. Ce n'est pas parce qu'on a la même chose que l'autre qu'on ne l'envie plus. Ou, pour mieux dire : on ne guérit pas l'envie ou la jalousie avec des cadeaux. Au petit frère envieux, et jaloux d'une crêpe, les parents inquiets prendront soin de toujours donner exactement la même chose qu'au grand frère. Mais, loin de le guérir ainsi de l'envie, ils lui signifient au contraire qu'il a raison de la ressentir. Au lieu de disparaître, le problème ne fera que s'aggraver. Ils ont cru bien faire, conduits par la crainte de blesser un de leurs enfants. Mais celui qui fait un bien pour éviter un mal, comme dit Spinoza, n'est pas conduit par la raison. La crainte est mauvaise conseillère. Au fond, il ne faut surtout pas satisfaire le désir né de l'émulation. C'est un mauvais désir, pas au sens où le désir pourrait être mauvais, mais au sens où ce n'est pas réellement un désir. C'est un désir imaginaire, c'est-à-dire irrationnel et incomplet. Pire qu'un faux désir : un désir faussé. Peut-être que cet enfant grandi dans l'idée qu'il n'y a de désir que jaloux et envieux finira comme Paul, le mari de Nelly, incapable d'aimer autrement qu'en haïssant et en jalousant, incapable de faire autre chose que de détruire ce qu'il aime pour s'épargner des souffrances imaginaires.

Car le jaloux n'a besoin de personne d'autre que lui-même pour jalouser ce qu'il possède. S'il n'a pas de rivaux, il en inventera, et autant qu'il faudra. Peut-être, avant de tuer sa femme pour s'assurer que personne d'autre n'en jouira, Paul a-t-il commencé sa carrière de jaloux pathologique en s'entraînant avec les crêpes de ses frères et sœurs, dont rien ne garantit d'ailleurs qu'il ne les a pas également liquidés pour ne plus avoir à les envier. C'est une solution finale comme une autre, non ? Plutôt que craindre de frustrer les désirs de ses enfants, il faut donc leur permettre de ne pas apprendre à désirer comme des frustrés. Protéger les enfants de leur propre imagination ne veut pas dire les empêcher d'imaginer, mais leur permettre de déployer leur puissance d'imaginer jusqu'à la raison. Vouloir la même chose que le voisin n'est pas simplement mauvais pour le voisin indirectement, mais mauvais pour moi directement. Cela signifie que je ne sais pas tout seul ce qui est bon pour moi. C'est à la fois une erreur et une négation de ma nature. Si je désire la même chose que le voisin uniquement parce qu'il la désire, je ne connaîtrai jamais aucune joie : même si j'obtiens la chose en question, elle ne saurait me satisfaire, puisqu'elle convenait au voisin, pas à moi. À vrai dire, il n'est même pas certain qu'elle convienne au voisin, qui la désire peut-être également pour des raisons imaginaires. Si la société de consommation est une société de la frustration, ce n'est pas parce que le désir serait essentiellement impossible à satisfaire, mais parce que paradoxalement personne n'y désire véritablement. Chacun imite un désir qui n'est pas le sien, et qui, à y regarder de plus près, n'est le désir de personne. C'est l'imitation d'une imitation. Dommage qu'il n'existe pas de douaniers pour faire disparaître cette contrefaçon du désir, autrement plus préoccupante que celle des objets dits « de marque », dont l'économie repose entièrement sur le principe dégradant de l'émulation. Et si aucune marque n'a jamais donné le moindre style à qui l'arbore, c'est que chercher ainsi à emprunter une perfection revient à se nier soi-même : non seulement ça n'ajoute aucun style, mais ça en prive. Une marque, par définition, supprime la singularité de qui la porte, et ne marque que son impuissance à désirer autrement que par imitation. Chaque être, dit Spinoza, a sa perfection propre, son style propre. On ne peut guère le soupçonner de ne pas aimer les marques – à son époque, le phénomène publicitaire n'était pas le mode de communication dominant –, mais il n'aime pas les marques de servilité ; quelle que soit l'époque, une société dont le ressort est l'émulation est une société d'esclaves.

Un beau jour, ou plutôt une nuit, Cornélius rentre chez lui après un énième déplacement professionnel. Dans l'avion, il a rencontré un type très intéressant, Tyler Durden, incarné par Brad Pitt. Au seuil de son immeuble, Cornélius découvre avec stupeur que son appartement a explosé. Plus de table basse yin-yang, plus de canapé, plus rien. Tout ce qui lui reste, c'est le numéro de Tyler. Ils se retrouvent dans un bar. C'est l'occasion d'une petite leçon de sagesse et de dénuement, dans la pure tradition stoïcienne, digne d'Épictète, le philosophe esclave, ou de Sénèque, le philosophe empereur. Esclave ou empereur, en toutes choses, disent les stoïciens, il y a ce qui dépend de nous, et ce qui ne dépend pas de nous. Cornélius se plaint :

> « Quand on commande des meubles, on se dit à soi-même : ça y est, c'est le dernier canapé dont j'aurai besoin, quoi qu'il arrive d'autre par

la suite, j'ai enfin réglé le problème du canapé. J'avais tout, j'avais une chaîne hi-fi de très bonne qualité, une garde-robe qui devenait très respectable. J'allais bientôt être aussi complet que possible. »

Tyler lui répond en faisant le stoïcien devant sa bière : « On est des consommateurs, on est des sous-produits d'un mode de vie devenu une obsession. Meurtres, banditisme, pauvreté, ces choses ne me concernent pas. Ce qui me concerne, moi, ce sont les revues qui parlent des stars, la télévision avec cinq cents chaînes différentes, les slips avec un grand nom marqué dessus, le Viagra, les repas minceur. Moi, je te dis, ne sois jamais complet. Je te dis, arrête d'être parfait. Les choses qu'on possède finissent par nous posséder. »

On croirait lire le début du *De emendatione intellectus*, le *Traité de la réforme de l'entendement*, où Spinoza explique qu'il a renoncé à tous les objets que poursuivent habituellement les hommes : honneurs, richesses, femmes, etc., pour se consacrer à la recherche d'un souverain bien, qui ne dépende que de lui et soit éternel : « L'expérience m'ayant appris à reconnaître que tous les événements ordinaires de la vie commune sont choses vaines et futiles, et que tous les objets de nos craintes n'ont rien en soi de bon ni de mauvais et ne prennent ce caractère qu'autant que l'âme en est touchée, j'ai pris enfin la résolution de rechercher s'il existe un bien véritable et capable de se communiquer aux hommes, un bien qui puisse remplir seul l'âme tout entière, après qu'elle a rejeté tous les autres biens, en un mot, un bien qui donne à l'âme, quand elle le trouve et le possède, l'éternel et suprême bonheur. »

Si les choses qu'on possède finissent par nous posséder, c'est qu'en faisant dépendre notre joie de la possession d'objets, nous n'en saurions plus jamais être la cause adéquate. Réduits à attendre notre salut de causes extérieures, nous mettons tout à l'envers et méconnaissons la perfection de notre nature. Il faut remettre les choses à l'endroit. Comme le dit Spinoza, nous ne désirons pas les choses parce qu'elles sont bonnes, mais elles sont bonnes parce que nous les désirons. C'est notre désir qui leur confère leur valeur, pas le contraire. Cette précision est décisive. Nous reviendrons dessus, car il ne faut pas négliger sa difficulté. Retenons pour l'instant qu'il ne suffira pas de faire sauter son appartement pour se libérer des choses qu'on possède, pas plus qu'en sens inverse il ne suffit d'offrir à un enfant ce qu'il croit désirer pour le satisfaire. L'erreur de Cornélius n'est pas de posséder des objets, mais de croire qu'il dépend d'eux pour être un homme complet. C'est le contraire, dit Spinoza : c'est en comprenant qu'il est déjà complet par lui-même que Cornélius sera en mesure de désirer ce qui lui convient véritablement, c'est-à-dire ce qui augmente sa joie et sa puissance. C'est parce qu'il est déjà complet qu'il pourra désirer non pas ce qui lui manquerait, mais ce qu'il est. Chaque être a ainsi son génie propre, son *ingenium* (du latin *in* et *genium* : le « genre », le « génie » intérieur), son style d'être. C'est la manière que nous avons d'être nous-mêmes, qui nous singularise de manière absolue : « Tout sentiment d'un individu diffère du sentiment d'un autre individu autant que l'essence de l'un diffère de l'essence de l'autre » (*L'Éthique*, III, proposition 57). « [...] la joie ou la tristesse de l'un diffère de la joie ou de la tristesse de l'autre dans la mesure même où la nature, autrement dit l'essence de l'un diffère de l'essence de l'autre » (*L'Éthique*, III, proposition 57, démonstration). Sachez-le, la joie en général n'existe pas. Vous n'aurez jamais la même manière d'être joyeux ou triste que votre voisin. Cette manière d'être joyeux ou triste vous appartient en propre, c'est une variation de votre être. C'est votre marque, qui vous singularise absolument.

On est tenté d'objecter qu'aussi singulier soit-on, on est bien obligé de faire la plupart du temps comme les autres. Peut-être, répond Spinoza, mais ce n'est plus par imitation, c'est par soi, et ça change tout. Le même geste peut être passif ou actif, selon qu'on en est la cause adéquate ou pas. On peut désirer une crêpe par imitation, on subit alors ce désir, c'est une passion, dont nous ne sommes que la cause partielle ; et, inversement, on peut désirer une crêpe parce qu'on la désire véritablement, notre désir est alors une action, dont nous sommes la cause adéquate. Dans le premier cas, on désire indirectement ; dans le second cas, directement. Dans le premier cas, on mange une crêpe d'esclave, dans le second, on mange une crêpe d'homme libre. C'est exactement la même crêpe. Pourtant, elle n'a pas le même goût. Peu importe que nous fassions la même chose que les autres, ce qui nous rend singuliers, c'est la manière dont nous le faisons. À chacun sa perfection propre. « [...] Certes, le cheval et l'homme connaissent le désir sexuel, mais le premier est poussé par un désir de cheval, le second par un désir d'homme. De même aussi les désirs et les appétits des insectes, des poissons et des oiseaux doivent être différents les uns des autres. [...] Il n'y a pas peu de différence entre le contentement qui mène l'ivrogne, par exemple, et le contentement dont jouit le philosophe » (*L'Éthique*, III, proposition 57, scolie).

La question est bien d'atteindre le contentement. Mais pas n'importe lequel. Le contentement de l'ivrogne est un contentement d'esclave, puisqu'il est esclave de la bouteille, alors que le contentement du philosophe est une joie d'homme libre, car il est la cause adéquate de sa joie. Ces deux joies diffèrent en nature, on y reviendra. Mais la joie du philosophe est-elle accessible à tout le monde, ou un seul peut-il en jouir ? Le souverain bien, répond Spinoza, est accessible à tous, et ne prive personne. Libre à chacun, en effet, de comprendre sa perfection propre et d'atteindre le contentement. Ce n'est rien d'autre, le contentement du philosophe. Deuxième question : comment l'atteindre ? C'est très simple, vous pouvez commencer par lire Spinoza. Est-ce la seule voie ? Non, puisque Spinoza ne donne pas sa recette personnelle de bonheur, il révèle les principes universels du contentement de chacun. Chacun est différent, mais le chemin du contentement est le même pour tous : il s'agit de devenir soi. Pas besoin de lire Spinoza, il suffit de comprendre la même chose que lui. Le chemin sera peut-être plus long. Vous vous souvenez que Cornélius, dans *Fight Club*, avait de graves problèmes d'insomnie, liés à l'insatisfaction chronique de son mode de vie. Plutôt que de reconnaître sa souffrance et lui recommander la lecture de *L'Éthique*, un médecin ironique lui avait conseillé, s'il voulait véritablement voir de la souffrance, de fréquenter une association d'hommes atteints d'un cancer des testicules, organisée en groupe de parole sur le modèle des Alcooliques anonymes. Le « médecin » avait ainsi ajouté le blâme à la tristesse de Cornélius, mais, à défaut de gélules, Cornélius décide de suivre cette ordonnance. Il se fait passer pour malade et se retrouve, après les confessions de chacun, en présence d'un type énorme doté d'une paire de seins monstrueux. Cornélius raconte :

> « Et c'est comme ça que j'ai rencontré le gros nounours. Il avait déjà les yeux débordants de larmes. Je revois ses genoux de travers, et ces petits pas empotés qu'il a faits pour venir vers moi.
>
> “Je m'appelle Bob.”
>
> Bob avait été un champion de body-building. Vous savez, ces produits pour développer les pectoraux qu'on voit dans les pubs télé, c'était son truc.
>
> “J'étais un vrai shaker, tu sais, avec des anabolisants, du Diapanol, du Lystérol, c'est ce qu'on donne aux chevaux de course, nom de Dieu. Maintenant, je suis un type foutu. Je suis divorcé et mes deux grands gamins me rappellent même pas quand je laisse un message.”
>
> Un inconnu qui me parle avec une telle sincérité, moi ça me fait fondre. »

L'homme n'a pas besoin de la perfection du cheval, on en a la preuve désormais. L'émulation née de l'imagination n'est pas seulement mauvaise pour le désir, elle est mauvaise pour la santé. Un remède de cheval ne convient pas à un homme. Ce qui est nourriture pour l'un peut être poison pour l'autre. Cornélius va-t-il comprendre que chaque être a sa perfection propre, et se mettre sur la voie de la joie ? Ça n'en prend pas immédiatement le chemin, puisque le gros Bob, figure étrangement maternelle grâce à ses modifications hormonales, prend le cynique Cornélius contre sa poitrine et lui propose de laisser parler sa tristesse :

> « À toi, vas-y, Cornélius. Tu peux pleurer. »
>
> Contre toute attente, Cornélius se met à sangloter comme une Madeleine. Il commente : « Et alors, il s'est passé quelque chose. Je me suis laissé aller. Dans un total oubli de moi-même, envahi par la nuit, le silence et la plénitude. J'avais trouvé la liberté. Perdre tout espoir, c'était cela la liberté. »
>
> Bob le console gentiment : « C'est pas grave ! »

Cornélius rentre chez lui, et sombre, pour la première fois depuis des mois, dans un sommeil profond. « Même les bébés ne dorment pas aussi bien. »

Le sommeil retrouvé, marque de son contentement. Alors, contentement de philosophe ou pas ? À première vue, il semble que oui. Ce que dit Cornélius de l'espoir est directement emprunté à Spinoza. Si perdre espoir veut dire la liberté, c'est que l'espoir est une passion triste. Le désespoir, on s'en doutait, mais l'espoir ? Comment oser soutenir, monsieur Spinoza, que l'espoir est une passion triste ? C'est que, premièrement, l'espoir ne va jamais sans la crainte. Quand on espère que quelque chose arrive, on craint en même temps que cette chose n'arrive pas. L'espoir est toujours accompagné de crainte, et la crainte est une tristesse. Et deuxièmement, l'espoir est déterminé par une idée imaginaire. On ne peut qu'imaginer le futur, puisque le futur n'existe pas encore. Le problème de l'homme est qu'il est constamment en train de se projeter et de considérer ce qui lui manque au lieu de considérer ce qu'il est, et de comprendre en quoi il est parfait. Au fond, imaginer que le futur sera meilleur ne dit rien du futur, mais tout du présent : l'espoir manifeste simplement que le présent nous déçoit. Espoir et désespoir sont les deux faces d'une même pièce : espérer, c'est désespérer du présent.

« Perdre espoir » ne signifie donc pas désespérer, mais se débarrasser à la fois de la crainte et de la déception. Perdre espoir, ce n'est que perdre ce qu'on n'avait pas, pour ouvrir les yeux sur ce qu'on a. On devient ainsi plus présent à soi, si je ne craignais pas la redondance je dirais plus présent au présent : il s'agit de comprendre qu'il n'y a rien d'autre à comprendre que ce qui est, et la perfection de ce qui est. Attention, Spinoza ne tombe pas dans le ridicule des prêcheurs farcis de ressentiment qui invitent les malheureux à accepter leur sort en leur disant : « C'est ainsi. Tout est bien. » L'existence reste irrationnelle dans son détail. Spinoza ne justifie pas le mal, comme pouvait le faire Leibniz, en soutenant que l'entendement infini de Dieu voyait la raison de ce qui nous paraissait absurde et cruel. Non. Spinoza n'est pas le Pangloss sous les traits duquel Voltaire ridiculise Leibniz dans son *Candide*, en lui faisant dire, à chaque fois qu'il croise une catastrophe aussi absurde que le tremblement de terre de Lisbonne – qui fit en son temps un nombre effroyable de morts –, que tout est pour le mieux dans le meilleur des mondes. Non, ne faites pas de Spinoza le contraire de ce qu'il fut. S'il invite à penser la perfection de ce qui est, s'il invite chaque être à penser sa perfection propre pour la développer, c'est également, indirectement, pour inviter chacun à refuser les pouvoirs qui le séparent de sa puissance. Spinoza est le philosophe de la puissance contre les pouvoirs. Son *Éthique* est directement physique, et indirectement politique. Si nous perdons la crainte, si nous ne sommes plus menés par l'émulation et par les passions tristes, nous ne serons plus jamais esclaves, et formerons une société d'hommes raisonnables qui, débarrassés d'espoir et de crainte, associent leurs puissances pour développer celle de chacun. Mieux que les racines de valériane, le sport ou les somnifères pour trouver dès ce soir un sommeil naturel : perdre espoir. Perdre espoir, c'est gagner le réel, et en tirer de la joie.

Notons au passage que Cornélius ne perd pas espoir à la manière dont Spinoza le préconise, mais en se nourrissant de la souffrance des autres. La tristesse des autres le met en joie. Ce n'est pas une joie de philosophe, mais d'ivrogne. Il s'enivre de la souffrance d'autrui. Ou peut-être, moins cyniquement, ressent-il une compassion sincère pour le malheureux Bob, et l'imitation de sentiments lui permet-elle ainsi d'éprouver une tristesse suffisante pour provoquer le soulagement des larmes – comme si, à force d'imiter le désir d'autrui et de ne vivre que par catalogue interposé, Cornélius était devenu incapable de sentiments par lui-même. Si l'imitation de sentiments le sauve provisoirement de son néant personnel, ce n'est qu'après avoir contribué à le creuser. Ce n'est, à bien y regarder, qu'une dépendance supplémentaire. Il dépend à présent de la souffrance d'autrui comme l'ivrogne dépend de la bouteille. Il n'est pas encore libre, ni actif. Il n'est pas encore sur la voie du contentement du philosophe, de ce que Spinoza appelle le souverain bien, ou raison, et qui seul est susceptible d'offrir à chacun un contentement véritable.

La spirale de la raison

« Enfin, ce qui est le souverain bien pour les hommes raisonnables est commun à tous et peut faire en même temps la joie de tous. Les hommes ignorants, même lorsqu'ils sont unis les uns aux autres par la crainte, sont toujours divisés par la convoitise ; cela vient de ce qu'ils sont portés de tout leur désir vers des choses matérielles que nul ne peut posséder sans en priver les autres » (Alain, *Spinoza*).

Au problème de l'émulation, ou désir par imitation, on peut essayer de répondre directement, par la production de masse, ou indirectement, par la raison. Comme l'indiquait Descartes, quand obtenir satisfaction n'est pas possible, et après avoir tout essayé, mieux vaut « changer l'ordre de mes désirs plutôt que l'ordre du monde ». La solution du cinéma consiste à nous mettre en présence de « choses semblables à nous » dont nous imitons les sentiments tout en sachant que ce ne sont pas des personnes réelles : on peut se projeter sur l'écran, et désirer sans problème la même chose que le personnage, car il ne saurait y avoir de compétition entre nos désirs. Puisque tout y est fictif, nous sommes libérés de l'obstacle de l'autre, et désirons la même chose que lui sans qu'il puisse nous faire d'ombre. Mais l'objet que nous désirons est également présenté comme fictif. On ne saurait désormais éprouver de satisfaction réelle. C'est une manière apparemment abstraite de désirer, mais, si on reprend l'exemple de *L'Enfer*, il est indéniable qu'un tel film nous avertit des dangers de la jalousie, et nous met en demeure de gouverner nos passions, pour parler comme Descartes, ou de les rendre raisonnables en les rendant adéquates, pour parler comme Spinoza. Le film reste cependant une incitation négative. Il nous montre les conséquences néfastes de la jalousie, sans nous donner de remède autre que la crainte. Or celui qui poursuit un bien simplement pour éviter un mal n'est pas conduit par la raison. Il ne comprend pas ce qu'il fait, et, surtout, il le fait mal : connaître les mauvaises manières de désirer ne met pas en état de désirer bien. Savoir ce qui est mauvais n'est pas une connaissance inutile, mais ne permet pas de déterminer positivement ce qui est bon. Quand on sait ce qu'il faut fuir, on ne sait pas pour autant ce qu'il faut rechercher. Par ailleurs, on ne lutte pas directement contre les passions. Il faut les comprendre, de l'intérieur, et les comprendre c'est les compléter, les rendre adéquates : la raison ne corrige pas directement les passions comme si elles étaient fausses, mais, en engendrant les idées vraies, fait apparaître indirectement le caractère partiel et incomplet des passions. Les passions s'évanouissent quand apparaît la lumière de la raison. Si l'on reprend le moment, dans *Les Ailes du désir*, où l'ange du métro sauve la vie d'un homme en le sauvant de ses passions tristes, ce n'est pas en argumentant contre la tristesse que l'homme bascule dans la joie, c'est en partant directement de la joie, en partant de soi et de la réalité plutôt que d'une tristesse d'imagination. Tant que cet homme était dans le faux et dans la tristesse qui allait avec, pas moyen de le corriger, le faux ignore qu'il est faux, et ne soupçonne même pas l'existence du vrai, pourtant à sa portée, puisque le faux n'est que du vrai incomplet. Pour atteindre le vrai, il faut déjà partir du vrai. À partir du moment où le même homme cesse d'imaginer et se met à penser, au vrai sens de ce terme, c'est-à-dire à exercer son esprit pour comprendre sa perfection propre, il est guéri de tristesse, devient actif, joyeux, et peut du même coup, indirectement, apercevoir ce qu'il y avait de faux dans son état précédent. Si on ne peut passer directement du faux au vrai, le vrai permet au rebours de comprendre ce qui manquait au faux. Spinoza le dit ainsi : « *Verum index sui et falsi.* » C'est clair, non ? Avec la traduction, c'est mieux. « *Verum index sui* » : le vrai est l'indice, ou le signe de lui-même – le vrai est à lui-même sa propre preuve, quand on sait, on sait qu'on sait ; « ... *et falsi* » : et du faux – c'est-à-dire que le vrai permet de juger du faux, de comprendre, indirectement, ce qui relève de l'erreur, alors que le contraire n'est pas vrai : être dans l'erreur ne permet jamais d'accéder au vrai. Cette précision pour régler définitivement son compte à cette devise ridicule selon laquelle on n'apprendrait que de ses erreurs. Non : d'une erreur, on n'apprend rien tant qu'on n'en est pas sorti. Et il ne suffit donc pas non plus de voir à l'écran la succession des erreurs d'une « chose semblable à nous » pour en apprendre quoi que ce soit sur le vrai. Le film contre-indique, le philosophe indique.

Pourtant, le cinéma partage une caractéristique essentielle avec la philosophie : le cinéma, c'est la même chose pour tout le monde. Tout le monde peut le posséder, puisqu'un film, qu'il soit vu par une personne ou par deux, ne change pas de nature. Sa reproduction ne vaut pas moins que son original, puisque son original est déjà une copie. Au cinéma, il n'y a pas de déperdition dans la copie, alors que la reproduction d'un tableau l'altère, lui fait perdre son aura, et n'en est, comme on dit, qu'une « pâle copie » [1]. Ainsi, si la rareté est une condition d'appréciation de la peinture, au cinéma, c'est le contraire. Alors qu'un tableau, on est heureux de le voir seul – rien de pire qu'une exposition bondée –, un film, lui, gagne à être partagé : plus le public est nombreux, plus on est content de le voir. Tel est ici l'effet de l'imitation de sentiments : le film dont tout le monde parle, tout le monde veut le voir. Mais, grâce à la reproductibilité technique, tout le monde peut le voir dans les mêmes conditions. Encore mieux, avec le DVD et plus généralement avec les fichiers numériques, chacun peut avoir chez lui le même objet que tout le monde. C'est à la fois unique et pour tout le monde. C'est universel. Remarquons au passage que l'imitation de sentiments peut jouer ici de deux manières distinctes et opposées : premier cas, c'est négativement un principe publicitaire trompeur qui fait croire à chacun que tout le monde désire la même chose ; second cas, c'est positivement un phénomène de partage, joliment nommé « bouche à oreille ». Dans le premier cas, on n'a qu'une masse ; dans le second, un grand nombre d'individus. Ça change tout. Le nombre d'entrées que « fait » un film est un critère valable, mais à prendre avec des pincettes : il n'est pas rare que tout le

1. Pour approfondir ces questions, je ne saurais trop vous recommander la courte étude de Walter Benjamin déjà citée : *L'Œuvre d'art à l'époque de sa reproductibilité technique*.

monde ait vu un film que personne n'a aimé. Il suffit pour cela que le film soit sorti en même temps sur un très grand nombre de copies, et que tout le monde aille le voir en même temps, de peur de manquer un événement. Cette technique permet de faire faire un grand nombre d'entrées à un film médiocre, en évitant critique et bouche à oreille négatif. Inversement, il est de plus en plus rare qu'un film profite d'un bouche à oreille positif, car les films ne restent plus suffisamment longtemps à l'affiche pour qu'un phénomène de ce type ait le temps de se déployer.

Reste qu'aussi dématérialisé et reproductible soit-il, un film est attaché à un support matériel, alors que le souverain bien ne peut, lui, par définition, qu'être immatériel : il doit pouvoir appartenir à tous sans priver personne, et ne peut exister sous forme d'objet sans risque de destruction. *L'Éthique*, me direz-vous, ou *Le Discours de la méthode* sont pourtant bien des livres. Si la raison peut certes se transmettre par le livre, lui-même matériel, elle peut exister sans lui, puisque chacun en dispose à sa guise par le seul fait d'être un esprit. C'est moins la raison qui existe par le livre que le livre qui n'existe que par la raison. La raison est cependant indéfectible des mots, dont chacun est libre de faire l'acquisition[1].

1. Et si tous ne possèdent pas le langage autant qu'il faudrait, le langage n'en reste pas moins ce qui n'a de sens que s'il est commun. Le langage, par définition, n'appartient à personne, puisqu'il est fait par tout le monde et, surtout, pour tout le monde. Priver quelqu'un de ce bien inaliénable, c'est commettre un crime contre tous. Inversement, faire de la maîtrise linguistique un outil de sélection ou de ségrégation, c'est voler l'outil et renverser les choses. Si les mots ont un sens, c'est par le partage, même si tout code exclut d'emblée qui ne le maîtrise pas. Une langue est

Les mots ont un sens, et qui parle mal pensera mal. Mais c'est à lui-même de se vaincre, de se réformer, ou plutôt de se purifier. La raison ne vient pas de l'extérieur et, si les passions peuvent trouver leur origine dans les mots, qui prend garde non pas à ce qu'il dit mais à ce que les mots veulent dire se met en règle avec lui-même pour commencer, et du même coup, indirectement, avec les autres. La raison habite les mots, elle est prise dans le langage comme un diamant dans sa gangue. À chacun de la dégager. Et si les démonstrations de Spinoza brillent comme des diamants, ces diamants brillent comme des yeux. Pas de commerce de cette lumière, mais un éclat universel. La philosophie dit l'amour de la raison, mais au sens où la raison est amour. Elle dit l'amour qu'est la raison. La raison est amour, car elle donne à tous la même chose sans en priver personne. Et nul besoin de se diviser pour accomplir cela : elle se donne toute à tous. Davantage : en matière de raison, non seulement ça ne nous gêne pas que l'autre ait la même chose que nous, mais nous le lui souhaitons, à la fois pour lui, et pour nous. On désire, quand on a de la raison, quand on est actif, que les autres hommes soient aussi actifs que possible, et possèdent la même chose que nous. « L'homme raisonnable, au

toujours à la fois commune en droit et sélective en fait. Mais l'essence du langage est de conférer à tous les mêmes droits. Le langage est une déclaration des droits de l'homme implicite. Qui ne le comprend pas ne peut être dit parler, ni penser au vrai sens de ce terme. Il n'y a donc pas de pays des droits de l'homme, on en a la preuve chaque jour. Les droits de l'homme habitent ce pays sans frontières que l'on appelle les mots, et que nous partageons avec morts et vivants. Qui parle pour diviser se mord littéralement la langue. Même Napoléon le savait : la plume vaincra toujours l'épée. Elle a vaincu d'avance. Comme l'amour triomphe de la haine, par nature et sans combat.

contraire, en tant qu'il est raisonnable, ne désire rien autre chose que comprendre, et le souverain bien, pour lui, c'est de connaître Dieu ; or tous les hommes peuvent en même temps connaître Dieu ; seule parmi tous les biens, la vérité peut être toute à tous » (Alain, *Spinoza*).

Pourquoi Spinoza écrit-il sa philosophie, pourtant si dangereuse pour lui, comme il en a tôt fait l'expérience ? C'est que le but, en philosophie, est de partager le plus possible. Il ne s'agit pas d'un gâteau dont il y aurait à se disputer les parts : la philosophie, il y en a toujours autant qu'on voudra. Aucune jalousie. C'est dans le partage d'une compréhension que la philosophie est pleinement elle-même et nous apporte le plus de joie. Il nous est utile que notre semblable comprenne la même chose que nous, notre perfection augmente quand la perfection de notre semblable augmente. Autrement dit : la raison, plus on la partage, plus il y en a. C'est peut-être la seule chose qui augmente par son partage. « Bien plus, l'homme raisonnable désire aussi pour les autres hommes le souverain bien qu'il désire pour lui. En effet, rien n'est plus utile à un homme raisonnable qu'un homme raisonnable. Tout homme raisonnable s'efforcera donc nécessairement de faire que les autres hommes soient raisonnables. Ainsi, de quelque façon qu'on la considère, la raison ne peut jamais diviser les hommes, mais au contraire elle les unit » (Alain, *Spinoza*).

C'est, si l'on veut, la spirale positive de la raison, qui transforme toutes nos passions en actions. C'est à cela qu'on reconnaît une philosophie digne de ce nom, elle est à la fois singulière et universelle. Elle porte la marque de l'individu, mais d'un individu partageur, qui gagne à nous faire comprendre ce qu'il a compris, qui gagne à nous faire gagner en puissance. On se singularise quand on accède à l'universel, voilà le paradoxe de la condition humaine. On ne devient un individu au sens plein et original de ce terme, on ne devient singulier et actif qu'en comprenant ce que nous partageons avec tous. C'est pourquoi on peut dire de l'expérience philosophique que si elle se fait dans la solitude, il s'agit d'une solitude peuplée. C'est une solitude qui fait se lever un peuple, la république des esprits.

Le cinéma, comme la philosophie, repose sur cette idée de partage qui ne prive personne. Le film a pour ambition de se donner tout à tous. Cinéma et philosophie prétendent tous deux à l'universalité, et se heurtent l'un comme l'autre à une limite de fait. Si la philosophie paraît plus légitime dans cette prétention, elle se donne d'une manière moins accessible que le cinéma : les mots, on l'a vu, sont à la fois la négation de toute frontière, et une frontière naturelle de plus. Et s'il n'y a de philosophie que démocratique, au sens où les mots appartiennent à tous et se donnent à qui voudra, encore faut-il vouloir : les mots ne sont pas un mince obstacle et la philosophie reste ainsi essentiellement aristocratique. Démocratique en droit, aristocratique en fait. La république des esprits existe en Spinoza, c'est certain. Elle existe en Descartes. Qu'elle soit réelle en quelques hommes est déjà une victoire. Ces héros sont des sources inépuisables, pour l'homme déçu des hommes et assoiffé d'humanité. Même si la philosophie parle seule, elle le fait pour tous, au nom de tous. Le cinéma, inversement, paraît plus apte à rendre cette prétention réelle, à transformer l'universalité abstraite en universalité concrète, et à toucher le plus grand nombre. Alors qu'une phrase ne vit que par le lecteur, qui fait l'effort de lier les mots entre eux, le film se déroule certes pour le spectateur, mais pas par lui : le lien entre images se fait automatiquement, comme si les pages du livre se tournaient toutes seules. Les images du cinéma, comme dit Deleuze, sont déjà des images-mouvements, des images prises dans un mouvement, qui se fait seul. À un théoricien du cinéma qui reprochait au cinéma de l'empêcher de penser ce qu'il voulait, de forcer sa pensée, Deleuze répondait que dès lors qu'on pense, on ne pense jamais ce qu'on veut. Certes on est libre de penser, on ne pense que si on veut, mais, dès qu'on pense, on ne pense plus que du nécessaire, du vrai, de l'universel. Dans la pensée non plus, on ne pense pas ce qu'on veut. C'est le cœur de la philosophie de Spinoza. La raison oblige. Une démonstration ne se refuse pas. D'où le rêve de *L'Éthique*, de mettre au point un système de propositions et de démonstrations qui rend le salut de l'âme non pas automatique, mais logique pour qui entre dans le livre. Leibniz a rêvé de mettre au point ce qu'il nommait une « caractéristique universelle », c'est-à-dire une langue dont la grammaire et le vocabulaire seraient tellement bien faits et univoques que l'erreur deviendrait impossible : il n'y aurait qu'à former un énoncé en respectant les règles de cette langue pour tenir une vérité. Autrement dit, il n'y aurait qu'à parler, ou à écrire, pour penser.

Ce rêve de l'automate spirituel, de la vérité rendue automatique, a traversé la philosophie et a essaimé hors d'elle. Le cinéma partage ce rêve avec elle, et dispose de moyens autrement directs et puissants. Et si la limite inscrite en toute philosophie tient à la langue dans laquelle elle se donne, qui fait obstacle à une pensée

« automatique », la limite inscrite au cœur du cinéma tient, inversement, à son caractère purement automatique. S'il a la forme d'une démonstration parfaite, qui peut se faire seule, il sort ainsi du domaine de la pensée pour entrer dans celui de la propagande. La pensée de masse automatisée ne saurait porter d'autre nom. Le cinéma reste pourtant habité par cette promesse d'offrir à tous, sans effort ou presque, un accès à la vérité. Tout film est en cela exemplaire, au sens où il porte avec lui une image implicite de l'homme et du genre de lien qu'il prétend créer entre ses spectateurs. Si le cinéma s'adresse, comme la philosophie, à tous les hommes, n'est-ce pas qu'il pose lui aussi à chaque film la question : Qu'est-ce que l'homme ?

3.

LE CLAIR-OBSCUR OBJET DU DÉSIR : À QUOI BON LA CONSCIENCE ?

Blade Runner, ou le cri de la vie

À la question Qu'est-ce que l'homme ?, on ne peut répondre qu'indirectement. Kant considérait que pour répondre à cette question, il fallait répondre aux trois suivantes : Que puis-je connaître ? Que dois-je faire ? Que m'est-il permis d'espérer ? L'homme est une question avant d'être une réponse, et plutôt trois fois qu'une. On a vu avec Descartes que ce qui définissait l'homme était moins ce qu'il était que ce qu'il se promettait d'être : ce qui le rendait humain, c'était la générosité. Avec Spinoza, l'humanité vient de la raison : un homme est humain à proportion qu'il devient raisonnable et actif. C'est la raison qui humanise. Pour Descartes comme pour Spinoza, la réponse est indirecte. C'est la marque des grands philosophes. Ils posent leurs propres questions et inventent des problèmes pour y répondre. C'est en posant le bon problème que les philosophes répondent à une mauvaise question. Et ce n'est pas fuir la difficulté, au contraire, c'est l'affronter et y séjourner, c'est se mettre en condition de la voir véritablement. Les problèmes sont les yeux des philosophes, qui nous ouvrent des perspectives sur des paysages inaperçus.

Blade Runner, film mythique de Ridley Scott, adapté d'une nouvelle de Philip K. Dick, va nous permettre d'approfondir cette question de l'humanité et de l'humanisation en la posant également indirectement, pour ne pas dire à l'envers. Dans un « futur proche », l'homme a décidé de coloniser l'espace, et de faire faire le sale boulot par des robots aussi ressemblants que possible à l'homme, capables d'effectuer ses tâches pénibles sans difficulté : les « répliquants » ou répliques d'humains. Le problème vient de la qualité de ces répliques, si ressemblantes qu'il est difficile de les distinguer de simples humains. Aussi les concepteurs des répliquants ont-ils mis au point un test permettant, par une série de questions, de révéler une anomalie émotionnelle typique d'un non-humain. Vous le voyez, si on ne peut pas définir ce qu'est l'homme, on peut au moins repérer ce qu'il n'est pas. Des répliquants se sont évadés d'une colonie de l'espace, ont volé une navette et sont revenus sur terre, pour une raison inconnue. On les soupçonne de vouloir pénétrer dans les murs de la Tyrell Corporation, responsable de leur fabrication. Holden, un *blade runner* (c'est-à-dire un spécialiste de la détection et du « retrait », ou mise à la retraite des répliquants défectueux), fait passer le fameux test à un dénommé Léon Kowalski, nouvel employé de la Tyrell Corporation :

> « Le temps de réaction est important dans ce test, alors concentrez-vous et répondez aussi

vite que vous pourrez. [...] Vous êtes dans un désert, vous marchez dans le sable quand tout à coup...

— Mais lequel ?

— Pardon ?

— Quel désert ?

— Ça n'a aucune importance, c'est purement hypothétique.

— Pourquoi je me retrouverais là ?

— Vous en avez marre de la civilisation, vous avez envie d'être un peu seul, qui sait ? Tout à coup, vous voyez un kélonia, qui rampe vers vous...

— Un kélonia, c'est quoi, ça ?

— Vous savez ce que c'est qu'une tortue ?

— Bien sûr.

— C'est pareil.

— J'ai jamais vu de tortue. Mais je vois de quoi vous parlez.

— Vous retournez cet animal sur le dos d'un geste brusque, Léon.

— C'est vous qui trouvez ces questions, monsieur Holden, ou on les rédige pour vous ?

— La tortue gît sur sa carapace, le ventre brûlant sous le soleil, battant des pattes pour essayer de se retourner, mais elle ne peut pas. Pas sans votre aide. Mais vous ne l'aidez pas...

— Qu'est-ce que ça veut dire que je ne l'aide pas ?

— Ça veut dire que vous ne l'aidez pas. Pourquoi ça, Léon ?... Ce sont juste des questions, Léon. Et pour répondre à la vôtre, oui, on les rédige pour moi, c'est un test fait pour provoquer une réponse émotionnelle. Est-ce qu'on peut continuer ?... Décrivez en mots simples uniquement les choses agréables qui vous viennent à l'esprit au sujet de votre mère.

— Ma mère ?

— Oui.

— Je vais vous en parler, de ma mère. »

Léon, qui cachait une arme, se lève et tire.

La réaction émotionnelle est assez forte pour permettre de conclure, au choix, que Léon n'aime pas qu'on lui parle de sa mère, ou qu'il est un répliquant. Ou les deux, puisqu'un répliquant n'ayant, par définition, pas de mère, il n'apprécie pas qu'on lui tende un piège aussi grossier. Vous comprenez également pourquoi un philosophe ne saurait répondre directement à la question de savoir ce qui définit si un être est humain ou pas, puisqu'il est aisé d'anticiper à quel genre d'usage la définition d'un tel critère mène inévitablement. Les « sciences humaines » ont pour fâcheuse tendance de se mettre au service, à un moment ou à un autre, des plus basses tâches de police, de sélection, de discrimination, de surveillance, de punition et d'élimination. Michel Foucault l'a longuement étudié dans son magnifique livre *Surveiller et punir*.

À quoi reconnaît-on une mauvaise question, une question policière ? Elle se place sur le registre des idées générales. Elle pose des catégories abstraites qui ne comprennent rien à l'individu, et qui ne comprennent rien tout court. Ce sont des idées courtes : « *le* délinquant », « *le* jeune », « *le* suicidant » (cette catégorie existe, j'ai entendu un par ailleurs fort prévenant médecin psychiatre l'employer), « *la* banlieue », « *le* Français », « *le* chômeur », « *le* sans-papiers », « *l*'homme »... en général. Ce sont des idées tellement générales que ce ne sont même pas des idées. Car ce qui suffit pour surveiller et punir ne suffit pas pour penser. Et c'est pourquoi Spinoza définit un être moins en tant qu'appartenant à une espèce, à un genre, qu'en tant qu'individu, par lui-même, par les rencontres qu'il fait, par les rapports de convenance et de disconvenance que ces rencontres provoquent.

Par exemple, ici, il y a une disconvenance entre la question posée et celui à qui on la pose. Le répliquant ne supporte pas l'émotion qu'on a provoquée en lui. Ou, plus probablement, ne supporte pas l'idée d'être démasqué par le test et prend les devants. Le fait de refuser de se soumettre au test est déjà un indice que ce répliquant est devenu un individu au sens propre, qui sort du cadre prévu pour lui. On retrouve le même enjeu que dans *Matrix*, lorsque l'Architecte, pur entendement sans une once de liberté et incapable de la concevoir, parle du rebelle Néo comme d'une anomalie, là où nous voyons plutôt une liberté à l'œuvre. Qu'est-ce qu'un répliquant qui ne se prête pas au test ? Une anomalie frappant un robot défectueux, ou autre chose, une révolte, une indignation, autrement dit la marque d'un esprit libre ? Comme le remarque Deckard, le *blade runner* joué par Harrison Ford, lorsque son chef l'appelle à la rescousse et lui expose la situation :

> « Je ne vois pas pourquoi ils prennent le risque de revenir sur Terre, c'est étonnant, qu'est-ce qu'ils cherchent, à la Tyrell Corporation ?

— À toi de me le dire mon vieux, c'est pour ça que je te paye. »

Le chef lui présente sur un écran les visages des répliquants à abattre :

« Qu'est-ce que c'est ?

— Nexus 6, Roy Batty. Date de mise en service : 2016. Modèle de combat, autonomie optimale. Probablement le chef. Ça, c'est Zhora, entraînée dans une brigade spéciale de tueurs de l'espace. On peut parler de la belle et la bête, elle est les deux. La quatrième gueule d'humain est Pris, le type même de l'objet de plaisir, modèle standard pour les clubs militaires de nos colonies. Ils ont été conçus pour imiter les êtres humains en tout point sauf dans leurs émotions. Mais leurs créateurs reconnaissent qu'après quelques années, ils peuvent développer eux-mêmes des réactions émotionnelles : haine, amour, peur, colère, envie. Alors, ils ont prévu un système de sécurité.

— Et c'est quoi ?

— Quatre ans de vie au plus. »

Le génie humain est devenu capable de fabriquer, par un mélange de manipulation génétique et de robotique, des « gueules d'humains » dont le corps peut affecter et être affecté de davantage de façons qu'un humain. S'il est impossible d'empêcher ces créatures de ressentir des passions, c'est la preuve qu'elles ont également un esprit. La Tyrell Corporation s'est créé là un sérieux problème, qui ne peut qu'empirer avec le temps. En effet, si les « répliquants » qu'elle fabrique sont de plus en plus parfaits, leurs corps seront de plus en plus aptes à être affectés de diverses manières, et à agir de manière indépendante. S'il est possible de prévoir le comportement d'un répliquant lorsqu'il est mis en service, au fur et à mesure que le temps passe, cela devient de moins en moins possible. Pour quelle raison ? Comment se fait-il que lorsqu'un corps devient de plus en plus apte, il ne fait pas que déployer une puissance corporelle, mais déploie également une puissance d'esprit ? C'est qu'avoir un corps apte à beaucoup de choses prépare l'esprit à comprendre plus de choses : « Plus un corps est apte par rapport aux autres à être actif ou passif de plus de façons à la fois, plus son esprit est apte par rapport aux autres à percevoir plus de choses à la fois. Et plus les actions d'un corps dépendent de lui seul, et moins il y a d'autres corps qui concourent avec lui à une action donnée, plus son esprit est apte à comprendre distinctement » (*L'Éthique*, II, proposition 13, scolie).

Le fait de pouvoir ressentir beaucoup de choses, de pouvoir rencontrer et convenir avec des choses variées développe la puissance à la fois du corps et de l'esprit. C'est une conséquence de la thèse de Spinoza, qui considère que le corps et l'esprit sont une seule et même chose, considérée selon deux points de vue. Tout ce qui se passe dans le corps se passe aussi dans l'esprit. Puisque nous ne saurions séparer le corps de l'esprit sans mourir, rien ne se passe dans le corps qui n'ait un effet, une conséquence, un écho dans l'esprit. Ou, pour mieux dire, il ne s'agit pas d'un écho, car un écho suppose un amoindrissement du son d'origine et un effet lointain, mais d'une correspondance. Tout mouvement dans le corps correspond à une idée dans l'esprit. Ce qui arrive au corps nous donne en même temps des idées. Si on suppose que le corps d'un être artificiel doué également d'un esprit est capable de beaucoup de choses, son esprit sera capable de davantage d'idées. Et surtout, c'est une précision décisive, à proportion que son corps devient actif, son esprit devient « apte à comprendre distinctement ». Voilà pourquoi les répliquants comprennent de plus en plus distinctement leur situation : c'est que leur corps devient de plus en plus actif, riche des expériences qu'ils font à la place des humains. Les répliquants sont des « choses semblables à nous » qui en prennent conscience. Voilà le problème de la Tyrell Corporation : si ces répliques d'humains déploient aussi leur esprit, et ne se limitent pas aux tâches physiques qu'on leur a assignées (soldat, prostituée), la seule manière de les empêcher de se retourner contre leurs créateurs, c'est de limiter artificiellement leur durée de vie. Autrement dit, de les assassiner d'avance. Ce meurtre implicite en est-il moins scandaleux ? Naître esclave supprime-t-il l'idée de liberté ?

Intensité ou durée de vie ?

Si les répliquants sont revenus sur Terre, c'est qu'ils ont une idée de la réponse. Roy, leur chef, incarné par Rutger Hauer, parvient à se faufiler jusqu'à Tyrell, le fondateur de la Tyrell Corporation, qui les a conçus et programmés, lui et ses semblables, pour mourir au bout de quatre ans. Tyrell, face à sa créature vindicative, ne perd pas son flegme de joueur d'échecs :

> « Je suis étonné que vous ne soyez pas venu plus tôt.

— Ce n'est pas facile de rencontrer son créateur.

— Et que peut-il faire pour vous ?

— Le créateur peut-il réparer ce qu'il a fait ?

— Est-ce que vous souhaitez être modifié ?

— J'avais à l'esprit quelque chose de plus radical.

— Quoi, qu'est-ce qui vous pose un problème ?

— La mort.

— La mort ? Mais j'ai bien peur que ce ne soit en dehors de ma juridiction...

— Je veux plus de vie... Père ! »

Au nom de quoi veut-il plus de vie ? C'est très simple : au nom de la vie. Il suffit d'exister pour désirer continuer à exister. Chaque être cherche à persévérer dans son être. Cette persévérance, apparemment, se fait toute seule. Être, c'est faire effort pour continuer à être. On peut appeler ça le désir, c'est ce que Spinoza appelle le *conatus*, du latin *conari*, « faire effort ». Notre être est un effort, un effort pour continuer à être ce qu'il est : « L'esprit, en tant qu'il a des idées claires et distinctes, et aussi en tant qu'il en a de confuses, s'efforce de persévérer dans son être pour une certaine durée indéfinie, et il est conscient de son effort » (*L'Éthique*, III, proposition 9).

L'esprit est « conscient de son effort », et pourtant cet effort se fait tout seul – être, qu'on en soit conscient ou pas, c'est faire effort pour continuer à être. C'est donc un effort qui porte mal son nom, c'est un effort qu'on n'a pas besoin de faire, puisqu'il se fait tout seul. C'est un point délicat. L'objet du désir est à la fois clair : on ne peut que désirer continuer à être ; et obscur : il n'y a pas besoin d'en être conscient pour poursuivre ce but. Ça se fait en moi, avec ou sans moi. Mais c'est moi. Il semblerait donc qu'on puisse parler, comme Luis Buñuel, de *l'obscur objet du désir*... En moi, sans moi. Ce serait manquer ce que veut dire Spinoza, puisque, en matière de désir, tout est pour lui très clair : du moment qu'on est, on désire continuer à être. Tout est clair, mais s'accommode aussitôt d'obscurité, ou plutôt de confusion : « L'esprit, en tant qu'il a des idées claires et distinctes, et aussi en tant qu'il en a de confuses... » Même si vous avez des idées confuses (donc des passions), vous essayez de persévérer dans votre être. Alors, ce désir ? Objet clair ou obscur ?

Scolie : « Cet effort, quand il se rapporte à l'esprit seul, est appelé Volonté ; mais quand il se rapporte à la fois à l'esprit et au corps, on le nomme Appétit[1]. »

« Appétit » vient du latin *ad-petere*, qui signifie « faire effort vers », « tendre vers », « demander » – comme dans le mot « pétition ». La volonté n'est pas indépendante du corps, elle n'est que l'expression sur le plan de l'esprit de notre effort général pour être. La volonté ne saurait vouloir autre chose que ce vers quoi s'efforce l'être. Cette définition est très troublante. Elle remet en cause l'idée qui sous-tend toute la philosophie occidentale d'un esprit séparé du corps, capable de

---

1. Et quand on le rapporte au corps seul, il s'agit simplement d'une détermination, au sens où un corps est déterminé par les autres corps qui l'entourent, selon des rapports mécaniques de cause à effet.

vouloir contre le corps, et de ne pas se plier aux « appétits ». Souvenez-vous de Descartes et de sa distinction entre la « substance étendue » et la « substance pensante ». Mais pourquoi craindre l'appétit ? Comme le dit Spinoza dans la suite du scolie : « L'appétit n'est rien d'autre que l'essence même de l'homme, et de la nature de cette essence suivent nécessairement les choses qui servent à sa conservation ; et par conséquent l'homme est déterminé à les faire. D'ailleurs, entre l'Appétit et le Désir, il n'y a aucune différence, sinon que le désir se rapporte généralement aux hommes en tant qu'ils sont conscients de leur appétit, et c'est pourquoi il peut être ainsi défini ; *le Désir est l'appétit accompagné de la conscience de lui-même.* »

Ça va ? Vous vous accrochez ? Si vous voulez atteindre l'éternité que promet Spinoza, il faut commencer par prendre votre temps. Ne vous pressez pas, vous avez le droit de relire. Faisons-le ensemble : « entre l'Appétit et le Désir, il n'y a aucune différence », dit Spinoza, sauf une : « *le Désir est l'appétit accompagné de la conscience de lui-même* ». Désir et appétit, c'est la même chose, ça porte sur la même chose. La seule différence, c'est qu'il n'y a pas besoin de penser à l'appétit, on tend spontanément vers ce qui nous convient. Simplement, lorsqu'on est conscient de son appétit, on l'appelle désir. Cette précision n'a pas l'air de changer grand-chose. Et pourtant elle change tout. Ce que Spinoza nous glisse ici l'air de rien est une véritable bombe. Que j'en sois conscient ou pas, dit-il, je tends vers la même chose. Autrement dit, la conscience est inutile. Ou plutôt, elle est seconde. Le mouvement de la vie précède la conscience. Nous avons peut-être l'impression de désirer librement ceci ou cela et d'en avoir jugé ainsi de manière consciente, mais c'est une illusion, dit Spinoza. Même quand l'objet de notre désir nous paraît clair, c'est une clarté d'origine confuse. Ou plutôt, c'est une clarté qui cache son origine, une clarté d'origine obscure. Et sur laquelle il est aisé de se méprendre. Si l'objet du désir nous est donné dans une sorte de clair-obscur, c'est qu'il est à la fois clair pour le philosophe, et indifféremment clair ou obscur – ou plutôt confus – pour celui qui désire.

Suite et fin du scolie : « Il est donc établi par tout ce qui précède que nous ne faisons effort vers aucune chose, que nous ne la voulons pas et ne tendons pas vers elle par appétit ou désir, parce que nous jugeons qu'elle est bonne ; c'est l'inverse : nous jugeons qu'une chose est bonne, parce que nous faisons effort vers elle, que nous la voulons et tendons vers elle par appétit ou désir. »

Nous ne désirons pas les choses parce qu'elles sont bonnes, elles sont bonnes parce que nous les désirons. Les choses ne sont pas bonnes par elles-mêmes, en soi, mais par le fait qu'elles nous conviennent ou pas. Inutile de juger qu'une chose est bonne pour tendre vers elle, nous tendons déjà vers elle avant d'y penser, et c'est parce que nous tendons déjà vers elle sans nous en apercevoir que nous pouvons croire ensuite que nous jugeons que cette chose est bonne.

La bonne, objet du désir

Puisque j'ai fait allusion à *Cet obscur objet du désir*, film de Luis Buñuel adapté d'un roman de Pierre Louÿs, penchons-nous sur lui un instant – ce qui, je l'espère, va nous aider à mieux comprendre ce que dit Spinoza. Apparemment, la théorie qui sous-tend le film est la suivante : on sait bien qu'on désire quelque chose, mais on ne sait pas forcément pourquoi, et au fond cet objet est peut-être indifférent. Un homme d'un certain âge et d'un certain statut social devient fou amoureux de sa bonne, la belle Conchita, qui passe son temps à changer de visage sans qu'il s'en aperçoive (en alternance, la chaude et populaire actrice dont j'ai oublié le nom mais pas le reste, et la froide et aristocratique Carole Bouquet dont je n'ai pas oublié le nom), et à se refuser à lui – ce dont il s'aperçoit fort bien... Il finit par la convaincre en déployant mille trésors de patience et de galanterie : il l'emmène en week-end, la traite en princesse. Quand ils entrent dans la chambre, elle paraît sur le point de se donner à lui. Mais, si on ne peut désirer que ce qu'on ignore, elle a bien compris que plus elle se refusera, plus il la désirera. Le lit leur tend les bras, aussitôt elle élude :

> « Est-ce que je peux m'arranger ?
> — Oui, par là. »
> Elle entre dans la salle de bains, en ressort sous les traits d'une autre femme. Il ne remarque rien.
> « Conchita ?
> — Oui, j'arrive... La fenêtre.
> — Eh bien ?
> — Ferme la fenêtre.
> — Mais personne ne peut nous voir.
> — Ça ne fait rien. »
> Il ferme la fenêtre.
> « Tu as vu comme je suis belle ? Je te plais ?
> — Oh oui, tu me plais.

— Je te plais beaucoup ?

— Oui, pourquoi tu me demandes ça ? »

Il essaye d'aller plus loin…

« Non, tout à l'heure, ça ne me dit rien maintenant, c'est tout.

— Ça ne te dit rien ?

— Non, pas maintenant.

— Il y a trop longtemps, j'en ai assez. J'ai été plus patient que n'importe qui à ma place.

— Je ne t'ai rien promis.

— Comment ?

— Je ne te dois rien, rien du tout.

— Fais attention, Conchita, tu te moques de moi depuis longtemps, mais je pourrais bien me lasser.

— Lasser ?

— Je ne supporterai pas tes manières éternellement.

— Ah non ? Je ne vous aimerai pas ce soir, Mathieu. Ni ce soir ni demain.

— Ça suffit ! Enlève cette chemise !

— Éteins les bougies ! »

Éteins, pour que l'objet du désir reste obscur. Le problème : si l'objet du désir se dévoile et se donne clairement, peut-être alors ne désirerons-nous plus. Si j'ai bien compris ce que dit Spinoza, pas du tout. De toute façon, on désire la même chose, qu'on en soit conscient ou pas. Il faudrait dire à cette jeune femme qui craint de ne plus être aimée si elle se donne qu'elle n'a pas à s'inquiéter. La théorie du film n'est pas complètement fausse, Spinoza la complète pour qu'elle devienne vraie. Il ne faut pas dire qu'on ne désire que ce qu'on ignore, et que connaître ce qu'on désire nuirait donc au désir, mais qu'on peut désirer en ignorant. L'ignorance n'est pas la cause du désir, le désir n'a d'autre cause que lui-même, et comme ce mouvement est premier, il est possible que la conscience l'ignore. Cette ignorance n'est donc pas une cause, mais un effet. Au fond, elle ne se pose même pas la bonne question : plutôt qu'être conduite par la crainte d'être délaissée, elle devrait rechercher positivement ce qui augmente sa joie, ce qui est bon pour elle. C'est à elle de désirer, plutôt que chercher à être désirée.

Par une étrange substitution dans la salle de bains, où elle disparaît en disant qu'elle va s'arranger, elle s'arrange tellement qu'elle revient sous les traits d'une autre femme. Ce n'est pas la magie du maquillage, mais du montage : une actrice a pris la place d'une autre. On a déjà commenté cette substitution qui paraissait signifier l'équivalence des objets pour le désir : l'objet est un X indifférent, si on peut le remplacer sans dommage. L'homme ne s'aperçoit de rien, aveuglé par son désir – comme si le désir masquait l'objet sur lequel il porte, ou comme si, encore plus fondamentalement, et c'est ce que paraît dire Spinoza, le désir avait l'illusion de choisir ses objets, alors qu'il ne fait que prendre conscience de manière seconde de ce vers quoi nous appétons sans le savoir. Nous tendons vers les objets avant d'en prendre conscience. Et cet homme croit qu'il désire sa bonne parce qu'il en a jugé ainsi, alors qu'il en juge ainsi parce qu'il tend déjà vers elle sans y penser. Si l'on peut dire, ce n'est pas parce qu'elle est bonne qu'il la désire, c'est parce qu'il la désire qu'elle est bonne. Ce qu'on appelle aussi plus crûment penser avec sa queue. Mais mettre ainsi les choses à l'envers revient, selon Spinoza, à les mettre à l'endroit.

L'appétit est donc premier. Il ne naît pas en nous parce que nous le décidons consciemment, la seule rencontre des choses fait naître en nous une tendance, un appétit. Pour le dire mieux, il n'y a de rencontre possible et nous ne percevons les choses que parce que nous tendons vers elles. D'abord, on tend vers, ensuite, on peut avoir conscience ou pas de cette tendance, de cet appétit. Ce point est particulièrement difficile à comprendre. On a l'habitude de considérer que les choses sont ce qu'elles sont indépendamment de nous, pour ainsi dire « avant » nous. Spinoza nous dit que cet « avant » n'existe pas. C'est une illusion. C'est la même illusion qui nous fait croire que notre volonté se détermine librement, indépendamment de notre corps, quand elle ne fait qu'exprimer l'appétit du corps sur le plan de l'esprit. Cela ne signifie pas non plus que nous soyons simplement déterminés, choses parmi les choses. C'est plus subtil : nous sommes autodéterminés. Spinoza parle de nécessité intérieure. Alain, cartésien contre Spinoza, répondait à cette distinction entre deux nécessités : c'est déjà bien assez d'une... Il voulait dire par là que la nécessité extérieure nous tient déjà si bien qu'on nommerait mieux liberté ce que Spinoza réduit à une nécessité intérieure. Entre Descartes et Spinoza, il faut choisir. Lagneau résumait ce choix ainsi : « Être ou ne pas être, soi et toutes choses », telle est la question...

Revenons à nos moutons – électriques[1]. Nous sommes toujours dans les appartements de Tyrell, le

1. *Blade Runner* est adapté d'une nouvelle de Philip K. Dick intitulée « Les androïdes rêvent-ils de moutons électriques ? ».

« père » des répliquants, et de Roy en particulier. Roy, conformément à sa nature, est venu demander plus de vie. Mais le créateur ne peut réparer ce qu'il a fait. Suivent des explications techniques relatives à l'impossibilité d'inverser le processus qui accélère la dégénérescence des cellules de Roy. S'il y a un dieu de la biomécanique, il est sourd aux prières. Ce que Tyrell résume ainsi :

> « Nous vous avons fait aussi bien que nous pouvions.
> — Mais pas pour durer.
> — Chaque fois qu'une lumière brille deux fois plus, elle brille deux fois moins longtemps, et vous avez brillé on ne peut plus brillamment, Roy. Regardez-vous : vous êtes le fils prodigue, vous êtes une belle récompense.
> — J'ai fait des choses très discutables.
> — Et aussi des choses extraordinaires. Vous avez bien profité de votre temps. »

Tyrell nous sert ce cliché éculé selon lequel l'intensité et la durée sont incompatibles. C'est ce qu'on pourrait appeler le principe James Dean ou le principe Jim Morrison. L'intensité consumerait celui qu'elle traverse... Nous serions des sortes de bougies ou d'ampoules, dont la durée de vie serait inversement proportionnelle à l'intensité subie. Comme si nous étions équipés d'un réservoir et d'une quantité limitée d'énergie. Tyrell tient un discours technique de mécanicien à « sa » créature, dont la revendication, pourtant, est d'ordre métaphysique. Tyrell est sourd à ce cri. S'il a pu créer des répliquants et limiter leur durée de vie, c'est qu'il a toujours été sourd à cette question, qui ne peut se poser que comme un cri. Pour ceux qui ne l'entendent pas, on ne peut rien. Et si Roy décide, au sens propre, d'ouvrir les yeux et les oreilles de son créateur, il ne tue ainsi qu'un homme en qui l'humanité est morte depuis longtemps.

L'objet du désir exprimé par Roy est on ne peut plus clair : il aimerait durer. Comme le poète, il affirme « le dur désir de durer ». Dur ne signifie pas ici difficile. Rien de plus facile que de désirer durer, c'est la définition même de notre être, et de tout être en général. Dur signifie ici essentiel, résistant, inaliénable. Le désir de durer, c'est l'être même. Car si Spinoza dit d'une part que chaque chose, autant qu'il est en elle, persévère dans l'existence, il dit aussi que dans la nature de chaque chose n'est inscrit aucun temps défini. Sa nature affirme une durée indéfinie. Nul n'est fait pour mourir. Le désir de Roy, de persévérer dans l'être, est plus que légitime : il est conforme à sa nature. L'anomalie n'est pas sa volonté d'avoir plus de temps, mais la limite de temps inscrite dans sa nature. « Je veux plus de vie » n'est pas un cri de frustré. C'est le cri de la vie elle-même. Nous ne sommes pas faits pour la mort. Alors que ce répliquant, une chimère fabriquée par l'homme, a été fait, lui, pour mourir. Ce qui n'est pas pensable. Sa révolte est ainsi un mouvement d'esprit. Il ne juge pas la mort scandaleuse en soi, mais juge scandaleuse la manière dont on a volontairement mis de la mort au cœur de la vie. Si la mort ne vient plus de l'extérieur, mais de l'intérieur, c'est la vie qu'on assassine, l'idée même de vie. Ce n'est pas simplement une erreur de jugement, c'est une faute à la fois contre la vie et contre la pensée. C'est une faute contre Dieu – c'est-à-dire la Nature.

Suicide club

Si l'homme n'est pas fait pour mourir, la question du suicide revient non pas au centre de notre réflexion, puisque la vie est le centre de la pensée, mais pose problème. Spinoza le règle d'un revers de scolie : « [...] personne, à moins d'être vaincu par des causes extérieures et contraires à sa nature, ne néglige de désirer ce qui lui est utile, autrement dit de conserver son être. Personne, dis-je, d'après la nécessité de sa nature, mais toujours contraint par des causes extérieures, n'éprouve d'aversion pour les aliments, ou ne se donne la mort, ce qui peut arriver de beaucoup de façons : ainsi l'un se tue, contraint par un autre qui lui retourne la main qui tenait par hasard une épée et le force à diriger ce glaive contre son cœur, ou bien, sur l'ordre d'un tyran, on est contraint, comme Sénèque, de s'ouvrir les veines, c'est-à-dire qu'on désire éviter un mal plus grand par un moindre ; ou bien enfin, des causes extérieures ignorées de nous disposent l'imagination et affectent le corps, de sorte qu'on endosse une autre nature contraire à la première, et dont l'idée ne peut être donnée dans l'esprit. Mais que l'homme, d'après la nécessité de sa nature, s'efforce de ne pas exister ou de changer de forme, cela est aussi impossible que si quelque chose naissait de rien, comme chacun peut le voir avec un minimum de réflexion » (*L'Éthique*, IV, proposition 20, scolie).

La question du suicide ? Spinoza répond : personne ne peut vouloir sa propre mort. Point final. Jeu, set et match. Spinoza prend l'exemple de Sénèque, philosophe stoïcien qui fut contraint au suicide par Néron. Dans le cas de Sénèque, le suicide lui permit paradoxalement de rester lui-même, puisque, en se tuant, Sénèque évita un mal plus grand que la mort, qui eût été de rester vivant et servile. De même qu'on ne peut pas dire qu'un triangle veut devenir carré, on ne peut pas dire qu'un être vivant désire la mort. Spinoza le dit dans son style géométrique : « Nulle chose ne peut être détruite, sinon par une cause extérieure » (*L'Éthique*, III, proposition 4).

Il est bon de lire cela comme s'il s'agissait d'une vérité mathématique. L'idée du suicide ne peut venir de soi, il importe donc toujours de la considérer comme étrangère à notre nature, et de la renvoyer à une cause extérieure, dont il convient de se protéger comme on se protège du froid ou de la pluie. Si Spinoza ne consacre à cette question qu'un minimum de réflexion, c'est qu'il n'y a guère à penser dans le suicide. C'est un accident comme un autre, mais qui a l'air de venir de soi, voilà tout. C'est un accident qui s'accompagne de l'illusion du libre arbitre. À moins d'être dans le cas de Sénèque, et de mettre fin à ses jours pour éviter un mal plus grand que la mort, on n'est jamais aussi peu soi-même que lorsqu'on croit se tuer volontairement.

Pourquoi Spinoza peut-il affirmer que la mort vient toujours de l'extérieur ? La maladie ne vient-elle pas de l'intérieur de notre corps ? Mais qu'est-ce qu'un corps, sinon un ensemble de corps plus petits ? Chaque être est constitué d'une infinité d'êtres. Notre corps, par exemple, est constitué d'une infinité de parties : le poumon, l'estomac, la rate, etc. Il y a des rapports de mouvement et de repos entre ces différents organes, qui définissent un équilibre par lequel nous restons vivants. Si on modifie ce rapport entre ces parties, si par exemple une partie de notre corps est en trop bonne santé par rapport aux autres parties, si les cellules se mettent à proliférer dans une partie de notre corps, ce sera au détriment des autres parties, et de notre corps – ce qu'on appelle un cancer. La maladie peut consister en un excès de santé d'une partie du corps. Autrement dit, la mort n'est pas inscrite en nous, la mort est le résultat d'une mauvaise rencontre [1].

La mort vient de l'extérieur, c'est entendu. Être, c'est désirer être. Très bien, mais le plus souvent, comme on l'a suffisamment vu, désirer, n'est-ce pas désirer être autre qu'on est ? Un film nous permet de faire par procuration l'expérience d'autres vies. Freud dit que le rêve permet d'obtenir de manière illusoire des satisfactions que nous refuse la réalité. Le cinéma offre la possibilité d'obtenir ces satisfactions illusoires de manière contrôlée, mais également d'expérimenter par procuration ce qu'implique le désir de changer de vie de manière radicale. Dans *Fight Club*, Cornélius mène une vie très insatisfaisante d'employé de bureau. Comme presque tout le monde, il vend sa vie pour la gagner. Il souffre de graves insomnies,

1. Certes, entre deux parties de notre corps, mais dont chacune ne pense pas à mal, si l'on peut dire, et cherche à développer sa perfection propre. C'est toujours le modèle de l'accident ou de l'empoisonnement, mais intériorisé. La mort vient toujours de l'extérieur, même quand c'est une partie de notre corps qui nuit à une autre partie de notre corps. La mort résulte d'une modification excessive des rapports de mouvement et de repos entre les parties du corps. De ce point de vue, on peut dire que la mort n'est inscrite dans aucune partie de notre corps, mais résulte d'une disconvenance entre des parties de notre corps. C'est pour des raisons extérieures qu'une partie de notre corps va être usée ou détruite. Par exemple, si une artère se bouche, elle est bouchée par autre chose qu'elle-même. Si une artère s'use, c'est par autre chose qu'elle-même. Et si nous mourons, ce n'est pas parce que la mort ferait partie de nous, mais parce que nous sommes chassés de l'existence par des causes extérieures, qui nous frottent, nous usent, etc.

qui lui font peu à peu perdre le sens de la frontière entre état de veille et… rêve éveillé :

> « On se réveille dans différents aéroports… Seattle, San Francisco, Los Angeles. On se réveille à Chicago, à Dallas, à Baltimore. On change de fuseau horaire, on gagne une heure, on perd une heure.
>
> "L'enregistrement pour ce vol ne commencera pas avant deux heures, monsieur."
>
> C'est votre vie, et elle s'achève minute après minute. On se réveille dans un aéroport dont on ne sait même pas le nom. Si on se réveillait à une heure différente, dans un endroit différent, pourrait-on se réveiller dans la peau d'une personne différente ? »

Au moment où il se pose cette question, Cornélius croise Brad Pitt sur un tapis roulant, sans s'en apercevoir, il croise cette « personne différente » qu'il aimerait être. Évidemment, puisqu'on est dans un film et pas au Festival de Cannes, Brad Pitt n'est pas là en tant que Brad Pitt, mais en tant que personnage : il est Tyler Durden. Peu importe, puisque Tyler remplit pour Cornélius le même rôle que Brad Pitt pour nous. Le désir de changer de vie, quand on est un pauvre garçon comme Cornélius, cette « chose semblable à nous », c'est le désir d'être Brad Pitt. Le film fonctionne sur le principe de cette mise en abyme. Spinoza lui dirait que l'homme n'a pas besoin de la perfection du cheval, mais Cornélius ne l'entend pas de cette oreille. Ce qu'il veut avant tout, c'est échapper à sa vie. Dans l'avion qui le ramène chez lui, Cornélius va se retrouver assis à côté de l'homme qu'il rêve d'être. Par l'angle et le mouvement de la caméra est rendue manifeste l'extériorisation du désir d'être autre que soi : tel un génie sortant de la bouteille, Tyler sort de Cornélius, Brad Pitt sort d'Edward Norton et lit les consignes de sécurité :

« Si votre siège est situé près d'une issue de secours, mouais, et que vous n'êtes pas très disposé à accomplir la procédure de sécurité indiquée ci-dessous, demandez à une hôtesse de vous trouver une autre place.

— C'est une grande responsabilité.

— On échange nos places ? »

C'est une proposition on ne peut plus réelle et qui est faite au spectateur à chaque film. On échange nos places, le temps du film. Pour voir. Cornélius commence par décliner, mais, d'une certaine manière, comme on le verra tout à l'heure, il a déjà accepté. Vous vous souvenez qu'en rentrant chez lui, Cornélius va découvrir que son appartement a été réduit en cendres par une explosion. Démuni, il appelle Tyler, qui, après lui avoir asséné une leçon de stoïcisme, lui offre le gîte. Cornélius accepte de bon cœur, et aussitôt Tyler demande une contrepartie :

« Je veux que tu me rendes un service.

— Ouais, bien sûr.

— Je veux que tu me frappes aussi fort que tu peux.

— Qu'est-ce que tu veux que je fasse, que je te frappe ?

— Allez, mec, rends-moi ce petit service.

— Pourquoi ?

— J'en sais rien, je me suis jamais battu, et toi ?

— Non mais… c'est une bonne chose.

— Non, pas du tout. Comment tu peux te connaître si tu t'es jamais battu ? Je veux pas mourir sans cicatrice. »

Étrange faveur. Pourtant, Spinoza vient de nous dire qu'on ne peut pas désirer être détruit : « […] personne, à moins d'être vaincu par des causes extérieures et contraires à sa nature, ne néglige de désirer ce qui lui est utile, autrement dit de conserver son être ». Cornélius s'étonne légitimement :

« Non mais c'est fou, tu veux que je te frappe ?

— Tout à fait.

— Mais où, en pleine figure ?

— Surprends-moi.

— Mais c'est complètement stupide. »

Cornélius finit par le frapper, à l'oreille. Tyler a mal.

« Ah ! putain, quel enculé, tu m'as frappé à l'oreille !

— Mon Dieu, je suis vraiment désolé.

— Bon Dieu de merde, pourquoi à l'oreille ?

— Ah ! j'ai merdé, je suis nul.

— Non, c'était parfait. »

Tyler colle un coup à Cornélius, qui encaisse avec difficulté. Tyler s'inquiète :

« Ça va ?

— Ça fait vraiment mal.

— Tu l'as dit.

— Frappe-moi encore.

— Non, toi frappe-moi. Allez ! »

Ils se battent.

Frapper exprime une perfection, on s'en souvient, du point de vue de celui qui frappe. Là, c'est inversé, et c'est intéressant à double titre. D'abord, on voit qu'en effet, comme le soutenait Spinoza alors que ça paraissait intenable, on peut frapper sans haine. Cornélius ne veut pas faire mal à Tyler, qui vient gentiment de lui proposer le gîte. Un affrontement sans haine, qui blesse physiquement les deux, mais qui leur fait du bien à tous les deux… Par quel mystère ?

Est-ce si mystérieux que cela ? N'est-ce pas le principe de la boxe ? Non, car la boxe repose sur l'idée d'esquive et de parade : le but n'y est pas de s'exposer volontairement aux coups. Toujours est-il qu'on y frappe sans haine. Les adversaires se respectent. La boxe est un « noble art » : comme le duel, elle repose sur une codification stricte, qui en donnant une forme à la violence par la règle commune la civilise et la purifie des passions mauvaises. On peut dire bizarrement que la boxe sert à se faire moins mal qu'on ne le pourrait : on porte des gants, les coups bas sont interdits, on ne peut frapper qu'avec les poings… Le but est de frapper selon les règles en se faisant le moins mal possible. Dans *Fight Club*, au contraire, le but n'est pas de frapper, mais de se faire mal… pour se faire du bien ! Et, alors que la boxe a pour but de désigner un vainqueur, *Fight Club* repose sur le même principe que « L'École des fans » : tout le monde a gagné. C'est de l'amour, à l'envers. Cornélius conclut, après la bagarre, en partageant une bière : « Ce serait bien si on remettait ça à l'occasion. »

Manière bien moderne de se satisfaire, d'obtenir une joie paradoxale, en faisant du mal à l'autre et en se faisant du mal à soi. Las de sa vie dispersée dans les objets du confort moderne, Cornélius a besoin de se rappeler à son corps. Selon Spinoza, on ne peut souhaiter se faire du mal, à moins d'être la victime de « causes extérieures ». Cornélius est probablement malade. Malade du travail et de la société de consommation. Il a donc raison de souhaiter changer de vie. Pourtant, dit Spinoza, on ne peut pas changer beaucoup sans mourir : « [...] que l'homme, d'après la nécessité de sa nature, s'efforce de ne pas exister ou de changer de forme, cela est aussi impossible que si quelque chose naissait de rien ». Cornélius est pris dans une contradiction, et doit affronter un choix cornélien : soit il reste dans sa vie sans rien y changer et pourrait bien en périr d'ennui, soit il change de vie de manière si radicale qu'il pourrait bien également en mourir. Mais après tout, pour qui veut échapper à sa vie, mourir n'assure-t-il pas une solution définitive ? Tyler, dont l'influence sur la vie de Cornélius s'est peu à peu muée en emprise, conduit une puissante voiture, tandis que Cornélius, sur le siège passager, émet des réserves et pose des questions sur les buts que poursuit Tyler. Tyler répond par une autre question, plus radicale, et à effet immédiat, puisqu'il lâche le volant :

> « Si tu devais mourir maintenant, elle te ferait quel effet ta putain de vie ?
>
> — J'en sais rien, elle me ferait aucun effet, ma putain de vie, c'est ça que tu veux m'entendre dire ?
>
> — C'est pas suffisant !
>
> — Arrête de faire le malin. Tiens le volant !
>
> — Regarde-toi, tu es vraiment pitoyable. Pourquoi j'ai fait sauter ton appartement, à ton avis ?

— Quoi ?

— Pour toucher le fond, il suffit pas d'un week-end, c'est pas comme un de tes putains de séminaires de merde. Arrête de chercher à tout contrôler, laisse faire les choses. Lâche-toi.

— Bon, parfait. »

La question que pose Tyler, apparemment, n'est pas mauvaise : « Est-ce que tu sais ce que tu aurais aimé faire avant de mourir ? » Autrement dit : « Ta vie a-t-elle du sens ? », ou encore : « Est-ce que tu es conscient de ton désir ? » Si Cornélius avait lu Spinoza, il aurait répondu qu'il n'y a pas besoin de conscience pour avoir un appétit. Être, c'est désirer tout simplement continuer à être. Il a manqué un peu de repartie. C'est que la vie n'a pas à se justifier. Le sens de la vie n'a pas besoin d'être conscient pour être, puisque la vie, par définition, est ce qui a toujours un sens. Vivre, c'est tendre vers. C'est tendre vers la vie. Souvenez-vous : l'appétit est premier. La conscience est seconde. Inutile de poser la question du sens de la vie, la vie répond toute seule : chaque être désire continuer à être, selon sa nature. Cette réponse qui se fait sans que la conscience soit convoquée a de quoi exaspérer celui qui se pose la question. Tyler pense qu'en se mettant en danger de mort, il aura une conscience plus claire du sens de la vie. Si la méthode est vouée à l'échec, le but poursuivi peut paraître légitime. Et c'est pourquoi Cornélius finit par accepter. Il lâche prise. Mais attache sa ceinture de sécurité, comme Tyler, tandis que la voiture, dont personne ne tient plus le volant, se déporte lentement vers le bord de la route, puis bascule dans le fossé. Contusionnés mais vivants, les occupants s'extraient de la carcasse, guère plus renseignés qu'avant, ce que Tyler fait remarquer ainsi : « On a frôlé la vie. »

Du lâcher prise à la prise de conscience, il n'y a parfois qu'un pas, encore faut-il le franchir consciemment. Un beau jour, Tyler disparaît. Après des semaines de recherches, durant lesquelles il découvre avec stupeur que tout le monde le prend pour Tyler, Cornélius parvient à le coincer, et lui pose la question décisive :

> « Pourquoi tout le monde me prend pour toi ?
>
> — Je pense que tu le sais. Pour quelle raison pourrait-on te confondre avec moi ?
>
> — J'en sais rien.
>
> — T'as pigé. Parce que… Dis-le !
>
> — Parce qu'on est la même personne.
>
> — C'est ça.
>
> — Je ne comprends rien à cette histoire.
>
> — Tu cherchais un moyen de changer ta vie. Tu ne pouvais pas y arriver tout seul. Tout ce que tu souhaitais pouvoir accomplir, c'était moi. J'ai la tête que tu voudrais avoir, je baise comme tu voudrais baiser. Je suis intelligent, je suis adroit et, par-dessus tout, je suis libre sur tous les plans où tu ne l'es pas.
>
> — Non, c'est impossible, c'est dingue !
>
> — Les gens font ça tout le temps. Ils se parlent à eux-mêmes, ils se voient eux-mêmes tels qu'ils aimeraient être, mais ils n'ont pas le courage comme toi d'aller jusqu'au bout. Naturellement, tu as du mal à assumer, alors par moments tu es encore toi, à d'autres moments, tu t'imagines en train de m'observer, mais en

définitive tu acceptes de devenir peu à peu… Tyler Durden ! »

Coup de théâtre, ou plutôt coup de cinéma. Le cinéma nous permet d'incarner à l'écran ce qui n'existe pas et n'existerait pas de toute façon. On est dans la perception de quelqu'un qui se dédouble pour changer de vie. Pour changer de vie, il a été obligé de changer de forme. Spinoza nous a prévenus que c'était dangereux. « Des choses sont de nature contraire, c'est-à-dire ne peuvent être dans le même sujet, dans la mesure où l'une peut détruire l'autre » (*L'Éthique*, III, proposition 5). C'est exactement le cas. On a dans le même sujet deux choses de nature contraire dont l'une peut détruire l'autre. C'est impossible, nous dit Spinoza. Pourtant, le film fait exister cette impossibilité, permet au spectateur de vivre ce dédoublement, et d'explorer les conséquences de cette hypothèse. Le film, comme Cornélius, va « jusqu'au bout ». Encore une fois, le film est une figure abstraite, un cas extrême, une idée qui permet de juger notre expérience, comme les figures géométriques nous permettent de mesurer l'expérience par approximation. L'idée de triangle n'existe pas dans la nature, mais permet, par approximation, de juger que certaines formes sont triangulaires. Attention, ici, car nous avons l'impression que l'expérience nous dit le contraire : n'avons-nous pas déjà trouvé dans la nature des objets parfaitement triangulaires, ou cubiques, ou circulaires ? C'est l'argument des ramasseurs de galets sur la plage. Polie par la mer qui l'a débarrassée de ses irrégularités, cette pierre n'est-elle pas parfaitement sphérique ? C'est l'argument des pêcheurs de perles : cette perle est parfaitement ronde.

C'est l'argument des bijoutiers : évidemment qu'elle a été taillée, mais regardez, cette pierre est parfaite ! Les facettes triangulaires d'un diamant ne sont-elles pas des triangles parfaits ? Et qu'il soit taillé ou naturel, un cristal, observé à l'échelle microscopique, n'est-il pas d'une régularité également parfaite ? Regardez mieux, nous dit Spinoza, et Descartes nous dit la même chose. Regardez mieux, car, à y regarder de plus près, il n'existe dans la nature, c'est-à-dire dans l'ordre des corps, que des irrégularités. À l'échelle d'un homme, un diamant paraîtra parfaitement régulier. Mais au microscope n'apparaîtront que des différences, des saillies, des bosses, des creux. Une route qu'un homme estime parfaitement plate quand il marche dessus ne sera que creux et bosses pour une fourmi. Ce n'est qu'une question d'échelle. Leibniz appelait cela la règle des incommensurables : il n'existe pas deux objets identiques dans l'intégralité de la nature. Vous pouvez faire comme cette lectrice de Leibniz qui refusait de le croire, et qui, propriétaire d'un immense terrain, demanda à son jardinier de faire la preuve du contraire : le pauvre homme dut ramasser toutes les feuilles mortes du jardin pour les comparer et tenter de les superposer. Dans le tas, pensait cette brave femme, il y en aura bien deux pareilles. Le jardinier en trouva plusieurs fort ressemblantes et aussi proches que possible, mais aucune n'était parfaitement semblable à une autre. Et l'on pourra, comme l'explique Leibniz, poursuivre l'expérience autant qu'on voudra : cette vérité ne vient pas de l'expérience, et précède toute expérience. C'est une vérité métaphysique. La nature n'existe que par ses différences. Et quand bien même un Dieu s'amuserait à créer deux choses parfaitement identiques, ces deux choses différeraient au moins par le lieu qu'elles occupent. L'une n'est pas à la place de l'autre.

On vous le dit, dans l'ordre des corps, il n'y a que de l'inégalité, de la différence, de l'irrégulier. L'égalité, l'identité, la régularité n'existent pas, ce sont des idées, qui nous servent à juger de l'expérience. Même la figure tracée au compas, ou, encore mieux, calculée par ordinateur, oui, même le triangle parfait dessiné numériquement pour un effet spécial ou un jeu vidéo n'est qu'une suite de points grossiers et irréguliers à l'échelle microscopique. Approchez-vous de l'écran aussi près que vous pourrez, vous commencerez à comprendre ce que nous disent Leibniz, Descartes, Spinoza... Comme l'écrit Alain, « nous triangulons toujours ». Nous passons notre vie à appliquer des idées abstraites à la réalité corporelle pour la mesurer. Si on peut dire que le cinéma est un art abstrait, c'est qu'il nous présente des figures parfaites, des idées, des absolus, incarnés de manière évanescente, comme un triangle tracé par un géomètre pour soutenir son raisonnement incarne imparfaitement l'idée de triangle, mais permet, grâce à une aide de l'imagination, de penser l'idée. Je ne dis pas que le cinéma se réduit à incarner des idées, ce serait une approche bien pauvre et réductrice. Mais le cinéma, par sa nature, a la puissance de géométriser. Il s'adresse à l'imagination, mais en se séparant du corps. Voir un film, c'est faire une expérience physique, mais sans risque. C'est faire une expérience, si l'on peut dire, abstraite. Je veux dire que le cinéma permet non pas d'incarner simplement une idée, de manière illustrative, mais, et c'est bien plus troublant et profond, de faire l'expérience d'une idée. *Fight Club* nous pousse ainsi à aller au bout de ce qu'indique Spinoza, à imaginer où mènerait l'association de deux choses de nature contraire dans un même sujet : on expérimente cette contradiction interne destructrice sans avoir à en payer le prix. *Fight Club* nous montre ce que *L'Éthique* nous démontre : on ne peut pas être deux en un.

Pour reprendre un exemple déjà cité, si un triangle se rêvait carré, et que le Dieu de la géométrie, dans un excès de bonté, lui offrait un côté supplémentaire, il serait mort comme triangle. Le triangle et le carré sont de nature contraire, dans la mesure où ils ne peuvent être tous deux dans un même sujet. On ne peut pas être à la fois triangle et carré. La géométrie nous renseigne sur notre nature, c'est l'idée de Spinoza, et voici donc la seule manière dont la relation entre Cornélius et Tyler, cette relation intérieure impossible puisqu'il s'agit d'une seule et même personne, peut se terminer. Cornélius subit Tyler comme un corps étranger dans son esprit, mais qui lui donne l'illusion d'exister hors de lui et indépendamment de lui. Tyler a monté une énorme opération, le « projet Chaos », qui vise, par la destruction des bâtiments abritant les centres névralgiques de la finance internationale, à plonger le monde dans un chaos qu'il espère régénérateur, et capable de faire oublier les fausses valeurs consuméristes. Le projet n'est pas mauvais, c'est la méthode qui est gênante. Cornélius est ainsi à la fois d'accord, sur le but, et pas d'accord, sur les moyens. Cette contradiction entre Tyler et lui est une contradiction interne qui s'est extériorisée. Cornélius, attaché par Tyler à une chaise pour assister depuis un étage élevé à la destruction simultanée des bâtiments piégés, a bien compris que Tyler n'existait pas, mais, s'il l'a compris avec les yeux de son esprit, il continue à le voir avec les yeux de son corps. Il doit s'ajouter ce qu'il a compris, et reprendre le contrôle de son dangereux alter ego s'il veut éviter le pire. Cornélius est apparemment impuissant, sous la garde de Tyler qui tient une arme. Cornélius tente de raisonner son double :

> « Tyler, je te suis très reconnaissant pour tout ce que tu as fait pour moi, mais ça, c'est vraiment trop, je n'en veux pas, de ça.
>
> — Qu'est-ce que tu veux alors ? Retourner à ton boulot de merde, à ton appart' à la con pour regarder des sitcoms ! Je le ferai pas !
>
> — Non, ce n'est pas possible.
>
> — Tout est déjà prêt, alors boucle-la. Soixante secondes. Tu vois bien de là ?
>
> — Non. Je peux trouver une solution. Tout ça n'est pas réel. Tu n'es pas réel, et ce flingue n'est pas dans ta main. Ce flingue est dans ma main. »
>
> Aussitôt, l'arme apparaît dans la main de Cornélius. Tyler reconnaît l'astuce :
>
> « Bravo, bien joué, mais ça change que dalle... »
>
> Cornélius ne répond pas et retourne l'arme contre lui-même. Il a l'air décidé à tirer. Tyler change de ton et s'inquiète, soudain très doux :
>
> « Pourquoi tu voudrais te faire sauter la tête ?
>
> — Pas ma tête, Tyler, notre tête.
>
> — Intéressant. Et où tu vas, là, Ikea boy ?... Hé ! Il s'agit de toi et moi... Amis.
>
> — Tyler, je veux que tu m'écoutes attentivement.

— D'accord.

— Mes yeux sont ouverts. »

Il se tire une balle dans la bouche. Tyler disparaît.

On pourrait penser que Cornélius aussi, mais il survit, la bouche un peu pâteuse, il est vrai. La seule solution qu'il trouve, on ne peut plus radicale, est logique puisque, s'il est deux personnes en une et qu'il y en a une de trop, la seule manière de se débarrasser de ce double, dans ce film, c'est de trouver une solution physique, et de se faire du mal à soi sur la partie concernée. Comme nous ne sommes pas des créatures de film mais des êtres réels, nous n'avons pas besoin de procéder ainsi. Lire Spinoza est une solution beaucoup plus douce, qui répond au même problème. Là encore, là où le film contre-indique et montre les effets négatifs du désir de changer de vie, la philosophie indique et donne les moyens positifs de gagner en être et de développer sa puissance autant qu'il est possible. La seule manière de changer sans mourir, c'est non pas de changer de forme, mais de développer sa forme. Non pas se violenter pour devenir un autre, mais comprendre sa perfection pour devenir ainsi plus joyeux. Imaginer qu'on serait plus heureux en étant autre fait naître des passions tristes (espoir et donc crainte, tristesse de n'être que ce qu'on est, haine contre celui qu'on est), alors que comprendre pourquoi non seulement ce n'est pas possible, mais encore ce n'est pas souhaitable, puisque chaque être a sa perfection propre, fait immédiatement naître de la joie – celle de comprendre, pour commencer – et nous met sur le chemin de la joie réelle d'exercer sa perfection plutôt que de la renier. Ce n'est pas seulement une solution plus intelligente, c'est la seule. La seule manière d'être plus heureux n'est pas de changer de vie, mais de guérir son imagination en la déployant en raison : pour être véritablement celui qu'on veut être, il n'y a qu'à continuer à être ce qu'on est, plutôt qu'utiliser toutes ses ressources à se nier soi-même. Changer de vie est impossible et suicidaire, mais changer la manière dont nous usons de notre imagination est possible et réjouissant.

Vous vous souvenez de ce que Spinoza écrivait du suicide : « [...] ou bien enfin, des causes extérieures ignorées de nous disposent l'imagination et affectent le corps, de sorte qu'on endosse une autre nature contraire à la première, et dont l'idée ne peut être donnée dans l'esprit ». Ce qui arrive à Cornélius est lié à des « causes extérieures ignorées », dont on peut supposer que le manque de sommeil, associé à la frustration de la vie moderne, leur a permis de devenir efficientes. Sa frustration, qui aurait débouché chez un humain normal sur des rêves de compensation, a ouvert chez lui la voie à un rêve éveillé, faute de sommeil – à ce qu'on pourrait appeler un réel de compensation. Deux réels... il y en a un de trop, ils ne peuvent qu'entrer en conflit. C'est une lutte à mort. Et qui ne peut se gagner directement. On ne fait pas disparaître une illusion en discutant avec elle pour la convaincre qu'elle n'existe pas, mais en discutant avec soi-même pour former l'idée qui exclut l'existence de ce qu'on imagine. C'est en comprenant cela, en pensant une idée, que l'illusion est renvoyée à son statut imaginaire. Elle est pensée à sa place, ce qui permet au réel de reprendre la sienne.

Cornélius est sauvé à partir du moment où il comprend qu'il ne faut pas désirer changer, mais simplement ouvrir les yeux, « J'ai les yeux bien ouverts », dit-il. Quand on a les yeux ouverts, on voit le réel, on perd l'espoir, qui est une passion triste, et on retrouve la raison. Vous remarquerez que pour voir les choses telles qu'elles sont, Cornélius a dû passer par des raisonnements, qui lui ont ouvert les yeux. Les démonstrations sont bien les yeux de l'âme. Savoir permet de voir. Et si l'imagination, dans ce film, a un effet très directement nocif – puisque Tyler, être imaginaire, menace de détruire Cornélius réellement –, n'est-ce pas le signe qu'il ne faut pas abuser des productions imaginaires, et en particulier du cinéma ? Ne faut-il pas s'inquiéter pour les malheureux qui aiment ce genre de films ? Cette première violence imaginaire que se fait à lui-même le spectateur ne le met-elle pas sur la voie d'une violence réelle, faite à lui-même ou aux autres ? Le spectateur de *Fight Club* ne risque-t-il pas de m'agresser à la sortie du cinéma pour ne pas mourir sans cicatrice, ou de se tirer une balle dans la bouche, victime de sa propre imagination ? Voir un film, n'est-ce pas en quelque sorte du suicide ?

4.

Y A-T-IL UN BON USAGE DE L'IMAGINATION ?

Sixième sens, ou le triomphe de la raison

L'argument selon lequel la violence au cinéma pourrait être responsable de violences réelles, même s'il est le plus souvent utilisé par des associations religieuses réactionnaires et moralisatrices [1], l'est parfois également par des personnes de bonne foi, et mérite au moins d'être examiné. Il est indéniable que si l'imitation de sentiments fonctionne à plein, nous partageons les sentiments des « choses semblables à nous » à l'écran, et, lorsque Brad Pitt cogne un type, on le cogne un peu avec lui. Va-t-on pour autant cogner quelqu'un réellement en sortant du cinéma ? Honnêtement, c'est possible. Mais l'inverse également est possible. Un de mes amis a arrêté la boxe thaïe après avoir vu ce film, en se disant qu'au fond, il

1. En général après des massacres à l'arme automatique perpétrés par des adolescents américains décérébrés. La libre circulation des armes n'y est évidemment pour rien. La faute incombe aux films…

pratiquait ce qu'il se plaisait à considérer comme un « art martial » pour de mauvaises raisons. Peut-être n'était-il lui aussi qu'un Cornélius frustré par la médiocrité de sa vie, cherchant dans la violence réglée un exutoire à sa haine et à sa tristesse. En lui offrant un voyage imaginaire au bout de la violence, le film l'a guéri de la sienne, l'art l'a guéri du martial. L'effet thérapeutique de la violence a été théorisé par Aristote, pour qui la terreur et la pitié permettaient au spectateur de se purger de ses passions, dans ce qu'il appelait une catharsis. Rappelons que la catharsis a été théorisée dans le cadre du théâtre grec, dont les représentations étaient rares. Aristote n'indiquait donc pas de ressentir terreur et pitié plusieurs fois par jour, car les passions tristes sont mauvaises pour la santé si on s'y expose trop longtemps et trop souvent, mais de le faire une fois de temps en temps – alors, les mêmes passions tristes peuvent avoir un effet purgatif, purificateur, à condition d'être utilisées avec parcimonie. Autrement dit : *Fight Club*, d'accord, mais pas tous les jours.

Reste que, si l'on veut étudier l'argument de plus près, il repose sur une idée fausse de l'imagination. Croire que la violence vécue sur le plan imaginaire vaut une violence vécue réellement n'est possible qu'à la condition de méconnaître la nature de l'imagination. Pourtant, si on prend le cas de Cornélius, dont Tyler est la créature imaginaire, on peut dire que son imagination lui nuit, et le fait vivre dans l'erreur au point de mettre sa vie en danger. L'imagination est ici source d'erreur, c'est indéniable. Spinoza dément : « Je voudrais que l'on remarque que les imaginations de l'esprit, considérées en soi, ne contiennent pas d'erreur, autrement dit que l'esprit n'est pas dans l'erreur parce qu'il imagine, mais en tant seulement qu'il est considéré comme privé de l'idée qui exclut l'existence des choses qu'il imagine présentes » (*L'Éthique*, II, proposition 17, scolie).

Ceux qui dénoncent les méfaits de l'imagination font erreur sur l'imagination, une erreur elle-même d'origine imaginaire. Cornélius, même quand il était dans l'illusion, ne faisait pas erreur en tant qu'il imaginait, mais en tant qu'il lui manquait quelque chose. Que manquait-il à Cornélius ? « L'idée qui exclut l'existence des choses qu'il imagine présentes », c'est-à-dire l'idée que Tyler n'existe pas. Quand il retrouve cette idée, il revient de la folie à la raison. S'il subissait Tyler, ce n'est pas que Tyler était mauvais en soi – Tyler a du sens, tout ce qu'il dit mérite considération –, ce qui était mauvais, c'était de croire que Tyler était réel. Tyler est bon, à sa place d'idée imaginaire. L'idée que Cornélius avait de Tyler était donc inadéquate, incomplète : il lui manquait l'idée qui excluait son existence. Voilà comment de passif on devient actif, c'est toujours la même histoire, la passion n'est pas le contraire de la raison, c'est simplement de la raison incomplète. Il y a toujours du vrai dans la passion, mais il lui manque toujours quelque chose. Tyler dit vrai, mais la vérité sur Tyler, c'est qu'il ne peut être dans le vrai qu'à la condition de ne pas être réel. Cornélius redevient complet et raisonnable non pas en se privant d'imaginer quoi que ce soit, « l'esprit n'est pas dans l'erreur parce qu'il imagine », mais en sachant que ce qu'il imagine n'est pas réel. Alors seulement, l'imagination devient vraie.

L'erreur n'est pas dans le fait d'imaginer, mais dans le fait d'avoir seulement cette imagination et pas l'idée qui nous dit que cette chose n'existe pas. Quand nous voyons un film, nous ne sommes donc pas dans l'erreur, puisque nous savons que ça n'existe pas. Au cinéma, nous ne sommes pas dans la situation de Cornélius. Nous savons en permanence que l'expérience que nous faisons est imaginaire. Et c'est par là, paradoxalement, que cette expérience devient vraie. « Car si l'esprit, en imaginant présentes des choses qui n'existent pas, savait en même temps que ces choses n'existent pas réellement, il regarderait cette puissance d'imaginer comme une vertu de sa nature, et non comme un vice ; surtout si cette faculté d'imaginer dépendait de sa nature seule, c'est-à-dire si la faculté d'imaginer de l'esprit était libre » (*L'Éthique*, II, proposition 17, scolie).

Que veut dire que la puissance d'imaginer peut être une vertu ? Dans le cas de Cornélius, c'est un vice, puisque ça a failli le détruire. Non, le vice n'était pas lié à l'imagination, mais au fait de ne pas savoir « en même temps que ces choses n'existent pas réellement ». Autrement dit, le vice, c'est le rêve. Et c'est un vice à double titre (notons au passage que le mot « vice » n'implique ici aucune dénonciation morale, il s'agit simplement d'un défaut, d'un manque, comme on parle d'un « vice de forme »). Premièrement, quand on rêve et qu'on ignore qu'on rêve, on imagine « présentes des choses qui n'existent pas », c'est bien, c'est une puissance positive de notre esprit, mais sans savoir « en même temps que ces choses n'existent pas réellement ». Pourquoi est-ce un problème ? N'est-ce pas la condition du plaisir du rêve ? Oui, mais c'est aussi la condition du déplaisir, puisqu'on ne choisit pas ce qu'on rêve, et c'est le second problème du rêve : notre faculté d'imaginer n'y est pas libre. D'où les cauchemars. Mais même dans le cas d'un rêve agréable, on peut considérer qu'il prépare un mauvais réveil : il ne peut être suivi que d'une déception lorsqu'on s'apercevra que « ces choses n'existent pas réellement ». Et deuxièmement, même si on a déjà commencé à l'évoquer, lorsqu'on rêve, notre « puissance d'imaginer » ne dépend pas de notre nature seule, nous ne sommes pas la cause adéquate de nos rêves, mais simplement la cause partielle : nous subissons, car nous ne choisissons pas le contenu ni la manière dont s'enchaînent les éléments de nos rêves.

« [...] supposons qu'un enfant se représente par l'imagination un cheval ailé et ne perçoive rien d'autre. Puisque cette imagination enveloppe l'existence du cheval ailé, et que l'enfant ne perçoit rien qui supprime l'existence du cheval, il considérera nécessairement le cheval comme présent : et il ne pourra douter de son existence, quoiqu'il ne tienne pas une certitude. De cela d'ailleurs nous faisons chaque jour l'expérience dans les rêves, et je ne crois pas qu'il existe un homme qui, pendant son rêve, pense avoir le libre pouvoir de suspendre son jugement sur ce qu'il rêve, et de faire qu'il ne rêve pas ce qu'il rêve ; et néanmoins il arrive que, même dans les rêves, nous suspendions notre jugement, lorsque nous rêvons que nous rêvons » (*L'Éthique*, II, proposition 49).

Comprenons bien. Spinoza ne dénonce pas le rêve en lui-même. Le rêve, en tant qu'il met en jeu notre « puissance d'imaginer », manifeste notre puissance, l'imagination produit des idées. Plus on a d'idées dans la tête, plus on est riche. L'imagination est active. Mais ce qui manque au rêve, c'est de savoir que l'imagination produit des choses qui, justement, sont imaginaires. Le rêve est trop réel. Ce qui manque au rêve, c'est deux choses : premièrement, de savoir qu'il n'est pas réel ; deuxièmement, de pouvoir choisir son contenu. Autrement dit, Spinoza vient de nous démontrer la nécessité du cinéma !

Eh oui ! Un rêve éveillé qui choisit son contenu, quelle meilleure définition du film ? On sait qu'un film n'est qu'un film, on le sait de bout en bout. Alors que s'il arrive, dans un rêve, qu'on s'aperçoive qu'on rêve, la règle est plutôt inverse : en général, on ignore de bout en bout qu'on rêve. Même si l'imagination est une puissance productrice, et donc positive, réelle, même s'il n'y a qu'une imagination, toujours bonne, il existe deux usages de l'imagination, dont l'un est bon et l'autre mauvais. Ce qui est mauvais, c'est l'imagination délirante, qui délire parce qu'on n'a pas conscience que ce qu'on imagine n'existe pas. C'est le cas de Cornélius pendant la quasi-totalité de *Fight Club*. Mais si on a conscience que ce qu'on imagine n'existe pas, alors l'imagination tient sa vraie place, et on s'enrichit parce qu'on a conscience que ce sont des idées. C'est le cas de Cornélius à la toute fin du film, et du spectateur de *Fight Club*. C'est le cas, plus généralement, du spectateur de cinéma. La thèse selon laquelle la violence au cinéma rendrait violents les spectateurs ne tient donc pas debout, et manifeste la faiblesse d'esprit de ses défenseurs. Faiblesse d'esprit inquiétante pour eux, puisque d'après ce qu'ils disent, ils sont incapables de faire la différence entre la fiction et la réalité : il leur manque l'idée que les choses imaginaires n'existent pas. Tant qu'ils seront privés de cette idée, il sera prudent de les considérer comme des individus dangereux, dont je vous déconseille la fréquentation. Vous reconnaîtrez les vrais psychopathes à ce qu'ils s'inquiètent pour la santé mentale des autres. Ils sont d'ailleurs prêts à les enfermer pour les guérir – mais jamais dans une salle de cinéma.

La licorne et le loup

Exister à la condition de ne pas exister, étrange condition, n'est-ce pas ? Qu'est-ce qu'un cheval ailé ? Pour commencer, c'est un être impossible réellement, qui n'est possible que par alliance de mots et n'existe que dans le langage. Les mots permettent de dire n'importe quoi, de faire exister n'importe quoi. On peut dire que les arbres parlent, dit Spinoza. On peut le dire, et pourtant, ce n'est pas possible. Ou alors, sous la forme de livres. Ce que veut dire Spinoza, c'est que la liberté que nous offre le langage permet de faire exister sur le plan de l'imagination des choses impossibles sur le plan des corps et des idées. Ensuite, on peut en former une image, elle-même impossible, mais composée d'images réelles. Une chimère est un être fabuleux impossible, composé de parties elles-mêmes possibles. Ainsi, l'image d'un cheval ailé se compose-t-elle de l'image d'un cheval et de l'image d'ailes. La licorne se compose de l'image d'un cheval à laquelle on ajoute l'image d'une corne. C'est un collage artificiel d'êtres naturels. Ce collage, ou montage, est-il un mensonge ? Non, c'est une création, qui manifeste ainsi une puissance, une vertu : la puissance d'imaginer. La chimère est un être fictif, mais le cercle également. Il est engendré par l'idée de segment et l'idée de rotation. Le problème n'est pas de créer des fictions – la science n'est rien d'autre qu'une fiction réglée par l'entendement. Le problème commence quand on va dans une forêt et qu'on s'imagine pouvoir rencontrer une licorne – ou un cercle !

Dans *Blade Runner*, alors que Deckard vient d'abattre un répliquant, il rentre chez lui et, pris d'une tristesse inexplicable chez un tueur de ce calibre, s'affale sur son piano pour se perdre dans une rêverie inattendue : une licorne court au ralenti dans une forêt de conte. Nous voyons cette licorne avec lui, mais nous ne sommes pas en plein délire puisque nous savons que nous voyons un film. Dans l'univers urbain, pluvieux, obscur, hostile et pollué qu'est devenue la Terre, Deckard, l'impitoyable *blade runner*, s'offre une respiration par le rêve éveillé. Il imagine, épuisé, porté par les quelques notes qu'il pianote, la course majestueuse d'une licorne, être artificiel, né de l'imagination humaine… Comme un répliquant, moins la réalité. Le drame du répliquant, c'est d'être une chimère réelle. Telle est la monstruosité de sa condition : être une licorne qui existe vraiment. Cette vision de licorne est le signe que Deckard n'est pas le tueur sans états d'âme que l'on croit. S'il laisse subsister en lui l'image d'une licorne, peut-être est-ce qu'il commence à rechigner à abattre les répliquants pour le compte de l'apprenti sorcier Tyrell. Au fond, Tyrell considère que les répliquants sortis de son imagination ne sont rien que des êtres imaginaires, auxquels il convient d'adjoindre, par la force s'il le faut, l'idée qu'ils n'existent pas. Le *blade runner* est chargé de cette rectification. Le problème est qu'il ne s'agit plus de corriger une idée imaginaire, mais de tuer une imagination devenue réalité, un être vivant à part entière. Au répliquant, être que Tyrell prétend fictif, il conviendrait plutôt d'ajouter, au contraire, l'idée de son existence. Il ne faut pas corriger la réalité des répliquants pour la supprimer, mais corriger en soi l'idée que l'on se fait des répliquants, idée incomplète, qui omet leur existence. Pour en revenir à notre licorne et à nos chimères, Spinoza précise : « J'accorde donc que personne ne se trompe en tant qu'il perçoit, c'est-à-dire que les imaginations de l'esprit considérées en elles-mêmes n'enveloppent pas d'erreur ; mais je nie qu'un homme n'affirme rien en tant qu'il perçoit. En effet, percevoir un cheval ailé, qu'est-ce sinon affirmer d'un cheval qu'il a des ailes ? » (*L'Éthique*, II, proposition 49).

Imaginer, c'est poser l'existence. Les scrupules de Deckard à abattre des êtres vivants injustement considérés comme fictifs s'expriment et trouvent une compensation en s'offrant la satisfaction de faire vivre une créature imaginaire. Si imaginer, c'est affirmer l'existence, l'imagination est une puissance de vie, l'imagination affirme la vie. Au passage, précisons que lorsque Spinoza dit : « mais je nie qu'un homme n'affirme rien en tant qu'il perçoit », il vise clairement Descartes. Vous vous souvenez que Descartes distingue en notre esprit deux facultés : l'entendement qui conçoit et la volonté qui affirme ou nie. Si Descartes opérait cette distinction, c'était pour garantir à notre pensée la liberté : quoi que l'entendement conçoive, la volonté infinie garde la possibilité de le nier. Spinoza s'érige fermement contre cette distinction qu'il estime abstraite : pour lui, penser quelque chose, c'est nécessairement l'affirmer en même temps comme vrai. Et imaginer quelque chose, c'est l'affirmer comme réel, à moins d'y adjoindre l'idée que cette chose n'existe pas. Spinoza insiste avec force, car c'est ce point qui le sépare le plus radicalement de Descartes.

L'imagination est une véritable puissance productrice. Elle produit des êtres dont elle affirme en même temps la réalité. Et l'exemple que prend Spinoza ne nous est pas inconnu. Ce cheval ailé, vous l'avez déjà vu au cinéma. Emblème de plusieurs sociétés de production et de distribution, il est le symbole du pacte cinématographique qui lie le spectateur au film. Tout ce qu'on voit sur l'écran est réel, à la condition de ne pas exister. Au cinéma, c'est « pour de vrai » du moment qu'on sait que c'est « pour de faux ». Wolverine, l'homme-loup de *X-Men*, est une chimère qu'on ne peut pas concevoir, mais qu'on peut imaginer grâce à l'alliance des mots « homme » et « loup ». L'équivalent cinématographique de ce principe d'association entre réalités de nature contraire existe, c'est le fondu enchaîné. Soit deux images contradictoires, de nature contraire : il suffit, pour passer de l'une à l'autre, de les superposer un instant. Deux réalités contraires se retrouvent ainsi mises en continuité, d'une manière impossible dans la réalité. Le fondu enchaîné est un exemple parmi d'autres. Plus généralement, trucages, montage et effets spéciaux permettent au cinéma la fabrication de chimères de plus en plus, à la fois, improbables et crédibles – et rassurons le moralisateur craintif qui sommeille en chacun de nous, ces déploiements inouïs de créatures fictives, loin de mettre en danger notre fragile équilibre mental pour nous transformer en Docteur Cornélius et Mister Tyler, développent la puissance et l'extension de notre imagination, exerçant et fertilisant notre esprit autant qu'on voudra.

Passé, futur et présent d'une illusion

Autant qu'on voudra, et vous n'avez pas idée à quel point, car l'imagination est si puissante qu'elle est capable non seulement d'affirmer l'existence de choses présentes, mais également de faire revivre le passé ou d'anticiper le futur : « L'homme est affecté du même sentiment de joie et de tristesse par l'image d'une chose passée ou future et par l'image d'une chose présente » (*L'Éthique*, III, proposition 18).

Nous ressentons réellement les passions ou les sentiments associés aux images que nous voyons, quel que soit le statut de ces images. C'est là une propriété étonnante de l'imagination que révèle Spinoza, si étonnante qu'elle paraît fort discutable. Le souvenir d'une tristesse ne nous affecte-t-il pas moins qu'une tristesse présente ? La question est mal posée, puisque le souvenir d'une tristesse est justement une tristesse présente. Impossible de penser à une tristesse passée sans ressentir cette tristesse au présent. Le temps permet certes d'atténuer la vivacité du sentiment d'origine, mais y repenser, c'est toujours le revivre un peu. Spinoza ne dit pas que cela, comme souvent il va plus loin. Il affirme l'équivalence d'une tristesse liée à l'image d'une chose présente et d'une tristesse liée à l'image d'une chose passée ou future. Ce qui compte, ce n'est pas la cause de la tristesse, c'est l'intensité présente de la tristesse. Et de ce point de vue, peu importe que le contenu de l'image présente soit du passé, du présent ou du futur : la tristesse causée s'équivaut, puisqu'elle est bien présente, elle. Quelle que soit l'origine de nos sentiments, passé, présent ou futur, nous les vivons toujours au présent. Et le cinéma nous en donne l'exemple : flash-back ou pas, peu importe, nous ressentons toujours au présent.

Ainsi, un souvenir a beau concerner le passé, il est avant tout présent, sous la forme d'une image en moi. La chose dont je me souviens est passée, elle est absente, mais l'image de cette chose passée est présente en moi. Même chose pour le futur : le futur n'existe pas encore, il n'existe pas du tout, mais, si je me représente un futur, il existe en moi sous la forme d'une image présente. Autrement dit, seul le présent existe. Et passé ou futur n'ont de rapport avec moi qu'à la condition de m'être présents sous une forme ou sous une autre. Et tant que cette image me sera présente, le passé ou le futur me seront présents, même s'ils n'existent pas encore ou plus. La cause de la joie ou de la tristesse peut donc être indifféremment une chose passée, une chose future, une chose présente ou rien de tout cela, tout simplement une chose fictive. Quand je vois un film, je n'ai affaire ni à mon passé, ni à mon futur, ni à mon présent, ou disons que j'ai affaire dans le présent à des choses que je juge présentes en tant que je les imagine.

Démonstration : « Aussi longtemps que l'homme est affecté par l'image d'une chose, il considérera la chose comme présente même si elle n'existe pas. » Scolie : « Dans la mesure, en effet, où nous l'imaginons ainsi, nous en affirmons l'existence ; c'est-à-dire que le corps n'est affecté d'aucun sentiment qui exclut l'existence de la chose, et par conséquent le corps est affecté par l'image de cette chose de la même façon que si la chose même était présente. »

C'est cela un film : la chose existe tant qu'elle est présente, bien qu'elle n'existe pas. Cette proposition nous fait comprendre à quel point le cinéma est une expérience réelle. Quand vous voyez un film, ça relève de l'imagination, vous êtes affectés par des images qui viennent de l'extérieur. Que ces images représentent des choses qui existent ou pas, peu importe : pendant le temps de la projection, les êtres les plus fictifs et chimériques existent.

On peut penser au débat qui fait rage parmi les spectateurs et les fans de *Blade Runner*. Le *blade runner* Deckard est-il lui-même un répliquant ? Il n'est pas présenté comme tel, il a l'air on ne peut plus humain et désabusé, loin de la poésie et de l'inquiétude métaphysique des répliquants qu'il pourchasse, mais des indices sérieux viennent étayer cette thèse. Pour commencer, il tombe amoureux d'une répliquante de dernière génération, Rachael, si sophistiquée qu'elle ignore jusqu'à son statut et se considère parfaitement humaine. Pourquoi ne serait-ce pas également son cas ? Elle ignore qu'elle n'est pas humaine car on lui a implanté de faux souvenirs d'enfance, qui lui permettent d'avoir l'illusion d'une identité complète. Deckard lui donne la preuve qu'elle est artificielle en lui révélant des souvenirs intimes qu'elle n'a jamais racontés à personne. Autre indice : un collègue flic, qui s'amuse à laisser partout derrière lui des animaux en papier plié, le prévient que la fille, qui s'est enfuie de la Tyrell Corporation, va être tuée. Au moment où Deckard décide de se sauver avec elle, il trouve sur le palier de sa porte une petite licorne en papier plié. Clin d'œil de son collègue qui lui souhaite bonne chance, ou révélation cruelle que Deckard est lui aussi un répliquant à la mémoire implantée ? Deckard a-t-il jamais parlé à quiconque de cette licorne dont il a eu la vision ? Mais peut-être cette licorne était-elle proposée au spectateur sur le mode du symbole ?... La question de l'humanité du *blade runner* est une question qui gagne à rester ouverte, comme toujours quand on met l'humanité en question. Deckard humain ou répliquant, notre imagination circule entre différents possibles contenus dans le film. Être de fiction ou être réel, le personnage de film existe d'une manière ambiguë qui fait sa richesse. Il existe à proportion qu'on sait qu'il n'existe pas. Autrement dit : il existe comme une idée, comme un cercle ou un triangle, mais qui nous permettrait, par une géométrie éthique, de mesurer nos passions et nos vies. Il n'existe pas : il *vaut*.

Le sixième sens de la raison

Pour prendre un autre exemple, dans *Sixième sens*, de M. Night Shyamalan, on a affaire à un enfant qui voit des morts. On a le point de vue de cet enfant capable de voir des morts, on les voit avec lui, on partage son expérience. Il sait qu'il est le seul à voir ce qu'il voit, mais que ce qu'il voit est réel. Le fait qu'il soit le seul en contact avec ces visions renforce le lien de compassion que le spectateur ressent pour lui. Pour nous, ces visions sont d'autant plus réelles que personne ne le croit, ce qui l'attriste – et sa tristesse nous attriste, puisque nous l'aimons. La peur de cet enfant, nous ne pouvons donc que la partager. Imitation de sentiments : sa peur nous fait peur – et nous avons même peur au carré, puisqu'il n'est qu'un enfant, et que la peur que l'on ressent avec lui par imitation de sentiments est augmentée de la peur que l'on a pour lui en tant qu'on ne peut lui venir en aide (comme dans Guignol, on aimerait lui crier : « Attention ! »). Les fantômes sont donc réels au moment où on voit le film. On pourrait appeler cela la preuve de l'existence du monstre par la peur.

Alain le dit autrement, quand il explique que la peur invente ses objets. Il suffit d'avoir peur pour « voir » quelque chose : l'obscurité se remplit de fantômes... Imaginer, c'est affirmer l'existence. Le réverbère éteint devient une silhouette menaçante... « C'est-à-dire que le corps n'est affecté d'aucun sentiment qui exclut l'existence de la chose » : si vous ressentez un sentiment, ça correspond nécessairement à une chose qui provoque ce sentiment. Si vous ressentez de la peur en voyant un film, en même temps que vous ressentez cette peur, vous affirmez l'existence de la chose qui vous fait peur. Le sentiment n'existe qu'en vous, mais, en ressentant ce sentiment, vous affirmez l'existence de la chose extérieure. Voilà pourquoi un film change réellement la vie. C'est un événement réel. Ce n'est pas parce que ça n'existe pas que ce n'est pas réel.

Sixième sens va nous permettre d'approfondir deux questions déjà abordées, et de mieux comprendre à la fois comment l'imagination se règle et comment une idée inadéquate peut devenir adéquate. Je vous rappelle qu'une passion est une idée inadéquate, c'est-à-dire incomplète. Quand elle devient complète, elle devient une idée adéquate, une idée vraie. Le film commence par une scène d'amour à la fois tendre et torride entre Malcolm et sa femme Anna, qui s'apprêtent à fêter dignement leur anniversaire de mariage lorsqu'ils sont interrompus par un bruit en provenance de la salle de bains. Malcolm, psy dans le civil, pense avoir affaire à un cambrioleur. Mais l'individu qu'il découvre dans la salle de bains, le regard fou, la voix brisée de désespoir et un flingue à la main, est autrement inquiétant. Il n'en veut pas à leurs possessions, mais, dit-il, à ce que Malcolm lui a promis :

> « Vous savez pourquoi vous avez peur quand vous êtes seul ? Moi je sais. Je sais !

— Je vous connais ?

— Il ne me reconnaît pas, le héros ? Il ne se souvient même pas de ses patients ? L'hôpital de jour. Une mère célibataire. Présente des troubles de l'humeur. J'avais peur. Vous m'avez dit que c'était parce que j'avais du mal à accepter que mes parents aient divorcé. Vous vous êtes trompé. Regardez-moi maintenant. Je ne veux plus avoir peur.

— Je vous en prie, laissez-moi réfléchir une seconde.

— Ça fait dix ans que je vous attends, je ne vous laisserai pas une seconde de plus.

— Ben Friedkin ?

— La plupart des gens disent que je suis fou.

— Ronald Summer ?

— C'est vrai que je suis fou, regardez-moi.

— Vincent ? Vincent Grey... Je me souviens de vous. Silencieux, très intelligent, sensible, extraordinairement sensible.

— Et maudit aussi. Vous m'avez laissé tomber !

— Vincent, si je n'ai pas su t'aider, je te demande pardon. Mais si tu veux bien, je peux essayer, donne-moi une autre chance. »

Vincent tire...

Un patient qui n'a pas été guéri, qui souffre parce qu'il subit. Il a peur quand il est seul... Le film s'arrête ici. Ou plutôt fait une ellipse d'un an. Quand ça reprend, le médecin suit un enfant. Il le suit au point de le précéder. Quand l'enfant rentre chez lui après une journée d'école, il est chaleureusement accueilli par sa mère, qui lui demande comment s'est passée sa journée et lui raconte la sienne, puis s'éclipse en cuisine pour lui préparer son dîner. Aucune mention n'est faite de Malcolm le psy, qui attend pourtant l'enfant, sagement assis dans le salon. Dès que la mère a disparu, Malcolm intervient :

« Bonsoir. Tu t'assois ? »

L'enfant s'approche, mais reste silencieux.

Malcolm s'inquiète :

« T'as pas envie de parler aujourd'hui ? »

Le psy a du mal à faire parler l'enfant. Une résistance qui a sûrement son explication. Il cherche à se rattraper de son erreur passée et se consacre beaucoup à son travail. Peut-être trop. Depuis cette soirée catastrophique où il a reçu une balle, Malcolm, bien que psychologue de métier, laisse ses rapports se dégrader avec sa femme. Lamentablement en retard à leur anniversaire de mariage, il lui sort un long monologue d'excuses, sans convaincre :

« J'ai cru que c'était l'autre restaurant italien où je t'ai demandée en mariage. Je suis désolé, Anna. Je n'aurai décidément jamais la notion du temps. Je ne suis pas très content de la séance d'aujourd'hui. Ils se ressemblent tellement. Même comportement, même expression, même sorte d'inquiétude latente. Je me demande s'il n'est pas victime de maltraitance. Il est couvert d'égratignures. Surtout sur les bras, comme des griffures d'ongles. Il s'est fait ça en se défendant peut-être. Un enseignant ou un voisin, je ne crois pas que ce soit la mère, je les ai vus ensemble. Ça ne colle pas. Peut-être que je me trompe. Il aime peut-être trop grimper aux arbres et ça s'arrête là… Anna, j'ai l'air un peu distant, je sais, et je sais que tu le supportes très mal, mais j'ai l'impression que j'ai une deuxième chance et je ne veux pas la laisser passer. Anna !

— Joyeux anniversaire. »

Sans avoir seulement posé les yeux sur lui, elle se lève et s'en va, le laissant seul à table.

Ce n'est pas aussi spectaculaire dans la décomposition de rapports que dans *X-Men*, mais ce couple se décompose. Il y a des signes qui ne trompent pas : Malcolm se retrouve souvent seul dans le plan, il a du mal à établir un contact physique avec Anna. Il rentre chez lui trop tard pour composer sa puissance avec celle de sa femme, c'est-à-dire pour dîner ensemble. Elle ne l'a pas attendu, ou plutôt si, mais a fini par s'endormir devant la télé. Quand il s'approche d'elle, elle ne se réveille pas, mais a soudain froid et se couvre. Il essaye d'ouvrir la porte d'un placard, n'y parvient pas mais n'y prête guère attention. Résumons. Elle dort quand il rentre. Quand il approche d'elle, elle a froid. Il ne parvient pas à ouvrir une porte. Cette accumulation d'éléments métaphoriques ne devrait pas échapper à sa sagacité de psy. Il se confie à l'enfant qu'il est censé suivre. Depuis qu'on lui a tiré dessus, « il n'est plus le même. Et sa femme n'aime pas l'homme qu'il est devenu. Ils ne se parlent presque plus, comme deux étrangers. »

Malcolm parle de lui-même à la troisième personne. Apparemment, on a ici la mort du couple. Mais si une relation se meurt d'un côté, une autre naît. Si la femme du psy n'apprécie pas le temps qu'il passe loin d'elle, l'enfant dont il s'occupe apprécie le temps qu'il lui consacre et décide de se confier :

> « Je vais vous dire mon secret.
>
> — D'accord.
>
> — Je vois des gens qui sont morts.
>
> — En rêve, tu veux dire ? Quand tu es éveillé ? Tu vois des morts dans des tombes, des cercueils ?
>
> — Non, ils vont et ils viennent comme n'importe qui. Ils ne se voient pas entre eux. Ils ne voient que ce qu'ils ont envie de voir. Ils ne savent pas qu'ils sont morts.
>
> — Et tu en vois souvent ?
>
> — Tout le temps. Il y en a partout. Vous ne le direz à personne, mon secret, hein ?
>
> — Non. Je te le promets. »

Je ne vais pas vous raconter tout le film. Plutôt que laisser les non-dits achever leur couple, notre psy prend le taureau par les cornes et décide de parler à sa femme. Quand il rentre, trop tard une fois de plus, elle dort. Il s'approche d'elle, elle lui parle dans son sommeil :

> « Tu me manques.
>
> — Tu me manques aussi.
>
> — Pourquoi, Malcolm ?
>
> — Quoi ? Qu'est-ce que tu veux dire ?
>
> — Pourquoi est-ce que tu m'as laissée ?
>
> — Anna, je ne t'ai pas laissée. »
>
> Elle laisse tomber une alliance, celle qu'il est censé porter à son propre doigt !

Malcolm commence à comprendre une vérité qui est pourtant là présente depuis le départ. Il a une révélation. L'idée inadéquate qu'il avait de son être devient adéquate. L'idée inadéquate donc incomplète est en train de devenir complète. Souvenez-vous des mots de Spinoza : « Je ne vois rien qui me force à admettre que le corps ne meurt qu'au cas où il se change en cadavre. » Sauf qu'ici, c'est bien le cas. Malcolm réalise qu'il est mort.

Comment a-t-il pu ignorer cela aussi longtemps ? C'est que, comme disait Bazin, le cadre est un cache. Cadrer, c'est cacher ce qui n'est pas dans le cadre. Malcolm a cadré ce qui l'arrangeait. Il cadrait de manière incomplète pour ne pas comprendre. Pourquoi ne parvenait-il pas à ouvrir cette fichue porte ? Le cadre s'élargit vers le bas : tout simplement parce que la porte était bloquée par une table. Pourquoi ne pouvait-il pas s'en apercevoir ? Parce qu'un fantôme ne peut pas pousser une table. Pourquoi sa femme ne le regardait-elle pas au restaurant ? Parce qu'elle ne le voyait pas. On ne voit pas un fantôme. Mais l'enfant, lui, voit bien Malcolm, et lui parle. Oui, mais l'enfant voit des gens, qui ne savent pas qu'ils sont morts. Il voit donc Malcolm. Mais à qui disait-elle « Bon anniversaire » ? À elle-même, ironiquement. L'anniversaire de mariage d'une veuve n'a rien de bon. Mais ne l'attendait-elle pas au restaurant ? Non, elle dînait seule. Elle ne lui faisait donc pas la gueule : elle était triste, tout simplement, etc. Malcolm pensait qu'il devait guérir l'enfant de ses visions, et découvre qu'il est lui-même une vision de l'enfant. Seul l'enfant peut encore le voir et lui parler, pour la bonne raison qu'il est mort, et ne le sait pas. « Il y en a partout. Ils ne voient que ce qu'ils ont envie de voir. » Par le cadrage, en sélectionnant les éléments qu'on nous montre et en nous cachant ceux qui sont hors du cadre, le cinéma permet de jouer avec nos idées en nous les donnant d'abord comme inadéquates et en faisant varier les informations au cours du film. La révélation à la fin du film transforme l'idée inadéquate en idée adéquate, et clôt le film en le faisant disparaître, pour ainsi dire, dans un trou temporel. On revient à la scène initiale, où Malcolm se fait tirer dessus. On reprend la scène là où elle avait été coupée. Anna se précipite vers son mari blessé au ventre :

> « Malcolm, mon Dieu ! Laisse-moi regarder.
> — Ça ne fait pas mal.
> — Laisse-moi regarder. Enlève ta main. »
> Elle pleure en découvrant la gravité de la blessure.
> « Anna, je crois que c'est pas grave, je t'assure, je crois qu'elle est ressortie. Je ne sens déjà plus rien… »

Quand tu me laisses regarder, l'idée devient adéquate, complète. Si Malcolm a si longtemps vécu dans l'illusion, c'est qu'il n'avait pas bien regardé… S'il continuait à se croire vivant, alors que seule son imagination continuait à fonctionner, son esprit n'était pas dans l'erreur parce qu'il imaginait, mais, comme le dit Spinoza, « en tant seulement qu'il est considéré comme privé de l'idée qui exclut l'existence des choses qu'il imagine présentes » (*L'Éthique*, II, proposition 17, scolie). En l'occurrence, c'est un cas très particulier, puisque la « chose qu'il imagine présente », c'est lui-même.

Malcolm a raison de s'imaginer vivant. Il ne se trompe pas en tant qu'il aurait une idée fausse, mais en tant qu'il lui manque une idée. L'idée qu'il a de lui-même n'est pas fausse, elle est incomplète, inadéquate. La situation se renverse. Alors que le psy pensait devoir guérir un enfant en lui faisant comprendre que ce qu'il voit n'existe pas, il va devoir se le faire comprendre à lui-même. « L'idée qui exclut l'existence des choses qu'il imagine présentes » se transforme en « l'idée qui exclut l'existence de celui qui imagine des choses présentes ». Amusant, non ? Non ? Bon. Arrive un moment où il faut faire cesser la plaisanterie. Quand David va-t-il comprendre qu'il est mort ? Jusqu'à quand cette situation peut-elle durer ? Spinoza répond très précisément, exactement de la même manière que le film : « [...] l'esprit humain considérera ce corps extérieur comme existant en acte, ou comme présent, jusqu'à ce que le corps soit affecté d'une affection qui exclue l'existence ou la présence de ce même corps extérieur » (*L'Éthique*, II, proposition 17).

Là encore, soulignons-le, on a un cas particulier que n'a pas prévu Spinoza, puisque le « corps extérieur » que l'esprit « imagine » désigne ici le corps propre, le propre corps de celui qui imagine. Le film nous présente une situation impossible, puisque l'esprit ne peut imaginer quoi que ce soit quand il est mort, et qu'il ne fait qu'un avec son corps. Mais qui nous dit que le temps du film correspond à un temps réel ? L'intégralité du temps du film correspond peut-être aux derniers instants de Malcolm qui, gravement atteint et agonisant, imagine tout ce qu'on vient de voir, se fait un film, jusqu'au moment de comprendre qu'il est vivant certes, mais plus pour longtemps. C'est le principe du rêve, qui étend la durée autant qu'il voudra : toute une vie rêvée en un clin d'œil.

Et si Malcolm finit par se réveiller, ce n'est que pour mourir.

Vous l'avez compris, c'est un peu ironique, puisque le moment où l'idée devient adéquate, dans ce film, coïncide avec la mort. Platon affirmait que philosopher c'est mourir et apprendre à mourir, mais c'est exactement le contraire que soutient Spinoza : la philosophie est méditation de la vie et non de la mort. Penser une idée vraie augmente toujours notre être et nous fait gagner en puissance. Lorsqu'une idée devient adéquate, c'est notre puissance d'action, notre puissance vitale, la vie de l'esprit qui est affirmée : comprendre est la perfection propre de l'esprit. Du moment qu'une idée devient complète, elle remplace les passions par une action. Une idée est une action parce que l'esprit l'affirme entièrement, elle est complète, adéquate, rien d'extérieur ne subsiste en elle. Comprendre est toujours une joie. Spinoza a raison. On ne peut pas penser qu'on n'est pas. Au fond, on ne peut pas comprendre qu'on est mort. Tant qu'on peut comprendre quelque chose, c'est qu'on agit, et qu'on est vivant.

Voilà le retournement que nous propose Spinoza. Quand on agit au sens traditionnel, agir, paradoxalement, revient à pâtir, car on ne peut pas être la cause adéquate de l'effet qu'on provoque. On ne peut en être que la cause partielle. Si je veux couper un arbre, j'agis en tant que je donne un coup de hache, mais je pâtis en tant que je suis tenu par la hache, et que je dépends, pour le succès de mon action, de corps extérieurs au mien. Je suis bien la cause de ce que je fais, mais je n'en suis que la cause partielle. Je dois compter avec d'autres causes : la pesanteur, la résistance des matériaux, les objets qui m'entourent, etc. Alors que si je conçois l'idée de cercle, tout y dépend de mon esprit. Si je conçois l'idée de segment et l'idée de rotation, alors, nécessairement, en faisant tourner le segment autour d'une de ses extrémités, comme avec un compas mental, je forme l'idée de cercle. Rien d'extérieur n'entre en jeu. Je suis la cause adéquate, complète, de cette idée que j'engendre. Autrement dit, la seule action digne de ce nom, c'est la pensée.

Tout ce qu'on appelle film d'action serait dès lors mieux nommé film de passions. Dans ce genre de films, on voit surtout des corps pâtir et se décomposer : James Bond n'agit qu'en détruisant, lui-même subit les circonstances auxquelles il s'adapte et reçoit des ordres ; il n'agit qu'en réagissant. De ce point de vue, le seul film d'action qui mériterait vraiment ce nom, ce serait *L'Éthique*, un film où il n'y a pas d'images, mais où il y a un mouvement, une spirale ascendante, des passions vers la raison.

5.

À LA RECHERCHE DE L'ÉTERNITÉ : COMMENT VAINCRE LA MORT ?

Highlander, ou le prix de l'immortalité

Roy le répliquant demandait plus de vie à son créateur, et se voyait répondre qu'à chaque fois qu'une lumière brille deux fois plus intensément, elle brille deux fois moins longtemps. L'intensité userait la vie. Mais ce principe physique, s'il s'applique aux corps, ne s'applique pas à l'âme humaine. Spinoza ne demande pas « plus de vie », il demande plus de la vie. Ce que nous voulons, ce n'est pas une vie plus longue, mais une vie plus vivante. Nous voulons que chacun des moments de notre vie soit aussi actif que possible, nous voulons être la cause adéquate de nos sentiments, nous ne voulons pas subir les causes extérieures, en un mot, nous voulons faire l'expérience de l'éternité. Cette expérience de l'éternité, qu'on ne pense en général pouvoir faire qu'au moment de sa mort, et encore, à la condition d'y croire, Spinoza nous promet, ce n'est pas rien, de pouvoir la faire de notre vivant.

Soleil vert nous montre, dans un futur proche, un monde surpeuplé et dévasté par la pollution, où l'on propose aux citoyens vieillissants un échange entre leur vie et le droit de revoir des images du monde d'« avant » : la verdeur d'un bois, le chant d'un oiseau, etc. Vingt minutes de bonheur, mais les dernières, tel est le marché. Le cinéma est devenu le stupéfiant ultime, la dernière récompense de ceux qui ne se sentent plus à leur place dans un monde où le seul souvenir de la nature est un souvenir cinématographique. Une projection privée est offerte aux vieillards qui acceptent de quitter la vie, libérant ainsi la place pour les autres… L'euthanasie comme outil de régulation sociale et le cinéma comme soin palliatif d'une société agonisante… On comprend Salomon Roth, le vieil ami du jeune policier incarné par Charlton Heston, lorsque, tout compte fait, il se rend à l'Échange le cœur léger… On croirait voir Socrate se condamnant lui-même, pour éviter ce plus grand mal qu'est devenue la vie dans un tel monde. On espère, évidemment, que ce n'est pas trop prémonitoire. Reste que le cinéma nous est montré dans ce film comme la dernière source de joie dans un monde dévasté, et le seul moyen de faire l'expérience de l'éternité de son vivant, même s'il s'agit ironiquement d'une expérience offerte pour inviter à mourir. C'est une indication pour nous. L'éternité doit être trouvable en cette vie. Et le cinéma peut nous en donner l'avant-goût, ou peut-être même le goût.

Que le cinéma nous offre le moyen de ressentir de l'éternité de notre vivant, c'est indéniable. On a déjà vu avec Descartes que le cinéma, en mettant entre parenthèses notre impuissance métaphysique et les limites de notre corps pendant le temps de la projection, nous mettait en contact avec de l'infini. Mais il le fait le plus souvent en l'associant à la mort. Prenons l'exemple de *Gladiator*, de Ridley Scott. Le valeureux général Maximus interprété par Russel Crowe, devenu gladiateur par la grâce d'une disgrâce et d'une trahison, affronte en combat singulier le bien mal nommé empereur Commode, commanditaire de l'assassinat de sa famille. Alors qu'il vient de frapper à mort le tyran sous le regard médusé d'une arène pleine à craquer, lui-même s'écroule, éraflé superficiellement mais mortellement par la lame empoisonnée du décidément perfide César. Mais son agonie est douce, et l'éternité se présente sous forme d'une vision qui le fait sortir du temps commun. Musique aérienne, chant de femme, porte monumentale, souffle du vent dans une vaste plaine… Un appel d'abord lointain puis proche le ramène à la réalité : « Maximus ! » Maximus revient pour quelques instants dans l'arène au sol rougi, et, vacillant sous l'effet du poison qui l'emporte, articule ses derniers mots :

> « Libère mes hommes. Il y avait un rêve qui s'appelait Rome. Il faut le réaliser. Tel était le vœu de Marc Aurèle.
>
> — Libérez les prisonniers ! »
>
> Puis Maximus s'écroule, du moins son corps mortel, puisque la vision reprend et l'emporte vers sa famille retrouvée.

L'éternité se présente comme une sortie du temps naturel – altération des couleurs, apparition d'une musique céleste envoûtante, on revoit les visages de ses proches disparus, on est accueilli, ça a l'air beaucoup mieux que la vie –, le film ferait-il une apologie implicite de la mort ? Il faut libérer les hommes, Spinoza serait d'accord. Les hommes sont prisonniers du temps. Rien de nouveau, me direz-vous. Le temps est la marque de notre impuissance, c'est entendu. Mais en sortir par la mort ne présente guère d'intérêt. C'est un pari qu'on n'a jamais besoin de faire, car il se fera tout seul un jour ou l'autre pour chacun de nous : inutile d'y penser. Le problème, pour être intéressant, doit se poser ainsi : comment sortir du temps tout en restant vivant ?

La durée d'après les heures

After Hours, film de Martin Scorsese, se déroule la nuit « après les heures » de bureau. Un jeune homme prénommé Paul rencontre une femme dans un bar – il est en train de lire, elle l'aborde pour lui dire qu'elle aussi aime ce livre, puis lui donne son numéro. Quelque chose vient de l'extérieur, vous vous souvenez que c'est la définition de la passion : subir quelque chose de l'extérieur, ne pas être la cause adéquate de ce qui se passe en nous et hors de nous. Mais toute intrusion dans la vie d'un homme n'est pas forcément négative, la joie peut être causée par un objet extérieur, et nous faire entrer dans une spirale active. Ce numéro de téléphone et cette rencontre semblent une promesse d'amour… Notre héros appelle la fille, qui l'invite à la rejoindre immédiatement…

« Paul !

— Oui ?

— Ça me fait plaisir que vous ayez appelé.

— Moi aussi. À tout à l'heure.

— Salut !

— À tout de suite. »

Paul sort dans la rue et prend un taxi.

« Je n'ai qu'un billet de vingt, ça peut aller ?

— Pas de problème, c'est parti ! »

Le taxi part en trombe, et conduit comme un fou. Paul essaye de le faire ralentir.

« Hé ! Y a pas le feu ! »

Le taxi prend un virage trop vite, le billet s'envole par la fenêtre. Au ralenti, lui... Paul essaye d'attirer l'attention du taxi :

« Excusez-moi ! Je viens de !... Ah... merde... Excusez-moi ! Mon billet, il vient de passer par la fenêtre. »

Le taxi ne répond pas, continue, toujours à fond, puis fait crisser ses pneus en s'arrêtant pile à l'adresse indiquée.

« Voilà. Ça fait six dollars cinquante.

— Écoutez... Mon billet, il est passé par la fenêtre. Je l'avais posé sur le cendrier. Et alors vous avez pris un virage trop vite. Il s'est envolé, par la fenêtre... Je n'ai plus d'argent, je suis vraiment désolé. Tenez, voyez vous-même. Là, j'avais vingt dollars, là, ici... Maintenant, je suis complètement fauché... »

Le temps de la passion est un temps que l'on subit, avec une accélération qui n'est pas choisie, et des événements qu'on ne choisit pas non plus. C'est pour ainsi dire un mauvais temps. Ce qui est mauvais, c'est qu'on n'y est la cause adéquate de rien. Le seul moment, dans cette scène, où on a un ralenti : quand le billet s'envole par la fenêtre, et avec lui la liberté. L'argent permet d'agir. La possibilité d'action a disparu. Agir, c'est pouvoir ralentir le monde, avoir prise sur ce qui se passe. Ce ralenti est un fantasme : si seulement Paul avait pu stopper le monde pour récupérer le billet... Vous me direz, s'il pouvait arrêter le temps, il n'en serait pas réduit à prendre le taxi ni à craindre pour son argent. Dieu n'a pas ces problèmes. Dieu ne subit pas le temps.

Si le « mauvais temps » est le temps subi de la passion, un temps d'accélération non souhaitée, que serait le « bon temps » ? On pourrait penser qu'il s'agit au contraire d'un temps ralenti jusqu'à l'éternité. Vérifions cette hypothèse immédiatement, et retrouvons Paul, qui vient d'arriver chez la fille, pour prendre du bon temps, justement. Elle l'emmène dans sa chambre – peut-être un petit moment d'éternité qui se profile, après la mésaventure du taxi... Mais une fois dans la chambre, surprise. La fille reste prostrée sur son lit, visiblement angoissée :

> « J'ai peur...
>
> — Tu ne veux pas me dire ce qui ne va pas ?
>
> — Une fois, j'ai été violée... En fait, ça s'est passé ici même, dans cette chambre. J'ai habité cette maison... Il est passé par là, par l'escalier de secours... Avec son couteau, il me menaçait de me couper la langue si je ne restais pas sage. Ensuite, il m'a ligotée sur le lit. Il a pris son temps. Six heures...
>
> — Bon Dieu ! Mais... on l'a arrêté, ce salaud, non ?
>
> — Non. En réalité, c'était mon petit ami.

À dire vrai, j'ai dormi presque tout le temps... Voilà, j'ai tout dit. »

Le téléphone se met à sonner. Une fois. Deux fois. Paul regarde la fille. Elle ne répond pas. Trois fois. Elle a l'air d'avoir peur. Quatre fois. L'ambiance devient de plus en plus lourde. Cinq fois...

Alors que Paul espérait passer un bon moment, une fois encore il passe un sale quart d'heure. Paul aurait bien aimé être la cause adéquate de quelque chose, jouir de l'exercice de sa puissance, et augmenter sa joie en convenant avec elle, mais tout ce que cette fille lui offre, comme le taxi, c'est un moment de passion – pas au sens où il l'espérait, lui espérait de l'action –, un moment subi, qui s'éternise au mauvais sens du terme. La conséquence de cette passion, c'est un ralentissement excessif, comme lorsqu'on dit qu'on trouve le temps long, ou qu'on s'ennuie à mourir. Ça ne peut pas être cette éternité-là que nous promet Spinoza. Si nous trouvons le temps long, c'est que, dans ce temps subi, nous sommes toujours hors de nous. Nous ne sommes pas la cause adéquate de ce qui nous arrive, nous subissons. Quand la fille dit que son violeur a pris son temps, il a pris son temps à lui, mais surtout il a pris son temps à elle. C'est la définition de la passion : on nous prend notre temps.

Un temps qui s'étire, un discours que l'on subit sans savoir quoi répondre, un téléphone auquel on n'ose pas répondre... Paul va courageusement s'esquiver, car, comme il dit, il sent que ça ne va pas marcher. Ça arrive. C'est la vie. Au début, l'autre paraît nous convenir, nous donner de la joie, mais la rencontre prouve le contraire.

Quand on disconvient, autant ne pas insister. Sagesse spinoziste de Paul, prêt à rentrer chez lui plutôt que d'insister dans une mauvaise expérience. Hélas ! À partir de ce moment, sa vie devient un cauchemar, impossible de rentrer chez lui, et de retrouver « son » temps. Par une succession de malentendus, tout le monde dans le quartier se met à sa poursuite, le prenant pour un cambrioleur. Il se réfugie chez un inconnu, essaye de téléphoner à la police, sans succès. Épuisé et traqué, il demande à son hôte s'il peut dormir sur son divan. Celui-ci s'étonne :

« Pourquoi vous ne rentrez pas chez vous ?

— Eh bien, je me suis posé cette putain de question toute la nuit.

— Et alors, qu'est-ce qui vous empêche de rentrer chez vous ?

— D'accord. J'ai fait la connaissance d'une fille dans un petit café. Elle m'a donné son téléphone et, lorsque j'ai appelé en rentrant, elle a dit : "Passez me voir." Dans le taxi qui m'a conduit chez elle, mon billet de vingt dollars s'envole. Ensuite, j'arrive chez cette fille, et en toute franchise ça n'était pas ce que je croyais, ça ne marchait pas, quoi. Je suis parti. J'ai voulu prendre le métro, mais le tarif avait doublé. Vous saviez que le tarif avait doublé ?

— Oui.

— Vous le saviez ? Moi, je n'étais absolument pas au courant et je n'avais pas assez d'argent pour rentrer. Je rencontre un barman, un type vraiment très gentil, qui a offert de me prêter, il voulait me prêter ce dont j'avais besoin... Je ne savais pas ce qui se passait...

J'arrivais trop tard, je me suis souvenu alors... Donc le barman s'apprêtait à me remettre l'argent, lorsque soudain le téléphone se met à sonner. Quelqu'un lui dit que son amie s'est suicidée. Hein ? Coïncidence, dites-vous ! Non, parce que la même fille que j'étais venu voir était morte elle aussi. C'est parce qu'il s'agit de la même personne. Elles sont mortes toutes les deux ! Je n'arrivais pas à le croire. Il faut dire qu'il ne savait pas que j'étais venu avec l'intention de sauter sa copine, car, c'est pas compliqué, il m'aurait pris à la gorge, il m'aurait tabassé la gueule... Parce qu'ils cherchent tous à me tuer ! Moi, au fond, je voulais sortir de chez moi, je voulais sortir de mon appartement, passer une bonne soirée avec une nana, et je devrais mourir pour ça ? »

Le temps que l'on subit, on aimerait l'accélérer ou le ralentir, peu importe : ce qu'on aimerait vraiment, c'est en sortir. Lui voulait juste sortir de chez lui, pour connaître un moment d'amour. Et il devrait mourir pour ça ? Non, évidemment, mais la mort vient toujours d'une cause extérieure. Il faut donc trouver un moyen, pour ne pas subir le temps, de rester dans « son » temps, de transformer son rapport au temps pour pouvoir le faire sien plutôt que de s'y disperser. Simone de Beauvoir faisait remarquer qu'une vie, aussi réussie soit-elle, était toujours une sorte d'échec, car on ne pouvait jamais ramasser sa vie pour l'embrasser et la posséder comme un objet – la vie est quelque chose qui nous échappe toujours, la vie, on ne l'a pas : elle passe. C'est désespérant. N'y a-t-il donc rien à faire pour se sauver de ce mauvais temps ?

L'étrange retour de l'éternel

Strange Days, un film de Kathryn Bigelow, propose une solution pour échapper au temps subi : il suffit, grâce à un étrange appareil, d'enregistrer les moments qu'on a aimés et de les revivre à volonté. Les moments où on est sorti du temps, on peut en souhaiter le retour. Sans sortir de chez soi, sans risquer de mourir, il n'y aurait qu'à se repasser indéfiniment son propre *best of*… Le rêve !

Lenny, dont la profession consiste à fournir sous le manteau des morceaux de vie illégaux à des clients avides de sensations fortes, commet l'erreur dans laquelle aucun *dealer* digne de ce nom ne saurait tomber : il consomme à titre personnel. Entre deux *deals*, il se met un appareil sur la tête, une sorte de « poulpe » farci d'électrodes, se verse un verre d'alcool, puis met en marche l'appareil. Il est happé par un souvenir qu'il revit, sensations y compris, et en rit tout seul de bonheur : Lenny fait du roller avec Faith :

> « T'es trop jolie ! Faith, Faith, reviens !
> — Tu tiens ? Tu veux que je t'aide ?
> — Oui !
> — C'est bien, chéri, tu tiens tout seul.
> — Non, pas si vite ! Non ! »
> Lenny se casse la figure. Faith s'approche, désolée.
> « Lenny, tu me pardonnes ?
> — Ne ris pas, non ! Te fous pas de moi ! »

Il rit les yeux fermés.

Puis ils rentrent à la maison et font l'amour passionnément.

Précisons que depuis, Faith a quitté Lenny. Lenny a perdu Faith, mais pas la foi : alors qu'elle est passée à autre chose, lui persiste à revivre un passé qui lui paraît valoir mieux que son présent. Est-ce cela, l'expérience de l'éternité ? Revivre indéfiniment un moment où on a été suffisamment actif, où on a aimé ? Est-ce que c'est ça, et, si c'est ça, est-ce que ça peut nous arriver à nous ? La réponse est oui dans le film et non dans la réalité, même si on est au seuil de ce genre de possibilités. Mais la question n'est pas technique. Elle est métaphysique, ou mieux : éthique. Si c'était possible, est-ce que ce serait souhaitable ? Est-ce que ça peut être, non pas bien ou mal en général, mais bon pour nous ?

J'ai parlé d'éternel retour, thème cher à Nietzsche. Deleuze considérait que Spinoza et Nietzsche étaient très proches dans leur dénonciation des passions tristes, dans la promesse d'une éternité liée non pas à un arrière-monde, à un ailleurs qui serait mieux qu'ici et maintenant, mais à une intensification de notre vie présente. Ce que Nietzsche appelle éternel retour ne consiste pas à revivre éternellement la même chose, c'est au contraire un principe sélectif, qui consiste à essayer de vivre chaque instant comme si on allait le revivre indéfiniment. Tout est dans le « comme si ». Revivre véritablement le passé signifie qu'on n'aime pas le présent, c'est une négation du présent, une réaction contre lui, c'est du ressentiment d'insatisfait. Alors que vivre le présent de manière à rendre son éternel retour souhaitable ne signifie pas qu'on va le revivre véritablement, mais qu'on va le vivre si intensément, de manière si affirmative, qu'il va briller d'un éclat surnaturel. Une vie peut être dite éternelle, on peut atteindre à l'intérieur de sa vie un point d'éternité, à partir du moment où on est suffisamment actif et affirmatif pour pouvoir dire qu'on a choisi cet instant. Le choisir, c'est l'affirmer. C'est affirmer qu'on pourrait souhaiter le revivre éternellement. Combien de moments dans notre vie correspondent à cette définition ? C'est la question que pose Nietzsche. C'est celle que pose Spinoza.

On voit bien que le malheureux Lenny ne se pose pas la bonne question. En croyant revivre ce souvenir parfait, il ne fait que subir de plus en plus sa propre imagination – peu importe la véracité de l'illusion, la question n'est pas là, puisque *Matrix* ira encore plus loin dans la tromperie : ce qui compte, c'est que le souvenir, en prenant la place du présent, rend Lenny de plus en plus incapable d'agir. On pourrait objecter qu'au contraire, en choisissant exactement ce qu'il veut revivre, il se montre la cause adéquate de ce qui se passe en lui. Après tout, n'avons-nous pas dit qu'une joie, même causée de l'extérieur, nous rend actifs ? Alors pourquoi ne pas se repasser en boucle son meilleur souvenir, plutôt que de prendre le risque d'en vivre de nouveaux, dont rien ne garantit l'effet à l'avance ? C'est vrai. Je le reconnais, je suis bien embêté. On ne peut pas d'un côté faire l'éloge du cinéma en montrant qu'il enrichit l'esprit, et de l'autre condamner l'usage de certains films. Mais deux points posent problème : un, la fréquence. L'excès est mauvais en tout. Deux, la dépendance. Lenny dépend du « poulpe » et des cassettes de ses souvenirs. Les objets qu'il possède le possèdent dans tous les sens du terme. C'est une joie d'ivrogne, pas une joie de philosophe. Car, trois, et c'est là le cœur de la question : la joie procurée par le souvenir est immédiatement suivie de tristesse, puisque le souvenir n'est plus conforme au présent. Revivre cette joie s'accompagne toujours de crainte, puisque, en même temps qu'on la revit, on sait qu'elle ne va pas durer, et de tristesse, puisqu'on sait qu'il s'agit d'une joie imaginaire. Imaginaire, mais pas fictive, là est le hic. Le problème du film que se repasse Lenny en boucle, c'est que ce n'est pas une fiction. C'est un morceau de sa propre vie. Et alors que partager les sentiments de personnages fictifs donne toujours de la joie, revivre une joie perdue comme si elle était présente accentue le sentiment de perte jusqu'à la folie : deux présents aussi convaincants l'un que l'autre entrent en compétition, or ces deux présents sont contradictoires, et deux choses de nature contraire, on l'a vu, ne peuvent exister en même temps dans le même sujet. Lenny est menacé d'implosion par cette contradiction interne. Une seule issue : plutôt que s'obstiner à vouloir tristement revivre le passé perdu, vivre joyeusement le présent pour le rendre éternel. L'idée d'éternité s'accompagne de l'idée d'action. Ce sont les moments de notre vie où nous pouvons être dits actifs qui nous permettent d'expérimenter notre éternité, c'est-à-dire notre perfection propre.

Immortel *Highlander*

Si l'éternité consiste à sortir du « mauvais temps » de la passion, on a vu qu'il ne s'agissait pas d'en sortir par la mort, ni par la répétition indéfinie d'un moment agréable. Troisième solution envisageable, purement hypothétique, je vous l'accorde : l'immortalité. Pour comprendre la différence entre immortalité et éternité, le mieux est de nous tourner vers le film *Highlander*, où Christophe Lambert incarne un Immortel d'abord ignorant de sa vraie nature. C'est un Immortel qui se croit mortel. Il n'est pas encore prêt à entrer à l'Académie française, mais n'anticipons pas. Le film commence dans une Écosse clanique, il y a quelques siècles, où notre Immortel inconscient de ses dons rencontre un Immortel averti, incarné par sir Sean Connery, qui donc en vaut deux. Sean Connery, grimé en noble espagnol échappé d'un galion de Christophe Colomb, va chercher à déniaiser un Christophe Lambert éleveur de moutons, ce qui n'est pas une mince affaire.

Il le forme au combat, car, lui explique-t-il, il n'est pas le seul dans son cas : une poignée d'Immortels existent de par le vaste monde, luttant à mort pour un Prix, qui sera décerné au dernier vivant. Quelle est la teneur du Prix ? On l'ignore. Ce qui est certain, c'est que les autres vont chercher à le tuer. Pourquoi cet Espagnol étrange cherche-t-il à l'aider ? N'est-il pas son rival ? Oui, mais, comme dans tout film américain, les Immortels se partagent entre bons et méchants. Les bons aident les bons pour éviter qu'un méchant ne mette la main sur le Prix. Voilà. Petit détail : s'ils sont immortels, comment peuvent-ils se tuer ? C'est très simple : pour tuer un Immortel, il suffit de lui couper la tête.

Être un Immortel, comme on l'imagine, implique un rapport privilégié avec la nature. Capacités de régénération exceptionnelles – à moins de se faire couper la tête, on l'a compris –, mais également facultés de sympathie avec l'ensemble des êtres vivants : on peut sentir la course d'un animal en soi, courir comme lui, et plus étonnant, on peut récupérer l'énergie du monde à son profit. Ainsi le mentor invite-t-il son protégé à se laisser foudroyer, ce qui décuple ses facultés. Le professeur explique à l'élève étonné, au sens le plus étymologique du terme, entre deux coups de tonnerre :

> « La sensation que tu éprouves est l'accélération.
>
> — Mais qui êtes-vous ?
>
> — Nous sommes pareils, Mc Leod ! Nous sommes frères ! »

L'accélération, bien qu'apparemment subie – comme tout à l'heure dans le taxi d'*After Hours* –, apporte cependant de la joie à qui en est frappé. L'accélération n'est pas ici à fuir, elle est recherchée et voulue. Elle est la marque d'une puissance plutôt que d'une impuissance. Comme Néo, les Immortels sont des élus. Ce moment d'accélération est un moment de révélation. Ça ne vous rappelle rien ? Dans *Les Ailes du désir*, l'ange qui touche l'âme d'un homme désespéré, et inverse la spirale négative de sa tristesse en spirale positive : une joie, même causée de l'extérieur, rend l'âme active. Un éclair de joie peut nous sauver, nous remettre dans la voie de notre perfection en augmentant notre puissance. Mais l'accélération ne suffit pas, il faut comprendre sa nature pour en augmenter la perfection. Le mentor emmène son élève en barque jusqu'au milieu d'un lac. Là, il l'oblige à se tenir debout :

> « Équilibre !

— J'aime pas le bateau, j'aime pas l'eau. Je suis un homme, pas un poisson.

— Il faut toujours que tu te plaignes.

— Tu ressembles à une femme stupide, haggis !

— Haggis, qu'est-ce que c'est que ça ?

— Une panse de mouton farcie d'orge et de viande.

— Et qu'est-ce que vous en faites ?

— Ben, on la mange !

— C'est vraiment répugnant. Atchoum !

— Bouge pas, nom de Dieu, tu vas nous renverser !

— Et alors ?

— Je sais pas nager, vieux coq espagnol.

— Je ne suis pas espagnol, je suis égyptien.

— Tu as dit que tu venais d'Espagne, t'es un menteur !

— Et toi, tu as les manières d'un jeune bouc, et la puanteur d'un tas de fumier. Et en plus, tu n'as pas la moindre idée de tes capacités. Et maintenant, à l'eau. »

Le vieux coq espagnol fait basculer le bateau : le jeune bouc écossais tombe à l'eau. Il ne sait pas nager et hurle en coulant :

« Au secours, je me noie !

— Tu ne peux pas te noyer, imbécile, tu es immortel ! »

L'immortalité, au fond, si je puis dire, n'est qu'un temps indéfini : c'est une vie qui n'en finit pas de finir. L'immortalité, en donnant plus de vie, est simplement une négation de la mort, alors que l'éternité suppose, positivement, une manière autre de se rapporter au temps. Il ne s'agit pas de vivre indéfiniment, mais de vivre différemment. L'éternité ne propose pas une différence de quantité, mais de qualité. Comme plonger dans un nouvel élément : si vous faites de l'apnée ou de la plongée, vous savez de quoi je parle. Le rapport au temps change. Prendre une douche ou un bain peut vous en donner une idée ou un avant-goût. Ce n'est pas le temps qui change, c'est vous qui changez de rapport au temps. L'immortalité ne vous donne que plus de temps, l'éternité vous donne le temps, vous donne véritablement le sentiment de durer. Pas plus, mais mieux.

Comment goûter à l'éternité ? Par quoi faut-il se faire foudroyer ? Dans quoi faut-il se noyer ? Pour rester dans le thème aquatique, Alain considérait que la mer, mieux encore l'océan offrait à l'entendement un objet de choix. Pourquoi objet de choix ? Parce que la mer permet de comprendre la différence entre un objet et une idée. Prenons l'idée de vague. On peut essayer de suivre une vague de l'œil, mais une vague se défait en même temps qu'elle se fait, les formes disparaissent en même temps qu'elles apparaissent. Impossible de former un objet durable, mais l'idée de vague, comme l'idée de triangle, reste inaltérable. Être un esprit, c'est baigner dans l'élément de l'éternel. Le triangle n'est pas changé par les essais, le triangle n'est pas différent selon les individus. La définition, l'idée de triangle est la même pour vous et votre voisin, est la même pour Thalès et pour moi. N'en déplaise à James Bond, seules les idées sont éternelles.

Les ailes de la connaissance

Voyons cela à nouveau avec *Les Ailes du désir*, où nos anges experts en éternité circulent parmi les humains, se voient les uns les autres, nous regardent dans les yeux, et se permettent – ce qui est traditionnellement interdit aux acteurs – le regard caméra. Regarder la caméra « dans les yeux », c'est briser la convention implicite à toute fiction, selon laquelle le spectateur est un témoin ignoré des protagonistes, qui existe sur un autre plan qu'eux. Dans *La Ligne rouge*, un soldat franchit également cette frontière des regards pour croiser furtivement celui du spectateur, avant de franchir une ligne plus définitive, manière d'indiquer qu'il sait qu'il va mourir. Son regard porte ensuite au-delà, comme derrière ou au-dessus de nous. Si les anges nous regardent dans les yeux, c'est pour marquer qu'ils ne sont pas humains, et n'existent pas sur le même plan que les autres personnages autour d'eux.

Très belle scène de ce film : les anges entrent dans une bibliothèque, où ils découvrent grand nombre de leurs collègues immatériels penchés sur l'épaule des lecteurs. Dans un livre, on lit des choses, comme dit Alain, qui ne changent pas par les essais. De ce point de vue, il y a plus d'esprit dans un poème que dans une machine, aussi sophistiquée soit-elle, car l'utiliser n'apprend rien ; alors qu'apprendre un poème par cœur, comme l'indique cette belle expression, donne forme humaine à celui qui le fait. Seul l'éternel nous forme. Et le contenu d'un livre est éternel. La preuve : tous ces anges !

La première expérience de l'éternité que l'on peut faire de notre vivant, c'est comprendre quelque chose. L'exemple le plus simple, ce sont les mathématiques, même si nous avons tous fait l'expérience en cours de maths, justement, de ne rien comprendre. Le premier échec de l'école est de transformer un moment d'éternité possible en mauvaise durée, et si ce n'est pas l'Enfer, ça ressemble fort au purgatoire : le purgatoire des cancres. En attendant, nous voici au paradis des lecteurs, dont les anges perçoivent les monologues internes juxtaposés :

> « ... la force motrice de la croissance... »
>
> « ... une aquarelle de Paul Klee, *angelus novius*, jusqu'à sa fuite de Paris... »
>
> « ... les conditions d'implantation et de la nutrition ne permettent pas... »
>
> Tout se mêle dans une musique céleste continue... Puis on approche d'un petit garçon plongé dans un livre de maths :
>
> « ... qui toutefois comprend des variables a et b... souvent des lettres pour représenter des variables, par exemple x, y, z ou a, b, c pour concrétiser des paramètres. Très souvent, on fait la différence par le rapprochement, comme par exemple l'équation $x^2 + ax + b = 0$... C'est aussi simple que ça ! »

Les mathématiques comme on les rêve... « C'est aussi simple que ça ! » Distinguons le simple et le facile, puisque, comme on l'a vu avec Descartes, il est très difficile d'atteindre du simple. Le simple, on pourrait dire que c'est le pur. Le difficile, c'est de purifier l'entendement. Le livre de Spinoza : *De emendatione intellectus*, qu'on traduit le plus souvent *Traité de la réforme de l'entendement*, serait mieux nommé *Traité de la purification de l'entendement*, puisque l'entendement ne peut être

« réformé » que par lui-même, de l'intérieur. Impossible pour lui de changer de forme. Il ne s'agit pas de penser avec un autre esprit que le nôtre. Au reste, même dans la passion, nous pensons, mais des idées incomplètes. Nous ne devons pas apprendre à penser autrement, mais à penser complètement. Il nous faut pour cela prendre connaissance et conscience de la force propre, de la perfection propre de notre esprit.

Notre esprit est suffisamment parfait pour comprendre en quoi il peut comprendre, en quoi il est parfait. Le seul fait de comprendre augmente notre joie : c'est la joie de sortir du temps que l'on subit pour passer dans un temps que l'on produit. Si nous ne comprenons pas comment se succèdent deux idées, si nous nous contentons de répéter comme un perroquet, nous subissons. Alors que si nous comprenons de l'intérieur, c'est-à-dire activement, comment deux idées engendrent, font naître une autre idée, cette puissance de faire naître nous fait ressentir une joie. C'est la joie d'exercer notre esprit à faire ce pour quoi il est fait, c'est-à-dire à comprendre.

Les trois genres de la connaissance

Pour Spinoza, la première expérience de l'éternité est liée aux idées vraies. Pourquoi comprendre du vrai nous fait-il sortir du temps ? Lorsqu'on comprend quelque chose de vrai, on le comprend d'une manière parfaite, absolue. Si on comprend une fois dans sa vie comment l'idée de segment, jointe à l'idée de rotation, forme nécessairement l'idée de cercle, on le comprend une fois pour toutes, on ne le comprendra pas autrement plus tard. On en a une compréhension complète, adéquate, à laquelle il ne manque rien. Certes, on ne pense que du nécessaire. On n'est pas libre d'inventer le vrai. Mais le comprendre, pour notre esprit, c'est agir. La perfection de l'esprit, c'est de comprendre comment certaines idées, nécessairement, engendrent d'autres idées. Comprendre des définitions ou des démonstrations, c'est la connaissance du deuxième genre. Rassurez-vous, il n'y a que trois genres de connaissance.

Voyons cela. La connaissance du premier genre, c'est celle d'*After Hours*, où l'on se contente de recevoir des informations, de les subir. C'est une connaissance qui vient toute de l'extérieur. Notre date de naissance par exemple : on sait qu'on est né tel jour à telle heure parce qu'on nous l'a dit, c'est une connaissance indirecte dont on ne peut pas être la cause adéquate, au sens où on ne peut pas la produire, c'est la connaissance que Spinoza appelle également par ouï-dire, en quoi entre toujours quelque chose d'indirect : c'est ce qu'on a entendu dire. Autre exemple : la géographie. Là, on peut en faire l'expérience, mais personne n'a parcouru le monde entier pour en tracer la carte. La plupart des connaissances nous parviennent sur ce mode. C'est une connaissance sur fond d'ignorance. C'est une connaissance qui est elle-même une sorte d'ignorance. De ce point de vue, on peut dire que plus le monde qui nous entoure devient technique, plus notre ignorance grandit. Un paysan du Moyen Âge, qui savait changer la roue de sa charrette, avait une connaissance supérieure au conducteur d'aujourd'hui qui panique dès qu'un voyant s'allume, totalement dépendant de son garagiste. Combien d'heures par jour passe-t-on devant la télévision sans savoir comment elle fonctionne ? Utiliser sans savoir comment ça fonctionne, telle est la condition de l'homme moderne. Vous croyez savoir que la Terre est ronde, mais, si on vous demandait de le démontrer, vous n'en seriez pas plus capable que de démontrer qu'elle est plate. La science reçue de l'extérieur, qu'on ne fait que répéter, relève, comme dit Platon, de l'opinion vraie. C'est vrai, mais seulement comme une opinion peut l'être. Pour Spinoza, ce ne sera que de la connaissance du premier genre. Dire que la Terre est ronde vaudra, en qualité de connaissance, le fait de savoir votre date de naissance. Elle vaudra peut-être même moins, car alors que votre date de naissance est une vérité qui ne peut qu'être reçue, la physique est une science qui relève par définition du deuxième genre et repose sur des démonstrations. Quand elle séjourne dans le premier genre, elle n'est plus qu'une science déchue.

Si vous vous demandez comment fonctionne ce que vous utilisez, quels sont les rapports de cause à effet, vous passez dans la connaissance du deuxième genre : vous ne recevez pas simplement les connaissances de l'extérieur, vous cherchez à les engendrer de l'intérieur. Comme dans l'exemple du cercle nécessairement engendré par la rotation d'un segment. Ou comme si, au lieu de regarder la télé, vous vous mettiez à regarder dans la télé ; à la démonter, pour comprendre comment elle fonctionne, à étudier les circuits électriques, les tubes cathodiques, les principes de l'électricité, etc.

Dans le premier genre, on est passif, on subit, dans le deuxième genre, on est actif, on comprend parce qu'on produit, on comprend la nécessité à laquelle obéissent les idées pour s'engendrer. *L'Éthique* se présente sous forme de démonstrations, pour les raisons que je viens d'exposer. Dans la connaissance du premier genre, on ne voit rien, on voit sans comprendre. Pour voir, il faut voir comment se produisent les choses, les faire naître. Ce n'est possible que par la connaissance démonstrative, ou connaissance du deuxième genre. Et c'est pourquoi Spinoza dit des démonstrations qu'elles sont les yeux de l'âme.

La connaissance du troisième genre est celle que Spinoza appelle connaissance intuitive, où l'on comprend exactement la même chose que dans la connaissance du deuxième genre, mais sans avoir à passer par le détour des démonstrations. Exemple : la règle de trois, et le marchand qui n'a plus besoin de passer par le calcul pour savoir le prix de ce qu'il vend. $a/b = c/x$. Un kilo vaut tant, combien valent 500 grammes ? Plus difficile, combien valent 850 grammes ? Le commerçant a fait le calcul un si grand nombre de fois qu'il n'a plus besoin de le faire. Ça se fait tout seul en lui, pas de manière magique, mais grâce à un long entraînement, par une longue habitude. Il s'est « incorporé » la connaissance du deuxième genre. L'intuition remplace la démonstration, mais n'est possible que par un entraînement. Autrement dit, on s'entraîne à l'éternité. C'est une abolition du temps que prend la démonstration. Dans la connaissance du troisième genre, on est intégralement présent au moment que l'on vit, et on devient, comme dit Spinoza, « conscient de soi, des choses et de Dieu ». Ce n'est pas un Dieu extérieur à nous, mais Dieu en tant qu'il nous produit, c'est le principe de production du vrai et du réel. Pas le Dieu de la religion auquel il faudrait croire, au contraire le Dieu le plus réel qui soit, le principe de production de la réalité[1].

Mais plutôt que nous adresser au bon Dieu, adressons-nous à ses anges, ceux des *Ailes du désir*, qui discutent assis dans une voiture de luxe exposée dans une vitrine. Voiture qu'ils ne peuvent pas conduire, puisqu'ils n'ont pas de corps. Les anges nous envient, et, bien qu'éternels, ou parce que éternels, les anges trouvent le temps long. À vrai dire, ils s'emmerdent à mort. Au sens propre, puisqu'ils sont prêts à devenir mortels pour échapper à cette mauvaise éternité. Ce qui donne du sens à la vie, pensent-ils, c'est qu'elle est finie. La vie limitée, c'est ce qui rend possible l'intensité. Est-ce contradictoire avec ce que dit Spinoza ? Absolument pas, mais il faut préciser immédiatement que ce n'est pas d'être limitée qui rend la vie intense, ce serait une absurdité, qui ressemblerait fort au cliché de Tyrell sur la lumière qui brille deux fois moins longtemps pour briller deux fois plus intensément ; non, ce qui rend l'intensité possible, c'est l'existence. C'est d'exister qu'on jouit, pas d'être mortel. Être mortel est d'ailleurs une contradiction dans les termes : tant qu'on est, on n'est pas mortel. Souvenez-vous : la mort ne fait pas partie de notre essence, de notre perfection, de notre définition. La mort vient de l'extérieur, comme un poison ou un accident. Ces anges ne souffrent

1. Pour ceux qui aiment les gros mots, on peut distinguer ici un Dieu transcendant au monde (transcendant, du latin *trans* et *ascendo*, qui signifie « extérieur » et « supérieur »), comme l'est le Dieu de Descartes ou celui de Leibniz ; et un Dieu immanent au monde (immanent, du latin *in* et *maneo*, qui signifie « intérieur » et « rester » ou « être »), qui coïncide avec le monde, qui n'est rien d'autre que le monde, comme le Dieu de Spinoza : « Dieu, c'est-à-dire la Nature. »

pas de l'éternité, mais de leur inexistence. D'ailleurs, ils le savent. Écoutons leur conversation :

> « Dans sa cellule de Platzensee, un détenu, avant de se précipiter tête baissée contre le mur, a dit : "Maintenant !"... Dans le métro, station Zoo, à la surprise des voyageurs, le chef de gare a crié : "Terre de feu !" au lieu d'annoncer le nom de la station.
>
> — Joli.
>
> — Assis au pied de la colline, un vieil homme commentait l'*Odyssée* à un enfant, et l'enfant qui l'écoutait a brusquement cessé de cligner des yeux. Et toi, qu'est-ce que tu as à raconter ?
>
> — Une passante qui a fermé d'un coup sec son parapluie et s'est laissé tremper... Ah ! Un écolier, qui décrivait gravement à son maître comment les fougères sortent de terre. L'instituteur sidéré... Une aveugle qui a cherché sa montre quand elle a senti ma présence... C'est extraordinaire de n'être qu'un esprit et de témoigner pour l'éternité de tout ce qui a trait à la spiritualité de chaque mortel. Mais parfois, moi, je me sens fatigué de n'être qu'un esprit. J'aimerais que ce survol éternel se termine enfin, j'aimerais sentir en moi un poids, sentir que cette densité abolit l'illimité, me rattache au monde terrestre. J'aimerais à chaque pas, à chaque coup de vent, pouvoir dire maintenant et maintenant, au lieu de dire depuis toujours ou à jamais... »

« Depuis toujours ou à jamais », c'est le monde des vérités mathématiques. Trois et deux font cinq, depuis toujours et à jamais. Si on fait tourner un segment, on obtient un cercle, depuis toujours et à jamais. Quand on le comprend, non seulement on comprend du vrai, mais de l'éternel. Il est bon pour notre esprit de comprendre, mais ça ne remplit pas une vie d'homme, ni une vie d'ange. Descartes lui-même, un des plus grands mathématiciens de tous les temps, remarquait, et ce n'était pas une remarque de mauvais élève mais de génie, que les mathématiques ne sont qu'un jeu. Comprendre des vérités mathématiques ne suffit pas, un homme digne de ce nom veut comprendre sa nécessité, sa perfection d'individu, il veut comprendre son rapport aux autres, il veut devenir conscient de tout cela, et en faire l'expérience, pas simplement le comprendre en général, comme on comprend une démonstration, mais le comprendre de l'intérieur, sans démonstration, intuitivement : il veut le sentir.

À quoi rêvent donc nos anges, prisonniers d'une éternité en noir et blanc où ils ont tout le temps de penser ? Ils aimeraient plus de couleur et de mouvement, ils aimeraient sentir et pas seulement connaître. Moins de savoir et plus de sentiment. Savoir, d'accord, mais pas avec sa tête, avec ses tripes. Ou mieux : avec les deux ! D'accord pour savoir, mais pour savoir directement, savoir comme on sent, en une intuition.

Revenons à nos moutons écossais. Highlander, après avoir vaincu le dernier Immortel en lui coupant la tête, reçoit le fameux Prix. Pourquoi faut-il couper la tête à un Immortel pour le tuer ? La métaphore est claire, couper la tête, c'est viser l'esprit, c'est vouloir anéantir sa part d'absolu. Et la récupérer à son profit. Highlander est soulevé dans les airs par une énorme tempête d'énergie qui le crucifie et le fait hurler à l'attention de son mentor hispano-égyptien qui veille sur lui depuis l'au-delà :

> « Tu ne m'avais pas préparé à ça ! Je sais ! Je sais tout ! Je suis tout ! »

« Je sais tout ! Je suis tout ! » On dirait bien la connaissance du troisième genre, mais ça a l'air de faire mal. En quoi consiste exactement ce Prix ? L'Élu, remis de ses émotions, se confie quelques plans plus tard à la femme qu'il aime :

> « C'est comme si j'avais un monde dans la main. Et si je me concentre, je sais ce que tous les gens pensent de par le monde, présidents, diplomates, savants. Je peux les aider à se comprendre.
>
> — Et moi, qu'est-ce que je pense ?
>
> — Tu te demandes si tu peux m'aimer ou pas. Tu peux. Je suis comme toi. Je peux aimer et avoir des enfants. Vivre et vieillir. Tu ne m'avais pas préparé à ça, vieux coq espagnol. »
>
> Son mentor apparaît comme un fantôme, dans le pur style *Guerre des étoiles* :
>
> « Patience, Highlander. Tu as bien œuvré, mais cela prendra du temps. Tu es plusieurs générations qui naissent et qui meurent. Tu ne fais qu'un avec toutes les choses vivantes, tu peux connaître les pensées et les rêves de chaque homme. Tu as un pouvoir au-delà de l'imagination. Sers-t'en bien, mon ami, et ne perds pas la tête. »

Mortel également, cet humour, non ? Et quel est

donc ce pouvoir au-delà de l'imagination ? C'est très simple, voyons, Spinoza nous l'a dit : la raison ! Le Prix, vous l'avez compris, c'est la mortalité. Le seul cadeau que l'on puisse faire à un Immortel : le rendre mortel. Même s'il s'agit ici d'une mortalité très intense, hyper-vécue, où l'on peut connaître les pensées de tout le monde. Spinoza remarquerait peut-être qu'il n'y a là rien de surnaturel, ce sont les mêmes pensées pour tout le monde. Nos pensées, aussi individuelles soient-elles, ne sont jamais que la combinaison d'idées simples. *L'Éthique* décrit ces combinaisons de manière exhaustive. Souvenez-vous de l'analyse de la jalousie, de l'envie, de l'imitation de sentiments, etc., tous ces sentiments ne sont jamais que des combinaisons d'amour et de haine. C'est donc cela, le Prix : l'Immortel abruti accède à la raison et comprend la beauté d'être un humain à la fois relié aux autres et singulier, « conscient de soi, du monde et de Dieu »... C'est bien la connaissance du troisième genre.

En perdant l'immortalité, le temps indéfiniment subi, il gagne l'éternité en cette vie, ou jouissance infinie de l'existence. Notre rêve enfantin d'immortalité est guéri. Mais si nous ne voulons plus être immortels, c'est que nous avons entrevu mieux : la possibilité d'une éternité en cette vie. « L'éternité est la jouissance infinie de l'existence » (*L'Éthique*, I). L'éternité n'est rien d'autre que l'existence humaine, mais en tant qu'on en jouit, qu'elle apporte de la joie. La durée est « la continuation indéfinie de l'existence ». Le temps est une manière abstraite de concevoir la durée, une façon de compter la durée, et donc de dégrader une qualité en quantité – un peu comme si, à quelqu'un qui vous dit : « Je t'aime », vous répondiez : « Combien ? » Le temps peut donc se disperser, alors que la durée se définit comme une continuité. La durée est déjà une promesse d'éternité. C'est la même chose que chez Bergson, où le temps abstrait est le temps de la montre, le temps mesuré, le temps que l'on peut représenter comme une succession d'intervalles égaux, alors que le temps réel, également nommé durée, est le temps vécu par la conscience, et ne saurait se ramener à du mesurable – personne ne vit la même minute de la même manière : à celui qui est en vacances, elle paraît courte, à celui qui travaille, elle paraît longue. Ces deux philosophes s'attaquent à une conception abstraite de l'existence. Le temps abstrait, c'est le temps subi, celui de la passion, celui d'*After Hours*. C'est un temps qui est mauvais parce qu'on le regarde passer. On le sent passer, on trouve le temps long. C'est un temps qu'on n'aime pas. Et quand on n'aime pas, on compte. Le mauvais temps introduit de la quantité. C'est l'irruption du quantitatif, qui vient toujours de l'extérieur, et vient rompre le sentiment intérieur d'une continuité. Ce sentiment de continuité, quand il n'est pas interrompu, bascule de la quantité vers la qualité : c'est la durée. Quelle différence entre durée et éternité ? La durée est indéfinie, alors que l'éternité est infinie. La durée définit la qualité d'une continuité, l'éternité définit la jouissance de cette continuité. La durée est une qualité, l'éternité, une intensité.

Shaolin Spinoza

À présent qu'on sait ce qu'elle est, et qu'elle est possible, comment faire cette expérience de l'éternité ? Pour nous qui avons un corps bien matériel, capable de souffrir, de se transformer et de mourir, comment faire pour vivre cette éternité que Spinoza nous propose ? Y a-t-il une voie physique ?

On a déjà vu que plus notre corps est apte à faire de choses, plus notre esprit est apte à comprendre d'idées. Par conséquent, « ce qui dispose le corps humain à pouvoir être affecté de plusieurs façons, ou le rend apte à affecter les corps extérieurs de plusieurs façons, est utile à l'homme, et d'autant plus utile que le corps est rendu par là plus apte à être affecté et à affecter d'autres corps de plusieurs façons ; au contraire est nuisible ce qui diminue cette aptitude du corps » (*L'Éthique*, IV, proposition 38).

Autrement dit, pour atteindre le salut, il y a peut-être une voie, un passage par le corps, qui non seulement n'est pas incompatible avec la pensée, mais encore la favorise. Rendons-nous directement chez des spécialistes, car le temps presse. Nous n'avons qu'une vie. Adressons-nous aux moines de *La 36ᵉ Chambre de Shaolin*, qui pourront probablement nous renseigner. Ça tombe bien, le jeune San Te, qui officie depuis plus d'un an dans ce monastère bouddhiste en qualité de balayeur, veut la même chose que nous, et fait savoir à son supérieur son désir d'apprendre les arts martiaux. Celui-ci le questionne :

> « Dans quel but t'intéresses-tu aux arts martiaux, car j'imagine que tu as un but ?
>
> — Je ne vous mentirai pas. Avant d'être au monastère, j'ai connu la peine et l'amertume. J'ai vu combien le peuple était malheureux. Je me suis dit que si le peuple avait accès aux arts martiaux de Shaolin, il pourrait se défendre

contre ses ennemis, il pourrait se battre. Je voudrais...

— Miséricorde... San Te, nous sommes bouddhistes, nous ne devons pas avoir de telles pensées. Aussi, ne parle plus de cela.

— Jamais je ne renoncerai à cette idée. Je ne sais plus où est la vérité. Je ne sais plus ce qui est juste. Frère, est-ce que ça veut dire qu'à cause de ces idées, je n'ai pas le droit de m'entraîner ?

— Nos arts martiaux sont divisés en trente-cinq chambres. Tu veux commencer par laquelle ?

— Frère, j'aimerais savoir... Le niveau le plus élevé, c'est dans laquelle ?

— Dans la chambre suprême.

— Alors, c'est par celle-ci que je veux commencer. »

Ce qui est beau est rare et difficile, a prévenu Spinoza. Mais l'impatient San Te n'en a jamais entendu parler, il se présente directement devant une assemblée de maîtres. Là, nul entraînement, nul exercice physique, mais la récitation de prières codifiées, et une atmosphère très recueillie. San Te s'avance. Le grand maître lui demande :

« Réciter les soutras apaise le cœur. Tu les as récités combien de fois ?

— Voilà, je venais...

— Va-t'en.

— Frère, c'est le kung-fu qui m'intéresse. »

En guise de réponse, le « frère » le projette sans le toucher, d'un simple mouvement de la main, hors de la chambre suprême. Étourdi, déçu, San Te va se plaindre à son supérieur :

« Pardonnez-moi. Personne ici n'apprend les arts martiaux.

— C'est le niveau le plus élevé des arts martiaux de Shaolin, comment pourrais-tu comprendre ? »

Patience, donc, on l'a compris. D'abord, quel est notre but ? Le salut de notre âme. La joie. Or l'existence nous oblige indistinctement à des rencontres qui nous conviennent, et à d'autres qui ne nous conviennent pas, dont certaines peuvent éventuellement nous empoisonner et nous détruire. Celles qui nous apportent de la joie ne font jamais problème. Mais comment échapper aux mauvaises rencontres ? Une solution habile consiste à les rechercher et à les provoquer, de manière à s'habituer. S'entraîner, c'est organiser des mauvaises rencontres, à des doses supportables. C'est le principe du vaccin. C'est le principe de la musculation. Un muscle grossit à cause des cicatrices dues à l'explosion de ses fibres. Cette déformation, paradoxalement, a augmenté la puissance de celui qui l'a subie. Spinoza affirmait pourtant qu'un homme ne peut pas vouloir changer de forme, puisque changer de forme et mourir reviennent au même. Celui qui s'entraîne, justement, ne veut pas changer de forme directement. Mais en exerçant sa puissance et en la développant, en recherchant ses limites sans les dépasser, il finit, indirectement, par changer de forme. Il le fait petit à petit, progressivement, dans le respect de sa nature et de sa formule d'être. Il ne change pas de forme comme un triangle qui deviendrait carré par un ajout extérieur, mais atteint sa forme optimale par un développement interne. Un muscle qui grossit ne se dénature pas, il ne se déforme pas, mais se forme selon sa loi naturelle, conformément à sa formule d'être. C'est excellent pour lui, car il devient apte ainsi à davantage de choses, sa puissance augmente, et donc sa joie. Il y a une joie du muscle qui se développe. Le danger est qu'il risque de sombrer dans l'euphorie et de se sur-développer, comme dans le cas du malheureux Bob, le nounours dopé aux stéroïdes de *Fight Club*, qui a voulu faire gonfler ses muscles au point de changer de forme et d'en mourir socialement, affectivement et physiquement. Ce qui a tué le Bob d'avant, amoureux de sport, content de son corps, en bonne santé, aimé de sa femme et de ses enfants, ce n'est pas l'excès d'entraînement, c'est le manque d'entraînement : il a préféré les produits censés accélérer la croissance musculaire directement, plutôt que le long, lent et douloureux détour de l'entraînement.

Attention, cette douleur est à manier avec précaution. La douleur est un bon critère pour juger du juste dosage des « mauvaises rencontres ». Il ne s'agit pas de détruire le corps, mais de l'habituer, progressivement. Les moines shaolin procèdent selon une méthode proche de celle de Descartes : s'il faut passer par trente-cinq chambres avant d'atteindre la chambre suprême, ce n'est pas pour le plaisir d'allonger le chemin, mais pour diviser la difficulté (deuxième précepte, vous vous en souvenez), et créer un ordre allant du simple au composé (troisième précepte). On n'entre pas directement dans la trente-sixième chambre, sans quoi on n'y comprend rien, il faut procéder dans l'ordre. Et ne rien oublier : c'est le dernier précepte, l'énumération. Alors seulement, on atteindra le nirvana, disent les moines, l'évidence, dit Descartes, la connaissance du troisième genre, dit Spinoza – on l'a compris, il s'agit de la vérité, vue clairement et distinctement (premier précepte). La méthode de Descartes n'appartient pas à Descartes, il a toujours eu une ambition plus haute et moins personnelle : celle de mettre en évidence une méthode universelle, de trouver le chemin non pas pour lui, mais pour tous. Donc : diviser la douleur. Ne pas exposer tout le corps, mais une partie après l'autre. Et suivre un ordre. Après l'acquisition de l'équilibre, de la vitesse, de la force, acquérir la résistance, et renforcer les points faibles. Une chaîne, on l'a déjà dit avec Descartes quand il s'agissait des longues chaînes démonstratives, est toujours aussi forte et aussi faible que le plus faible de ses maillons. Eh bien, dans la chaîne du corps, la tête, par exemple, est naturellement un point faible. Comment en faire un point fort ? La méthode shaolin consiste à donner des coups de tête dans de lourds sacs de frappe. Le premier réflexe, lorsqu'un obstacle va heurter notre tête, c'est de l'éviter. Mais si on ne s'expose pas à un moindre mal, on ne deviendra jamais apte à affronter des rencontres plus difficiles. L'entraîneur est là pour le rappeler au vacillant San Te :

> « Qui t'a dit de te baisser ? Debout ! Mains sur les hanches ! Repousse-moi ces sacs de toutes tes forces. Arrivé au bout, offre de l'encens. »

Offrir de l'encens permet à la fois d'intégrer le repos dans l'entraînement, et de réfléchir son action. Offrir de l'encens est un acte religieux, qui implique une pensée. Renforcer la tête n'est possible qu'en renforçant l'âme. San Te commence par subir la rencontre avec les sacs ; il n'est pas le plus fort, il vacille, la répétition du choc est proche de l'assommer, mais, à y regarder de plus près, le sac est un choc supportable par rapport à un mur. Ce qui va lui permettre de changer, de se durcir, de s'altérer sans se mettre en danger de mort. Renforcer la tête ne veut pas dire la casser. Ces petites altérations subies volontairement transforment la puissance du corps. À la fin de l'entraînement, il est devenu actif, et frapper de la tête de toutes ses forces dans le sac ne lui fait plus aucun mal. Il est devenu apte à des rencontres plus difficiles. Casser une planche d'un coup de tête, ou peut-être même un mur, ne lui est plus impossible. Son corps est devenu apte à davantage d'affections sans changer de forme au point d'en mourir.

L'art délicat de l'entraînement consiste, on l'a compris, à doser avec subtilité ce qu'un corps peut supporter sans changer de forme de manière fatale. C'est l'art des limites. Ni trop ni trop peu. Courir un marathon sans entraînement spécifique est du suicide : la preuve, le premier « marathonien », le pourtant solide soldat Philippidès, en est mort. Il a trop couru. Il est allé, comme on dit justement, au-delà de ses forces. L'entraînement consiste, pour le marathon, non pas à courir un marathon par jour, mais à rendre chaque jour le corps de plus en plus apte. Si on pousse le corps trop loin, on ne peut plus s'entraîner. Il ne faut pas faire le pas en avant de trop qui oblige ensuite à faire plusieurs pas en arrière. La lenteur, tel est le secret de l'entraînement. Et le repos. Il paraît que si on fait tomber, expérience cruelle, deux mouches dans un verre d'eau, et qu'au bout d'un certain temps, on sort une des deux mouches de l'eau pour lui permettre de se reposer avant, nouvelle cruauté, de la remettre à l'eau, elle résistera beaucoup plus longtemps que sa congénère avant de se noyer. Et si on lui permet de se reposer à nouveau, elle a de bonnes chances d'apprendre à nager. Le repos, condition du travail. Même Forrest Gump qui tape dans une balle de ping-pong toute la journée se repose. La preuve : il dort. Avec sa raquette, mais il dort. Peut-être rêve-t-il qu'il s'entraîne, c'est bien possible, puisqu'il n'a fait que cela toute la journée, mais le sommeil lui permet justement à la fois d'intégrer les gestes appris pendant la veille et de laisser son corps se remettre, se refaire, « récupérer » avant de remettre ça. Le secret de l'entraînement n'est pas de travailler plus, car, une fois la limite physiologique dépassée, tout effort supplémentaire est contre-productif et destructeur, mais de travailler juste. C'est ainsi qu'on gagne en être, qu'on développe sa puissance. Pas en forçant comme un abruti. On en connaît qui courent une heure par jour avec la grâce d'une otarie, croyant ainsi faire quelque chose de bon pour leur santé. Mais la régularité et l'effort ne suffisent pas non plus : quand on court mal, tout ce qu'on fait, c'est s'user les genoux, les hanches, le dos et les cervicales. Le joggeur fou finira boiteux. L'apologie de l'effort est un réflexe d'esclave : « Je souffre, donc je mérite », telle est la devise du lourdaud, empruntée aux grenouilles de bénitier. « Mouiller le maillot » est un critère, au choix, de sadique ou de masochiste ignorant[1]. Un entraînement réussi repose sur des

1. Un fameux chef d'orchestre, réputé pour l'économie de ses mouvements – je crois qu'il s'agit de Strauss –, lorsqu'il assistait à la prestation d'un jeune collègue, lui rendait visite dans sa loge à l'entracte pour lui tâter l'aisselle. Si elle était humide, son verdict tombait comme un couperet : « Amateur ! »

principes contraires : dosage, repos, et quelque chose que ne montre pas *Forrest Gump* : la pensée.

Dans l'une des premières chambres du temple shaolin, il s'agit pour les élèves de franchir une fosse remplie d'eau où flottent des rondins de bois. Le maître donne ses instructions puis les laisse travailler :

> « L'esprit et le cœur doivent être concentrés. Ceux qui ont de la volonté réussiront. Vous devez vous entraîner jour et nuit. Allez. »
>
> Ils sautent sur les troncs, des heures durant, fiers de leur ténacité, mais tombent toujours à l'eau. Impossible de franchir l'obstacle, quelle que soit la durée de l'entraînement. Après une nuit d'échecs, le maître refait son apparition :
>
> « Arrêtez ! Le bois flotte sur l'eau, mais sa flottabilité, forcément, est limitée. Si vous vous jetez dessus tels des lourdauds, le bois ne pourra pas le supporter et coulera. San Te !
>
> — Oui.
>
> — Lance avec force cette assiette dans l'eau. »
>
> San Te s'exécute et lance l'assiette.
>
> « De cette manière, l'assiette a coulé. Quand vous sautez dessus comme des lourdauds, le bois coule de façon similaire. »
>
> Le maître lance une assiette comme un frisbee. Elle ricoche sur l'eau et atteint l'autre côté.
>
> « Mon assiette combine vigueur, équilibre, vitesse. La vigueur confère la vitesse, l'équilibre donne la stabilité au corps. Si le cœur et l'esprit

> se concentrent, la force en découlera et les trois s'uniront. Ceci est la clé de l'entraînement du kung-fu, souvenez-vous-en. »

Nous ne l'oublierons pas. La volonté ne suffit pas, il faut passer par le détour des démonstrations, ou connaissance du deuxième genre, pour analyser le rapport de repos et de mouvement entre les parties des corps en présence, et la manière dont ils peuvent se composer. Le maître parle en physicien : vitesse, stabilité, poids, etc. Il s'agit ensuite de pratiquer cette connaissance du deuxième genre, de se l'incorporer pour la rendre intuitive. Le difficile n'est pas de penser, mais de s'ajouter ce qu'on pense. J'ai déjà fait allusion à cette citation de Nietzsche, mais le difficile, vous l'avez compris, n'est pas de la penser... San Te reprend l'entraînement, et parvient à franchir la fosse remplie d'eau sans tomber, en arrivant lancé et en utilisant un rondin pour glisser sur l'eau comme s'il s'agissait d'un surf. Vigueur, équilibre, vitesse. Tout y est. La pensée est passée dans le corps. Bravo !

Et en effet, à quoi sert de s'obstiner à répéter un geste si ce n'est pas le bon ? L'entraînement consiste donc également à trouver le bon geste avant de chercher à le reproduire. Ce que le maître shaolin explique à ses élèves, c'est qu'il ne sert à rien de s'entraîner mécaniquement, sans réfléchir à ce qu'on fait. Je vous parie mon short dédicacé de l'équipe de France que Michel Platini ne s'entraînait pas à tirer des coups francs sans réfléchir à ce qu'il faisait. Travailler juste plutôt que travailler plus. Autrement dit, il faut penser pour s'entraîner bien. Avant de rendre un geste intuitif, acquérir le bon geste. Ne pas confondre volontarisme et volonté. Répéter mille fois un mauvais geste ne vaut rien, et infiniment moins qu'accomplir une seule fois le bon geste. À quoi bon dire : « J'ai tout essayé », si on a tout raté ? L'entraînement n'est pas quantitatif, mais qualitatif. Il permet de se mettre en condition pour trouver le bon geste. Le but est ensuite de rendre ce geste intuitif et facile. Le but est d'apprendre à travailler moins, voire à ne plus travailler du tout. Michel Platini, sur un terrain, courait parfois moins que les autres, mais faisait de meilleures passes. Pourquoi courir, quand le ballon peut le faire pour vous ? Et celui qui court moins n'en court que mieux et plus vite le moment venu. Il court par éclairs. Le jugement, disait Alain, s'exerce par éclairs. Si un grand footballeur est rarement philosophe, c'est toujours un grand penseur. Certes, il pense avec ses pieds, mais ses pieds peuvent être dits penser. Et il arrive qu'il marque de la tête.

Ces remarques peuvent vous paraître anodines, elles sont décisives. On ne s'entraîne pas qu'avec son corps, mais de toute son âme. Souvenez-vous que Spinoza nous dit que c'est la même chose. Un sentiment ne désigne pas uniquement une modification, une affection du corps, mais l'idée qui l'accompagne dans l'âme. Ne peut être dit agissant que celui qui est la cause adéquate de ce qui se passe hors de lui et en lui. Mettre un but par hasard peut arriver à n'importe qui, il n'en sera que la cause partielle. Alors que mettre un but en sachant ce que l'on fait, c'est en être la cause adéquate. Quand un joueur atteint ce niveau, on dit qu'il joue comme un dieu, c'est-à-dire comme une cause adéquate. Aucun joueur, évidemment, ne joue comme un dieu, ce serait trop simple, il n'aurait qu'à jouer pour gagner, un joueur n'est jamais que la cause partielle du but qu'il marque, puisque sont en cause également les autres joueurs, le ballon, la cage, le gardien, l'arbitre, etc., mais disons que certains joueurs sont moins partiels ou plus adéquats que d'autres.

Matrix et la connaissance du troisième genre

La différence entre la connaissance du deuxième genre, ou connaissance démonstrative, et la connaissance du troisième genre, ou connaissance intuitive, est d'abord une question de temps et de rapport au temps : alors que le détour des démonstrations demande du temps – il faut du temps pour comprendre –, la connaissance intuitive est instantanée. Comment passe-t-on de l'une à l'autre ? Peut-on, comme le souhaitait San Te au départ, accéder directement à la connaissance intuitive, sans passer par la voie laborieuse de la connaissance démonstrative ? N'y a-t-il pas un raccourci ?

Matrix envisage un monde qui permet de faire l'économie de cet effort. On n'a plus besoin de passer par les démonstrations, on peut acquérir des connaissances et se les incorporer, les sentir et les appliquer de manière instantanée, sans effort. Ou presque. C'est le principe des jeux vidéo. On charge un logiciel, et on sait le kung-fu : on se bat, par manettes, écran et avatars interposés, contre autant d'adversaires qu'on voudra. *Matrix* pousse au bout cette logique du corps virtuel, et permet, grâce à un simple branchement, de charger autant de programmes qu'on voudra. Plus besoin d'entraînement, puisqu'il n'y a plus de corps.

Après avoir, dix heures durant, intégré des logiciels

de combat, Néo ouvre les yeux, émerveillé de sa toute fraîche compétence :

« Je connais le kung-fu. »

Morpheus, qui ne croit qu'à ce qu'il voit, le défie :

« Prouve-le-moi. »

Aussitôt, comme par magie, Morpheus et Néo se retrouvent vêtus de kimonos dans un décor digne d'un jeu vidéo de combat, ce qui est précisément le cas :

« Tu es dans notre programme de combat. L'équivalent du programme de réalité virtuelle de la Matrice. Il obéit aux mêmes lois, comme la gravité, mais tu apprendras que ces lois ne sont pas différentes de celles de n'importe quel autre système. Il y en a qu'on peut enfreindre, et d'autres... qu'on peut violer. Est-ce que c'est clair ? Alors frappe-moi, si tu es de taille. »

Néo se rue et enchaîne les frappes, sans succès : toutes ses tentatives sont bloquées par un Morpheus d'un calme olympien, qui finit, avec une vitesse surnaturelle, par mettre Néo au tapis.

« Comment t'ai-je battu ?

— Tu es trop rapide.

— Est-ce que tu penses réellement que ma rapidité ou ma force ont quoi que ce soit à voir avec mes muscles dans un endroit pareil ? Tu crois être en train de respirer de l'air ? »

Un personnage de jeu vidéo ne respire pas de l'air. La question est : comment atteindre une vitesse absolue ? Il ne suffit pas de connaître les gestes. Il reste quelque chose à apprendre, il faut tout de même s'entraîner. La question, c'est : à quoi ? On peut dire que Néo est obligé de faire l'effort de passer d'une connaissance du deuxième genre qu'il n'a pas fait l'effort d'acquérir mais qu'il possède, à la connaissance du troisième genre, qui est un approfondissement sur place de la connaissance du deuxième genre – qui n'est rien d'autre que la connaissance du deuxième genre, vécue concrètement plutôt que comprise abstraitement : ou comment la connaissance rationnelle se fait intuitive et agissante. Morpheus essaye de le faire comprendre à Néo en le bousculant :

> « Qu'est-ce que tu attends ? Augmente ta vitesse. On n'est pas le meilleur quand on le croit, mais quand on le sait. Arrête d'essayer de me frapper ! Frappe-moi ! »

La différence entre croire et savoir revient apparemment à distinguer connaissance du premier genre et connaissance du deuxième genre. Croire, c'est avoir un rapport extérieur, une certitude incertaine, alors que le savoir est sûr de lui. Quand on sait, on sait qu'on sait. Quand on croit, on croit qu'on sait, mais on ne sait pas qu'on ne sait pas. Dans l'erreur, on croit qu'on sait : si on savait qu'on était dans l'erreur, on n'y serait déjà plus. On ne peut pas savoir qu'on croit si on reste dans la croyance. Il faut être déjà sorti de la croyance pour pouvoir s'en sortir. C'est ce qui fait que quelqu'un qui sait ne pourra jamais convaincre quelqu'un qui croit. On ne peut pas discuter avec un croyant. Pas sur le mode du savoir rationnel. Mais ce dont il est question ici, avec ce malheureux Néo qui ne parvient pas à sortir de ses habitudes mentales pour évoluer dans le monde virtuel, c'est plutôt du problème du passage de la connaissance du deuxième genre à celle du troisième ; autrement dit, comment passer d'une connaissance démonstrative, intellectuelle, abstraite, à une connaissance intuitive, directe, concrète ? Si Morpheus oppose croire et savoir, c'est au sens où la connaissance du deuxième genre reste encore extérieure à ce qu'elle connaît, son savoir est général ; avec la connaissance du troisième genre, le savoir devient singulier, et pénètre l'objet réel. Le savoir devient efficace, vivant, organique. C'est un peu comme la différence que fait Alain, et qu'il emprunte à l'escrime, entre les tireurs de moyens et les tireurs de jugement. Rappelons qu'en escrime, on appelle tireur un combattant, quelle que soit son arme, fleuret, sabre ou épée. Le tireur de moyens est celui qui conçoit d'abord une action dans sa tête, se donne ainsi un but, puis met en œuvre les moyens qui permettent de l'atteindre. Le tireur de jugement, lui, ne conçoit rien mentalement, en lui conception et exécution coïncident. Jugement et action ne font qu'un. Il aura ainsi toujours un temps d'avance sur le tireur de moyens. Attention, cela ne signifie pas qu'il ne s'est pas entraîné, au contraire : il s'est tellement entraîné que les mouvements appris à l'entraînement ont été intégrés, incorporés, si bien qu'il n'a plus à penser pour les faire. Ils sont devenus intuitifs, comme une seconde nature. Dans tout apprentissage, on commence par acquérir des moyens, puis on cherche à se les intégrer. On commence tireur de moyens pour finir tireur de jugement. Quel est le secret de l'entraînement ? C'est très simple : l'entraînement. Michel Platini tirait d'aussi beaux coups francs, avec un si grand naturel, parce qu'il restait après l'entraînement collectif... pour continuer à s'entraîner, avec ou sans gardien, des heures durant, à tirer des coups francs. Forrest Gump devient un champion de ping-pong, car, à partir du moment où on lui met une raquette et une balle dans la main, il ne fait plus que jouer, encore et encore, il s'entraîne jour et nuit, sans y penser. Et il finit par jouer comme un dieu, c'est-à-dire précisément sans y penser. C'est exactement cela, passer du deuxième au troisième genre : rendre intuitif et naturel ce qui ne l'est pas, ce qui n'est pas donné comme tel. La pensée devient action. Spinoza ne dirait pas qu'on pense comme un dieu, mais qu'on pense en Dieu, et que Dieu se pense en nous, puisque Dieu, c'est la Nature. Si vous vous entraînez aux démonstrations du deuxième genre comme Michel Platini ou Forrest Gump s'entraînent au foot ou au ping-pong, vous avez toutes les chances de finir par toucher à la connaissance du troisième genre. Vous savez ce qu'il vous reste à faire.

Et ne vous pressez pas. Quand on reçoit quelque chose trop vite, on ne le comprend pas, on le subit, c'est la connaissance du premier genre ; alors que quand on l'engendre de l'intérieur, on va à la vitesse qu'on veut, c'est la connaissance du deuxième genre. Dans la connaissance du troisième genre, il n'y a plus de vitesse, c'est, au choix, d'une lenteur ou d'une vitesse absolue. Ce n'est pas une simple augmentation de la vitesse, on n'est plus dans du quantitatif, on est dans du hors vitesse, dans de l'éclair. Dans de l'éternité. Effectuer ce passage, c'est subir, comme Highlander, une « accélération ». Dans *The Fixer*, un personnage du romancier américain Bernard Malamud dit joliment que lire Spinoza, c'est enfourcher un balai de sorcière. Lire Spinoza, c'est se donner la chance de comprendre sa puissance propre, et ainsi de ne plus subir les passions tristes. Je précise « tristes », car on l'a vu, la joie, même causée de l'extérieur, est toujours bonne, nous y sommes toujours actifs. L'idéal étant, ce que propose Spinoza, de devenir la cause adéquate de la joie, d'être capables de la produire par nous-mêmes, d'en découvrir l'inépuisable source en nous. Autrement dit, le balai de sorcière, nous sommes déjà assis dessus. Le croire, c'est bien, mais Spinoza nous dit la même chose que Morpheus à Néo : le savoir, c'est mieux.

À la fin du premier épisode de *Matrix*, Néo, une fois n'est pas coutume, se fait tirer dessus par les increvables agents de la Matrice. On peut considérer ici que les balles tirées sur quelqu'un correspondent à la définition de la passion, sur le modèle de l'accident qui vient de l'extérieur, qu'on subit. La balle, symbole des passions, ou plutôt des passions tristes. Les passions tristes finissent par avoir notre peau si on les laisse nous emporter dans leur spirale. La mort, nous l'avons vu, est toujours un accident causé de l'extérieur, qui n'appartient pas à notre essence. Nous ne sommes pas faits de mort, nous ne sommes pas faits pour la mort, la mort est toujours une mauvaise rencontre. La mort, c'est toujours une balle.

Vous vous souvenez du débat entre le professeur Xavier et Magnéto. Que se passe-t-il quand votre voisin vous hait ? Il vous est nuisible, il veut vous détruire. Faut-il le détruire ? Faut-il répondre à la haine par la haine ? Magnéto répond oui. Spinoza répond non, la seule manière de vaincre la haine, c'est l'amour, il faut répondre à la haine par l'amour. Facile à dire, mais Spinoza n'en reste pas là : il nous le démontre. On peut comprendre la démonstration. On peut comprendre pourquoi il est mauvais de haïr. La haine rend malade celui qui l'éprouve. Si on répond par la haine à celui qui nous hait, il nous préoccupe, nous occupe l'esprit, nous assiège. On subit dès lors sa propre haine. Si le mal est dans la pensée du mal, c'est que penser du mal nous fait du mal, nous rend tristes, puis malades. Ça fait naître du ressentiment, de la bile, de la mauvaise humeur. Descartes montrait la même chose. Il paraît qu'on peut mourir d'aimer, mais haïr nuit beaucoup plus sûrement à la santé. La seule manière de vaincre la haine, c'est donc l'amour, pour des raisons qu'on peut dire médicales, ou, mieux : éthiques. Et celui qui est vaincu par l'amour est heureux d'être vaincu. Car il y gagne. Quand on reçoit de l'amour, on ressent de la joie, on augmente son être. L'amour vaincra, et sans combat.

On peut comprendre cette démonstration, mais peut-on la sentir, l'appliquer, la vivre véritablement ? Pour cela, il faut passer de la connaissance du deuxième genre à celle du troisième. Magnéto n'y parvient pas. Il sait pourtant ce qu'est l'amour, il a aimé sa mère. Cette mère qu'on lui a enlevée. L'amour qu'il avait pour sa mère est à l'origine de la haine qu'il a pour le genre humain, puisque le genre humain a fait naître le genre inhumain des nazis, qui ont tué sa mère. Si la haine de Magnéto est si forte, c'est qu'elle vient de l'amour blessé. Magnéto est trop blessé par la haine pour être vaincu par l'amour, voilà le problème : il est déjà vaincu par la haine.

Ce n'est pas le cas de Néo. Néo n'a pas vu sa famille exterminée par les machines. Il leur en veut d'avoir réduit le genre humain en esclavage, mais c'est une haine rationnelle, en général. D'ailleurs, impossible de haïr une machine ou un programme, même si le Mérovingien ou l'Architecte sont particulièrement odieux. Les haïr serait comme haïr les mathématiques. Ça se comprend, mais ça ne vise pas vraiment quelqu'un, si ce n'est soi-même : on s'en veut de ne pas comprendre. Néo, donc, a appris non pas à augmenter sa vitesse, mais à passer dans le hors vitesse, dans le *bullet time*, ce temps hors du temps où ses gestes vont plus vite que les balles.

Quand les agents lui tirent dessus, il arrête leurs balles d'un simple mouvement de la main, à la stupéfaction de ces créatures théoriquement invincibles. Néo retourne ce qu'il subit, et devient capable d'agir. Alors que la fuite est d'habitude le seul moyen de leur survivre, Néo se précipite vers elles – sans précipitation donc, mais tout de même à une vitesse hors vitesse –, et plutôt que de se battre de manière traditionnelle par coups de poing, blocages et ripostes, il « plonge » à l'intérieur de l'adversaire, disparaît en lui, puis le fait imploser. L'adversaire est vaincu d'étrange manière, mais, si c'est fait sans haine, est-ce pour autant de l'amour ? Un observateur diagnostique : « C'est l'Élu. » Appréciation un rien christique, qui laisse augurer le meilleur. Néo remplace l'agression physique visant directement la destruction par une pénétration à l'intérieur de l'autre. Faut-il y voir la possibilité pour l'adversaire d'intérioriser une vérité et d'être vaincu par la raison et l'amour plutôt que par la haine ? L'amour fait imploser la haine, la remplace ou la rend complète de l'intérieur. L'amour magnétise la haine et inverse sa polarité. Mais si Néo n'a pas directement détruit son adversaire, il l'a fait indirectement. L'agent Smith ne supporte pas l'amour de Néo et, bien que Spinoza affirme que celui qui est vaincu par l'amour est heureux d'être vaincu, dans le cas qui nous occupe ici, il semble que le vaincu n'apprécie pas véritablement. Il a simplement disparu. Néo l'a absorbé, et s'est ajouté sa puissance. Autrement dit, il l'a bouffé ! Je ne crois pas qu'on puisse parler ici d'amour au sens où l'emploie Spinoza. Néo ne peut pas être dit aimer les machines, ou alors comme on aime les frites et le pop-corn : à la fois fondantes et bien grillées. *Matrix* n'est pas non plus le film le plus spinoziste qui soit.

Si le cinéma peut nous ouvrir des perspectives de pensée, il le fait toujours en s'adressant à l'imagination, avec les moyens physiques qui sont les siens. Spinoza nous décrit dans *L'Éthique* la possibilité de sortir du temps pour passer dans l'élément de l'éternité. *Matrix* nous montre également Néo sortir du temps. Le paradoxe du film, c'est qu'il continue à se déployer dans le temps. On a une manifestation physique, extérieure, successive, d'une vérité éternelle, qui par définition ne peut se donner ainsi. Comment exprimer par des mouvements, qui relèvent toujours du corps, une vérité, qui relève de l'esprit ? La pensée, qui est l'action absolue, la seule action, n'est pas un mouvement au sens physique, mais un approfondissement sur place, une « accélération », mais sans vitesse. Une vitesse absolue ou une vitesse immobile. J'ai parlé d'éclair, on pourrait parler aussi bien d'arbres. Plutôt que *Matrix*, si je devais trouver un film qui donne le mieux le sentiment d'éternité au sens spinoziste, je dirais *Le Nouveau Monde*, de Terrence Malick, réalisateur également de *La Ligne rouge*. Les arbres, par leur immobilité même, incarnent un absolu de la vitesse. Le végétal a longtemps été un modèle pour l'homme et pour les philosophes. Même Descartes, souvenez-vous, parlait de l'arbre de la connaissance dont les racines étaient la métaphysique, dont le tronc était la physique, et les branches, la mécanique, la médecine et la morale. L'élément végétal comme modèle de la connaissance du troisième genre est une possibilité à méditer. Propositions, démonstrations, corollaires, scolies comme autant de branches, de feuilles, de corolles, de racines, Deleuze parlerait de rhizomes, pour l'arbre spinoziste de la connaissance.

La Ligne rouge suit des soldats de l'armée américaine pendant la Seconde Guerre mondiale, dans les îles du Pacifique tenues par les Japonais et plus particulièrement l'un d'entre eux, un garçon au regard émerveillé par la beauté de ce qu'il découvre : jungle luxuriante, eaux cristallines aux mille richesses sous-marines, générosité et mystère de la civilisation mélanésienne… Ces expériences le font sortir du temps de la guerre, mais la nécessité de se battre le tire bientôt de son exploration contemplative. Il finit par se sacrifier en entraînant l'ennemi japonais à sa poursuite dans la jungle, permettant à ses camarades en infériorité numérique de se replier. Il se fait encercler par des soldats dont il ne parle pas la langue, et qui lui crient probablement de se rendre. Après une course-poursuite effrénée, il se montre d'un calme infini. Pendant de longues secondes, il ne réagit plus. Le film nous fait vivre une sorte d'arrêt du temps, nous montre comment une vie s'arrête et devient contemplative. Quand on ne peut plus s'en sortir, quand il n'y a plus possibilité pour un projet, quand il n'y a plus d'avenir, le présent prend un relief, une intensité, une durée… Pour parler comme Bergson, alors que dans l'action, nous ne percevons que ce qui nous est utile, dans la contemplation nous percevons pour percevoir, de manière détachée, gratuite, pure. Le temps de l'action est un temps soumis à un but, un temps subi, alors que le temps de la contemplation est un temps libre, actif. Si la course-poursuite dans la jungle ne permettait de percevoir que les bruits de l'action, à partir du moment où le soldat est encerclé, les bruits naturels sont remplacés par la musique du film.

Dès que la musique apparaît, on sait qu'il va mourir. C'est une musique très éthérée, une nappe plutôt qu'une note, un son tenu et continu. Le pianiste et chef d'orchestre Daniel Barenboïm faisait remarquer qu'un accord tenu était déjà la promesse de l'éternité. La musique, par le seul fait de maintenir une note, de faire perdurer un moment parfait, nous fait sortir du temps dispersé et nous offre une durée continue.

Le film, libéré des nécessités de l'action guerrière, nous fait entrer dans un ralentissement infini, nous offre le point de vue de la partie éternelle de l'esprit de cet homme, celle dont Spinoza dit précisément qu'elle subsiste : contemplation des frondaisons des arbres, souvenirs de moments sous-marins, enfants mélanésiens jouant à faire tourner des cailloux en les frappant sur des pierres, en une ronde au rythme régulier. Ce qui est promis ici, c'est une éternité par une inscription dans la nature, au sens aussi le plus végétal du terme. Nous pénétrons grâce au cinéma dans l'élément de l'éternité.

De la géométrie à l'éternité

Pour en revenir à *L'Éthique*, autant dire qu'on n'arrive pas simplement par obstination à la connaissance du troisième genre. Certes, il faut faire montre de patience, il faut passer par la connaissance du deuxième genre, il n'y a pas le choix. Il faut comprendre les démonstrations avant de pouvoir les vivre. Ce long détour est nécessaire, il n'y a pas d'autre chemin. Spinoza a prévenu : « Ce qui est beau est rare et difficile. » Mais comprenez bien : ce n'est pas une apologie de l'effort. Il ne suffit pas de se priver et de souffrir pour atteindre le beau. Le beau ne se mérite pas. C'est le contraire. Ou disons, plus précisément, que « rare et difficile » ne désigne pas la méthode pour atteindre le beau, mais les conséquences indirectes de la recherche du beau. Ce n'est pas parce que c'est rare et difficile que c'est beau, mais parce que c'est beau, c'est rare et difficile. Vous voyez la différence ? La valeur du beau ne dépend pas de la rareté et de la difficulté, ce n'est pas une denrée dont le prix augmenterait en cas de pénurie et diminuerait en période d'abondance. Pas de soldes ici : le beau est toujours rare et difficile. Et pourtant, on l'a vu, il y en a toujours autant qu'on voudra : la vérité ne diminue pas, et augmente même par son partage. Alors ? Alors, le difficile n'est pas de penser, mais de s'ajouter ce qu'on pense. C'est difficile parce que telle est notre condition : notre corps et notre esprit sont finis, nous ne sommes pas la cause adéquate de tout ce qui se produit en nous ou hors de nous. L'univers nous résiste, notre corps et notre esprit peuvent subir des affections qu'ils n'ont pas choisies, nous sommes soumis aux passions. C'est ainsi. Et ce n'est pas à prendre ou à laisser : c'est à prendre. Mais nous avons prise. Nous pouvons échapper à la servitude humaine des passions tristes autant qu'il nous est possible. Nous n'échapperons jamais entièrement, mais le salut est possible, car « la part de l'esprit qui subsiste, quelle que soit sa grandeur, est plus parfaite que l'autre » (*L'Éthique*, V, proposition 40, corollaire). On croirait entendre Platon, qui nous assure que la mort ne nous prive que de ce qui était mortel, et donc inessentiel en nous. Spinoza indique que nous pouvons devenir aussi éternels que possible, étant donné les limites de notre nature. Le côté « rare et difficile » de la chose vient de là : notre nature résiste. « Dans cette vie nous nous efforçons de faire avant tout que le corps de Bébé se change, autant que sa nature s'y prête et le souffre, en un autre qui soit apte à beaucoup de choses, et qui se rapporte à un esprit qui ait une grande conscience de soi et de Dieu et des choses » (*L'Éthique*, V, proposition 39, scolie).

Éternité, conscience de Dieu, perfection, amour intellectuel de Dieu... Pour quelqu'un qui voulait écrire « à la manière des géomètres », Spinoza donnerait plutôt, à la fin de *L'Éthique*, dans la manière religieuse. Il ne faut pas se méprendre ici. Le philosophe n'est pas rattrapé par la religion comme l'immoraliste invétéré tente une conversion tardive, sur son lit de mort, au cas où. Spinoza ne devient pas croyant et « pusillanime » sur le tard. Il n'emploie pas les mots de la religion par soudaine religiosité, mais au contraire pour les rendre à leur vrai sens et les purifier de toute religiosité. La philosophie purifie la religion pour dire en quoi elle est vraie, le plus souvent sans le savoir. Spinoza aura passé sa vie à essayer de mériter cette excommunication et ce coup de couteau qui lui avaient été offerts d'emblée. Il a su le faire en nous rendant sensible le caractère sacré de l'existence, et en nommant éternité la jouissance infinie que nous pouvons en tirer.

Comme la fraise a goût de fraise, la vie a goût de

bonheur, dit Alain. Spinoza ajouterait que ce bonheur n'a pas le même goût pour tout le monde. Ce que nous dit Alain en nous exposant Spinoza de l'intérieur, c'est que chaque être a sa perfection propre, son style propre, mais que chacun est capable d'atteindre l'éternité, chacun dans son style : « [...] par effort pour persévérer dans son être, en tant que cet effort se rapporte en même temps à l'esprit et au corps, nous entendons l'Appétit et le Désir. Donc la joie et la tristesse sont le Désir même ou encore l'Appétit, en tant qu'il est augmenté ou diminué, aidé ou contrarié par des causes extérieures, c'est-à-dire que c'est la nature même de chacun. Et par conséquent la joie ou la tristesse de l'un diffère de la joie ou de la tristesse de l'autre dans la mesure même où la nature autrement dit l'essence de l'un diffère de l'essence de l'autre » (*L'Éthique*, III, proposition 57, démonstration). Et, conclut Spinoza, « [...] il n'y a pas peu de différence entre le contentement qui mène l'ivrogne, par exemple, et le contentement dont jouit le philosophe – ce que j'ai voulu faire remarquer ici en passant » (*L'Éthique*, III, proposition 57, scolie).

La joie de l'ivrogne qui a vidé sa bouteille n'a rien à voir avec la joie du philosophe. Étrange exemple, déjà analysé, qui laisse entendre non seulement qu'il y aurait une ivresse possible en philosophie, mais encore qu'elle pourrait avoir l'apparence d'une ivresse alcoolisée. La connaissance du troisième genre est-elle autre chose après tout qu'un puissant stupéfiant, grâce auquel, comme le promet *L'Éthique*, « nous sentons et expérimentons que nous sommes éternels » ? « L'amour intellectuel de Dieu » sorti de l'alambic de Spinoza fait-il tourner la tête ? Non, justement. Ou plutôt si, mais pas comme le ferait le vin. Il y a une euphorie proprement philosophique. Spinoza n'a rien contre l'ivresse, ce qui le gêne, c'est à la fois la bouteille et la gueule de bois. La joie causée par la bouteille dépend de la bouteille, et l'ivrogne n'est jamais la cause adéquate de sa joie. Sans bouteille, il est incapable de joie. Même avec, rien ne dit qu'il n'aura pas le vin triste. Le problème de la joie, c'est d'abord de la trouver. Et ensuite, de la faire durer. Si on en est soi-même la source, et non pas la bouteille, on est assuré de pouvoir retrouver cette joie plus souvent, ou de la faire durer plus longtemps. La bouteille nous enchaîne à une ivresse jamais garantie, ni dans sa qualité ni dans sa durée, alors que la joie dont nous sommes la source, que Spinoza appelle « amour intellectuel de Dieu » – cette joie dont nous sommes la cause adéquate, où nous sommes pleinement actifs, et qui est le propre de la philosophie –, nous fait sortir du temps, nous rend « aussi éternels que possible ».

Et l'éternité, c'est le style. Plutôt que de paraphraser un philosophe grand styliste, invitons-le, et invitons-nous à le lire. Il s'agit d'un propos d'Alain, du 26 mai 1927, consacré à la rencontre entre Goethe et Spinoza, et à la question de l'éternité :

Éternel et de peu de durée

> Il y a un abîme dans Spinoza entre cette géométrie cristalline du commencement et les effusions mystiques de la fin. Telle est l'apparence. Et je crois que beaucoup d'hommes cultivés ont tenté de vaincre cette apparence, car Spinoza est fort lu. Mais comment savoir d'où nous tombent, comme des fruits, ces maximes dorées, que plus le corps

d'un homme est apte à des perceptions et des actions différentes, plus son âme a d'éternité, ou, encore mieux, que plus on connaît de choses particulières, plus on aime Dieu ? J'abrège, mais tel est bien le sens, et cela étourdit. C'est que l'on a mal suivi les arides préparations.

Voici une des idées le plus profondément cachées dans ce système. Un être, un homme, tel homme n'est jamais détruit que par des causes extérieures. Nulle maladie n'est en lui ; nul désespoir n'est en lui. S'il se tue, par l'effroi de sentir en sa propre nature quelque ennemi secret qui lentement le détruit, s'il le croit, s'il me le dit dans le moment qu'il tourne le poignard contre lui-même, cet homme me trompe et se trompe. Le mouvement du poignard lui est autant étranger que la chute d'une tuile. Il tombe des tuiles ; cela signifie que la durée de l'existence dépend de ce grand univers qui l'assiège toujours, qui toujours à quelque degré contrarie, frotte, use sans aucun égard Goethe aussi bien que Thersite[1]. Cette pluie de tuiles, petites ou grosses, est ce qui finit par nous tuer. Mais la mort n'est point en nous ; la mort n'est point nous. S'il y avait dans la nature propre de l'homme, dans cette formule de mouvements équilibrés selon laquelle il perçoit, agit et aime, s'il y avait dans ce composé quelque cause qui lui soit contraire, il ne vivrait pas un seul moment. Il y a donc une vérité de chacun, qui ne dépend point de la durée. Il y a de l'éternel en chacun, et cela, c'est proprement lui. Essayez de

1. Personnage d'Homère.

saisir cette puissance qui lui est propre, dans ces instants heureux où il est lui-même, où il se traduit tout dans l'existence, par un concours heureux des choses et des hommes. Les sots diront que ce bonheur lui est extérieur ; mais le sage comprendra peut-être qu'à ces moments de puissance il est hautement lui. « Tout homme, a dit Goethe, est éternel à sa place. »

Goethe, comme on sait, fit retraite environ six mois afin de lire Spinoza. Il l'a compris. Cette rencontre fait un beau moment, lui-même éternel. Ce sont des lumières pour nous autres. Le poète, cela paraît par les effets, ne se nourrit point d'idées planantes. Il pense les yeux ouverts. Et qu'il voie le papillon, ou l'homme, ou une fleur, ou une vertèbre de mouton lavée par la mer, soudainement, c'est une nature qu'il perçoit, forte, équilibrée, suffisante. En rapport avec le tout, mais non point par ces vues extérieures et abstraites qui font le savant ; au contraire, par l'idée singulière et affirmative de la chose, ou par l'âme de la chose, directement contemplée. C'est l'autre vrai, le vrai sans paroles. Et la magie propre au poète est de faire éprouver cela, cette présence de l'être particulier, seul universel. Je serais bien embarrassé d'expliquer cela ; mais le poète me le pose et me l'impose, par ce retentissement de l'objet, petit ou grand, et, par cette magie, toujours grand, toujours suffisant, comme Dieu. Il m'est signifié par le poète que la mort n'est rien, et que tout moment est éternel et beau si je sais voir. Chacun a l'expérience de ce bonheur soudain, étranger à la durée, et qui fait que l'on aime cette vie passagère. Or nous voilà en cette cinquième partie de *L'Éthique.* Nous y sommes établis et rendant grâces. Le même homme qui a dit que mieux nous connaissons les choses particulières et mieux nous aimons Dieu, a dit quelque chose qui est encore plus hardi : « Nous sentons et expérimentons que nous sommes éternels. » En ce miroir, le poète se reconnut.

L'éternité n'est pas une durée indéfinie, mais une jouissance infinie de l'existence. La pensée réelle, c'est la pensée du poète. Pas la pensée abstraite du savant, cette connaissance indirecte, que Spinoza appelle du deuxième genre, et qui a besoin du détour des démonstrations, mais la pensée de l'objet singulier, l'intuition, la connaissance du troisième genre. Si Spinoza devient aussi lapidaire, elliptique, mystérieux et comme inachevé dans la cinquième partie de *L'Éthique*, c'est qu'il se fait poète, ou plutôt qu'il atteint ce bord du langage où la philosophie nécessairement bavarde dit sa limite et son insuffisance pour devenir à la fois action et contemplation. Souvenez-vous de cette devise de Jules Lagneau : « *Clarum per obscurius.* » Le clair par le plus obscur. Rendre les choses claires par un approfondissement de leur obscurité essentielle. Alain racontait comment ce maître difficile et lumineux, après avoir longuement exploré les mystères de la perception en interrogeant un objet aussi simple qu'un cube ou un morceau de craie, donnait le sentiment à ses élèves d'abord déroutés que la philosophie, en s'enfonçant dans les questions les plus abstraites, rendait le réel finalement plus résistant, plus dense et plus réel que jamais. J'emprunte ce vers à Paul Claudel : « Là où cesse le chant commence le baiser », pour l'adapter à notre propos : là où la philosophie se tait commence le réel.

Précisons pour finir que, si Spinoza nous propose autre chose que devenir des spécialistes en arts martiaux, c'est qu'il y a une limite à l'entraînement du corps : la vieillesse. Que faire contre cette mauvaise rencontre inévitable ? « Cet univers ne nous a rien promis. » Il ne nous en veut pas, il n'a pas d'intention, mais il n'a pas pour but notre conservation. Il nous chasse peu à peu de l'existence, il nous use peu à peu.

Vieillir, n'est-ce pas mourir de son vivant ? N'est-ce pas perdre, jour après jour, ce qui faisait qu'on était ce qu'on était ? Notre corps ne devient-il pas moins apte, et corrélativement notre esprit ? Notre formule d'être ne se dégrade-t-elle pas irrémédiablement ? Spinoza répond ici d'une manière, il faut le dire, difficile à comprendre et encore plus à accepter. Toute son argumentation repose sur une sorte d'instantanéité de l'essence. À chaque instant, l'essence d'un être est exactement ce qu'elle peut être, et cet être, en tant qu'il existe, est suffisamment parfait. Être, c'est toujours être parfait. Un aveugle n'est pas quelqu'un qui a perdu la vue, mais quelqu'un qui est suffisamment parfait pour exister tel qu'il est. Penser qu'on a perdu quelque chose, ce n'est pas penser le présent, mais imaginer qu'il pourrait être différent. L'imagination mal réglée fait naître les passions tristes : le regret, l'envie, mais aussi l'espoir. Penser la perfection du présent est la seule manière d'augmenter notre puissance et notre joie, quelle que soit notre condition. On retrouve le fond de stoïcisme de Spinoza : on ne peut pas changer ce qui ne dépend pas de nous. C'est indéniable. On ne peut que faire ce qui dépend de nous : même si notre puissance diminue, on peut l'augmenter en l'exerçant autant qu'il nous est possible. Spinoza ne nous a pas promis que nous ne mourrions pas. Il nous a promis de sauver la plus grande partie possible de notre esprit, de nous rendre éternels autant qu'il est possible. À nous de nous arranger avec le reste.

Reste que l'intensité n'est pas une question de jeunesse. La possibilité est ouverte d'être plus intense quand le corps s'affaiblit. Rostropovitch dirigeant les symphonies de Chostakovitch à quelques semaines de mourir, entre deux hospitalisations, était d'une intensité formidable. Là où un chef plus jeune et plus en forme aurait davantage bougé et parlé, lui était contraint par la nécessité physique à une économie de gestes et de paroles quasi absolue. Les rares mots prononcés n'en résonnaient que davantage, et l'orchestre offrait pour ainsi dire son corps de toute son âme à ce chef dirigeant presque par la pure présence. S'il vous est donné de voir le film documentaire que son fils a consacré au chef d'orchestre Sergiu Celibidache, *Le Jardin de Celibidache*, vous aurez une bonne idée de ce dont je vous parle. Jeune, Celibidache était un garçon d'une beauté confondante, qui se dépensait au pupitre comme un athlète. Vieux, Celibidache est devenu un homme d'une certaine rondeur, où il ne reste apparemment rien du jeune homme. Il a physiquement tellement changé qu'on a du mal à croire qu'il s'agit de la même personne. C'est ce qui arrive à tout le monde. Mais quand il dirige, si ses gestes ont également changé considérablement, pour se réduire à d'insensibles indications, la musique qu'il fait naître est d'une intensité inouïe. Les dernières œuvres des artistes sont parfois les plus épurées et les plus belles. Parfois. Mais ce sont des éclairs que l'on ne peut oublier. S'il y a une limite à l'existence, il n'y a pas de limite à la jouissance de l'existence. Voyez la fin de Roy, le chef des répliquants rebelles de *Blade Runner* : après avoir traqué Deckard et l'avoir acculé sur le toit d'un immeuble, il le voit basculer dans le vide et se rattraper désespérément à une poutrelle glissante. Roy s'approche de Deckard, et commente, cruel :

> « Quelle expérience de vivre dans la peur.
> Voilà ce que c'est que d'être un esclave. »

Deckard glisse de plus en plus, la peur de mourir se lit sur son visage. Imitation de sentiments, Roy le répliquant reconnaît en cette chose semblable à lui ce que lui-même ressent. Plutôt que de le regarder mourir, il le rattrape au moment où il lâche prise et le remonte en lieu sûr. Deckard, qui n'en revient pas, écoute les derniers mots de Roy :

> « J'ai vu tant de choses que vous humains ne pourriez pas croire. De grands navires en feu surgissant de l'épaule d'Orion. J'ai vu des rayons fabuleux briller dans l'ombre de la porte de Tannhaüser. Tous ces moments se perdront dans l'oubli comme les larmes dans la pluie. Il est temps de mourir. »

Roy baisse la tête et s'éteint. On aperçoit le clou christique qu'il s'est lui-même planté dans la main pour ralentir un peu le processus de dégénérescence. La colombe qu'il tenait contre sa poitrine s'envole.

Au moment de mourir, et sans pouvoir en attendre aucun bénéfice en retour, Roy le répliquant épargne le *blade runner* venu le tuer après avoir abattu tous ses proches. Il rend l'amour pour la haine. Roy achève ainsi sa vie de manière spinoziste, tant par les mots – l'esclave, dit Spinoza, est mené par la peur – que par les actes : il nous donne enfin à voir ce que Spinoza démontre, mais que personne depuis le Christ n'a su mettre en pratique, à savoir comment l'amour peut vaincre la haine – et en effet, celui qui est ainsi vaincu est heureux de l'être, puisque ça lui sauve la vie, dans un premier temps, et que ça lui ouvre les yeux, dans un second temps. Le *blade runner* cynique humanisé par Roy le répliquant spinoziste... Mais ne faudrait-il pas dire, au contraire, par Roy le cartésien ? En sauvant son adversaire au lieu de le tuer comme il a été programmé pour le faire, ce « répliquant » ne manifeste-t-il pas sa liberté ? Ce dernier geste n'est-il pas un exemple de pure générosité ? Son dernier geste est magnanime, manifeste une grandeur d'âme sans rapport avec l'état final de son corps, qui a atteint sa date limite. Corps qui n'est plus apte à rien, mais âme de plus en plus grande... Un peu plus tôt dans le film, un indice de taille nous confirme cette piste cartésienne : à J.-F. Sébastien, généticien virtuose qui a participé chez Tyrell à leur élaboration, Roy et Pris essaient de faire comprendre qu'ils ont besoin de son aide pour remédier au scandale de leur mort programmée. « Nous ne sommes pas des robots, Sébastien, mais des êtres vivants », lui dit Roy. Et Pris ajoute, en guise de démonstration indubitable : « Je pense, Sébastien, donc je suis »... Toujours est-il, objecterait Spinoza, que ces moments ne sauraient se perdre dans l'oubli, ni ces phrases dans la pluie. Car c'est d'abord au cinéma que nous « sentons et expérimentons que nous sommes éternels ».

Alors, qui a raison, de Descartes ou de Spinoza ? Qui a gagné ? Quel est le vainqueur de ce choc de titans ?

À vous de juger, mais, où que votre esprit penche, nul doute que votre cœur veillera à le corriger. Ne vous pressez pas de trancher ici. Ce n'est pas un combat. C'est un dialogue, que chacun de nous est libre d'organiser en lui-même. Descartes ou Spinoza, c'est toujours Descartes et Spinoza, pour toujours et à jamais, indissolublement liés par leur différence et leur irréductible débat, adversaires par la doctrine, amis par la philosophie, chacun pouvant dire à l'autre : « Et tu me trouveras toujours en face de toi, mon vieil ami. » Pour l'éternité.

J'espère, pour finir, que notre voyage ciné-philosophique chez Descartes et Spinoza ne vous aura pas donné l'impression de réduire le cinéma au rôle subalterne d'appendice de la philosophie, ou inversement d'avoir fait de la philosophie un « bonus » du cinéma, mais au contraire aura rendu chacun à son obscurité essentielle.

FILMOGRAPHIE

La 36ᵉ Chambre de Shaolin, de Chia-Liang Liu, 1979.
300, de Zack Snyder, 2007.
After Hours, de Martin Scorsese, 1986.
Les Ailes du désir, de Wim Wenders, 1987.
American Beauty, de Sam Mendes, 2000.
Braveheart, de Mel Gibson, 1995.
Blade Runner, de Ridley Scott, 1982.
Cet obscur objet du désir, de Luis Buñuel, 1977.
Collateral, de Michael Mann, 2004.
L'Enfer, de Claude Chabrol, 1994.
La Femme d'à côté, de François Truffaut, 1981.
Fight Club, de David Fincher, 1999.
Forrest Gump, de Robert Zemeckis, 1994.
The Game, de David Fincher, 1997.
Gladiator, de Ridley Scott, 2000.
Highlander, de Russel Mulcahy, 1986.
Impitoyable, de Clint Eastwood, 1992.
Le Jardin de Celibidache, de Serge Ioan Celibidache, 1998.
La Ligne rouge, de Terrence Malick, 1999.
Matrix, d'Andy et Larry Wachowski, 1999.
Monty Python, le sens de la vie, de Terry Gilliam et Terry Jones, 1983.
My Architect, de Nathaniel Kahn, 2004.

Sixième sens, de M. Night Shyamalan, 2000.
Soleil vert, de Richard Fleischer, 1974.
Strange Days, de Kathryn Bigelow, 1996.
Thank You for Smoking, de Jason Reitman, 2006.
The Truman Show, de Peter Weir, 1998.
Le Village, de M. Night Shyamalan, 2004.
Wall Street, d'Oliver Stone, 1988.
When We Were Kings, de Leon Gast, 1997.
X-Men, de Brian Singer, 2000.

Remerciements

Si vous souhaitez découvrir le programme des prochaines séances, retrouver des extraits de films, participer à des discussions ou poser des questions, je vous invite à vous rendre sur le site http://www.cine-philo.fr ou à m'écrire à cinephilo@hotmail.fr

Il n'y a pas de travail solitaire, même en philosophie. Je voudrais donc remercier toutes les personnes qui ont participé depuis trois ans aux séances de ciné-philo au MK2 Bibliothèque à Paris, et qui m'ont permis de développer ce travail en toute liberté. Je ne peux remercier ici chacun et chacune d'entre vous, mais j'aime à croire qu'un lien de *philia* s'est noué entre nous.

Et merci plus spécialement à Élisha, Marin, Nathanaël, Bertrand, Claude, Raphaël, Stéphane, Kévin, Guillaume, Farid, Quentin, Jérôme, Ksenia, Levent, Alexandre, Julien, Ragnhild, Bruno, Yann, John, Mathieu, Attilio, Thomas, Sophie, Monica, Caroline, Marion, Anne-Charlotte, Madeleine, Clémence, Sandrine, Étienne, Aureliano.

Merci enfin à Jérémie pour sa générosité et ses photos, et à la collection Christophel.

Merci à Meriam pour ses lumières sur Spinoza ;

à Charles, pour son flegme et sa confiance ;
à Isabelle, Marguerite, Marie, Cécile, Virginie, Philippe, Delphine, Emma, Cédric, pour leur travail sur ce livre ;
à ceux que j'oublie et qui se reconnaîtront ;
au cinéma et aux films qui nous accompagnent ;
à René et Baruch, pour rien ;
à Isabelle et Nattan, pour tout.

Table

DESCARTES, LE HÉROS DE LA PHILOSOPHIE

COLLECTION « PLURIEL »

ACTUEL

ADLER Alexandre
J'ai vu finir le monde ancien
Au fil des jours cruels
L'Odyssée américaine
Rendez-vous avec l'Islam
Sociétés secrètes
ASKENAZY Philippe,
COHEN Daniel
27 questions d'économie contemporaine
ATTIAS Jean-Christophe,
BENBASSA Esther
Les Juifs ont-ils un avenir ?
AUNG SAN SUU KYI
Ma Birmanie
BACHMANN Christian,
LE GUENNEC Nicole
Violences urbaines
BAECQUE (de) Antoine
Les Duels politiques
BARBER Benjamin R.
Djihad versus McWorld
L'Empire de la peur
BARLOW Maude,
CLARKE Tony
L'Or bleu
BEN-AMI Shlomo
Quel avenir pour Israël ?
BENBASSA Esther
La Souffrance comme identité
BERGOUGNIOUX Alain,
GRUNBERG Gérard
Les Socialistes français et le pouvoir (1905-2007)
BEURET Michel,
MICHEL Serge,
WOODS Paolo
La Chinafrique
BHUTTO Benazir
Autobiographie
BIASSETTE Gilles,
BAUDU Lysiane J.
Travailler plus pour gagner moins
BLAIS Marie-Claude,
GAUCHET Marcel,
OTTAVI Dominique
Conditions de l'éducation
BORIS Jean-Pierre
Le Roman noir des matières premières
BRETON Stéphane
Télévision
BROWN Lester
Le Plan B
BRZEZINSKI Zbigniew
Le Grand Échiquier
CHALIAND Gérard
Guérillas
CHARRIN Ève
L'Inde à l'assaut du monde
CLERC Denis
La France des travailleurs pauvres
COHEN Daniel
La Mondialisation et ses ennemis
COHEN-TANUGI Laurent
Guerre ou paix
COHN-BENDIT Daniel
Que faire ?
DAVIDENKOFF Emmanuel
Peut-on encore changer l'école ?
DELPECH Thérèse
L'Ensauvagement
DELUMEAU Jean
Un christianisme pour demain
DOSTALER Gilles
MARIS Bernard
Capitalisme et pulsion de mort
ÉTIENNE Bruno,
LIOGIER Raphaël
Être bouddhiste en France aujourd'hui
FAUROUX Roger,
SPITZ Bernard
Notre État
GLUCKSMANN André
Ouest contre Ouest
Le Discours de la haine
GODARD Bernard,
TAUSSIG Sylvie
Les Musulmans en France
GORE Al
Urgence planète Terre
GREENSPAN Alan
Le Temps des turbulences
GRESH Alain
L'Islam, la République et le monde
Israël-Palestine
GRESH Alain,
VIDAL Dominique
Les 100 Clés du Proche-Orient

GUÉNIF-SOUILAMAS Nacira
Des beurettes
JADHAV Narendra
Intouchable
JEANNENEY Jean-Noël (dir.)
L'Écho du siècle
KAGAN Robert
La Puissance et la Faiblesse
KERVASDOUÉ (de) Jean
Les Prêcheurs de l'apocalypse
KNIBIEHLER Yvonne
Mémoires d'une féministe iconoclaste
LAÏDI Zaki
Un monde privé de sens
LATOUCHE Serge
Le pari de la décroissance
LAURENS Henry
L'Orient arabe à l'heure américaine
LAVILLE Jean-Louis
L'Économie solidaire
LE MAIRE Bruno
Des hommes d'État
LENOIR Frédéric
Les Métamorphoses de Dieu
LEYMARIE Philippe,
PERRET Thierry
Les 100 Clés de l'Afrique
MINCES Juliette
Le Coran et les femmes
MONGIN Olivier
De quoi rions-nous ?
MOREAU Jacques
Les Socialistes français et le mythe révolutionnaire
NICOLINO Fabrice,
Biocarburants, la fausse solution
NICOLINO Fabrice,
VEILLERETTE François
Pesticides
NOUZILLE Vincent
Les dossiers de la CIA sur la France 1958-1981
PIGASSE Matthieu
FINCHELSTEIN Gilles
Le Monde d'après
RAMBACH Anne,
RAMBACH Marine
Les Intellos précaires
RENAUT Alain
La Libération des enfants
ROCARD Michel
Oui à la Turquie
ROY Olivier
Généalogie de l'islamisme
La Laïcité face à l'islam
ROY Olivier,
ABOU ZAHAD Mariam
Réseaux islamiques
SABEG Yazid,
MÉHAIGNERIE Laurence
Les Oubliés de l'égalité des chances
SALAS Denis
Le Tiers Pouvoir
La Volonté de punir
SAVIDAN Patrick
Repenser l'égalité des chances
SENNETT Richard
La culture du nouveau capitalisme
SMITH Stephen
Négrologie
Oufkir, un destin marocain
SMITH Stephen,
FAES Géraldine
Noir et Français
SMITH Stephen,
GLASER Antoine
Comment la France a perdu l'Afrique
SOROS George
Mes solutions à la crise
STORA Benjamin
La Dernière génération d'octobre
STRAUSS-KAHN Dominique
La Flamme et la Cendre
TINCQ Henri
Les Catholiques
TISSERON Serge
L'Intimité surexposée
TRAORÉ Aminata
Le Viol de l'imaginaire
L'Afrique humiliée
VICTOR Paul-Émile,
VICTOR Jean-Christophe
Adieu l'Antarctique
VIROLE Benoît
L'Enchantement Harry Potter
WARSCHAWSKI Michel
Sur la frontière
WIEVIORKA Michel
La Tentation antisémite

SCIENCES

ACHACHE José
Les Sentinelles de la Terre
ALLORGE Lucile,
IKOR Olivier
La Fabuleuse Odyssée des plantes
ALVAREZ Walter
La Fin tragique des dinosaures
BARROW John
Les Origines de l'Univers
CAZENAVE Michel (dir.)
Aux frontières de la science
CHANGEUX Jean-Pierre
L'Homme neuronal
COHEN-TANNOUDJI Gilles
Les Constantes universelles
DAFFOS Fernand
La Vie avant la vie
DAVIES Paul
L'Esprit de Dieu
DAWKINS Richard
Qu'est-ce que l'Évolution ?
Il était une fois nos ancêtres
FERRIES Timothy
Histoire du Cosmos de l'Antiquité au Big Bang
FISCHER Helen
Histoire naturelle de l'amour
GLASHOW Sheldon
Le Charme de la physique
KANDEL Robert
L'Incertitude des climats
LAMBRICHS Louise L.
La Vérité médicale
LASZLO Pierre
Chemins et savoirs du sel
Qu'est-ce que l'alchimie ?
LEAKEY Richard
L'Origine de l'humanité
NOTTALE Laurent
La Relativité dans tous ses états
PETIT Jean-Pierre
On a perdu la moitié de l'Univers
SCHWARTZ Laurent
Métastases
SEIFE Charles
Zéro
SINGH Simon
Le Dernier Théorème de Fermat
Le Roman du Big Bang
STEWART John
La Nature et les nombres
VIDAL-MADJAR Alfred
Il pleut des planètes

PHILOSOPHIE

ARON Raymond
Essai sur les libertés
L'Opium des intellectuels
AZOUVI François
Descartes et la France
BADIOU Alain
Deleuze
BLAIS Marie-Claude,
GAUCHET Marcel,
OTTAVI Dominique
Pour une philosophie politique de l'éducation
BOUDON Raymond
Le Juste et le vrai
BOUVERESSE Jacques
Le Philosophe et le réel
BURKE Edmund
Réflexions sur la Révolution en France
CANTO-SPERBER Monique
Le Libéralisme et la gauche
CASSIRER Ernst
Le Problème Jean-Jacques Rousseau
CHÂTELET François
Histoire de la philosophie
t. 1 : *La Philosophie païenne (du VIe siècle av. J.-C. au IIIe siècle après J.-C.)*
t. 2 : *La Philosophie médiévale (du Ier au XVe siècle)*
t. 3 : *La Philosophie du monde nouveau (XVIe et XVIIe siècles)*
t. 4 : *Les Lumières (XVIIIe siècle)*
t. 5 : *La Philosophie et l'histoire (de 1780 à 1880)*
t. 6 : *La Philosophie du monde scientifique et industriel (de 1860 à 1940)*
t. 7 : *La Philosophie des sciences sociales (de 1860 à nos jours)*
t. 8 : *Le XXe siècle*
CONSTANT Benjamin
Principes de politique
COURTINE-DENAMY Sylvie
Hannah Arendt

DESANTI Jean-Toussaint
Le Philosophe et les pouvoirs
Un destin philosophique
DESCHAVANNE Éric,
TAVOILLOT Pierre-Henri
Philosophie des âges de la vie
DETIENNE Marcel
Dionysos à ciel ouvert
GIRARD René
La Violence et le sacré
Celui par qui le scandale arrive
Mensonge romantique et vérité romanesque
Les Origines de la culture
GLUCKSMANN André
Le Bien et le Mal
Une rage d'enfant
HABERMAS Jürgen
Après Marx
HABIB Claude
Le Consentement amoureux
HAZARD Paul
La Pensée européenne au XVIIIe siècle
JANICAUD Dominique
Heidegger en France (2 vol.)
JANKÉLÉVITCH Sophie,
OGILVIE Bertrand
L'Amitié
JARDIN André
Alexis de Tocqueville
JERPHAGNON Lucien
Les dieux ne sont jamais loin
Au bonheur des sages
JOUVENEL (de) Bertrand
Du pouvoir
KAHN Axel,
GODIN Christian
L'Homme, le bien, le mal
LA ROCHEFOUCAULD
Maximes, réflexions, lettres
LINDENBERG Daniel
Destins marranes
LÖWITH Karl
Nietzsche
MANENT Pierre
Histoire intellectuelle du libéralisme
MARZANO Michela
La Fidélité ou l'amour à vif
La Pornographie ou l'épuisement du désir
Extension du domaine de la manipulation
MONGIN Olivier
Face au scepticisme
NEGRI Anthonio
Job, la force de l'esclave
NIETZSCHE Friedrich
Aurore
Humain, trop humain
Le Gai Savoir
Par-delà le bien et le mal
ORY Pascal
Nouvelle Histoire des idées politiques
QUINET Edgar
L'Enseignement du peuple, suivi de
La Révolution religieuse au XIXe siècle
RIALS Stéphane
La Déclaration des droits de l'homme et du citoyen
RICHIR Marc
La Naissance des dieux
RICŒUR Paul
La Critique et la conviction
ROUSSEAU Jean-Jacques
Du contrat social
SAVATER Fernando
Choisir, la liberté
Sur l'art de vivre
Les Dix Commandements au XXIe siècle
SAVIDAN Patrick
Repenser l'égalité des chances
SCHOLEM Gershom
Walter Benjamin
SERRES Michel
Les Cinq Sens
Le Parasite
Rome
SIRINELLI Jean-François
Sartre et Aron
SLOTERDIJK Peter
Bulles. Sphères I
Écumes. Sphères III
Colère et temps
Essai d'intoxication volontaire, suivi de
L'Heure du crime et le temps de l'œuvre d'art
Ni le soleil ni la mort
Les Battements du monde
Le Palais de cristal
SUN TZU
L'Art de la guerre
TODOROV Tzvetan
Les Morales de l'histoire

PSYCHANALYSE / PSYCHOLOGIE

BETTELHEIM Bruno
Le Poids d'une vie
BETTELHEIM Bruno,
ROSENFELD Alvin
Dans les chaussures d'un autre
BONNAFÉ Marie
Les Livres, c'est bon pour les bébés
BRUNSCHWIG Hélène
N'ayons pas peur de la psychothérapie
CRAMER Bertrand
Profession bébé
CYRULNIK Boris
Mémoire de singe et paroles d'homme
La Naissance du sens
Sous le signe du lien
CYRULINK Boris,
MATIGNON Karine Lou,
FOUGEA Frédéric
La Fabuleuse Aventure des hommes et des animaux
CZECHOWSKI Nicole,
DANZIGER Claudie
Deuils
DANON-BOILEAU Henri
De la vieillesse à la mort
DUMAS Didier
La Sexualité masculine
Sans père et sans parole
FLEM Lydia
Freud et ses patients
GAVARINI Laurence
La Passion de l'enfant
GAY Peter
Freud, une vie (2 vol.)
GREEN André
La Déliaison
Un psychanalyste engagé
GRIMBERT Philippe
Pas de fumée sans Freud
Psychanalyse de la chanson
HADDAD Antonietta,
HADDAD Gérard
Freud en Italie
HADDAD Gérard
Manger le livre
HEFEZ Serge
Quand la famille s'emmêle
Dans le cœur des hommes
HEFEZ Serge,
LAUFER Danièle
La Danse du couple
HOFFMANN Christian
Introduction à Freud
HUMBERT Élie G.
Jung
JEAMMET Philippe
Anorexie Boulimie
JOUBERT Catherine,
STERN Sarah
Déshabillez-moi
KORFF-SAUSS Simone
Dialogue avec mon psychanalyste
Le Miroir brisé
LACHAUD Denise
Jalousies
LAPLANCHE Jean,
PONTALIS Jean-Bernard
Fantasme originaire. Fantasme des origines. Origines du fantasme
LESSANA Marie-Magdeleine
Entre mère et fille : un ravage
MIJOLLA (de) Alain (dir.)
Dictionnaire international de la psychanalyse (2 vol.)
MORO Marie-Rose
Enfants d'ici venus d'ailleurs
MURAT Laure
La Maison du docteur Blanche
PERRIER François
L'Amour
PHILLIPS Adam
Le Pouvoir psy
PIGNARRE Philippe
Comment la dépression est devenue une épidémie
RIBAS Denys
L'Énigme des enfants autistes
SIETY Anne
Mathématiques, ma chère terreur
SUTTON Nina
Bruno Bettelheim
TISSERON Serge
Comment Hitchcock m'a guéri
Psychanalyse de l'image
TOMKIEWICZ Stanislas
L'Adolescence volée
VIGOUROUX François
L'Âme des maisons
L'Empire des mères
Le Secret de famille

SOCIOLOGIE, ANTHROPOLOGIE

ARNALDEZ Roger
L'Homme selon le Coran
AUGÉ Marc
Un ethnologue dans le métro
BADIE Bertrand,
BIRNBAUM Pierre
Sociologie de l'État
BAUMAN Zygmunt
Le Coût humain de la mondialisation
La Société assiégée
L'Amour liquide
La Vie en miettes. Expérience moderne et moralité
BEAUD Stéphane,
PIALOUX Michel
Violences urbaines, violence sociale
BOUDON Raymond
La Logique du social
L'Inégalité des chances
BROMBERGER Christian
Passions ordinaires
CALVET Louis-Jean
Histoire de l'écriture
La Guerre des langues et les politiques linguistiques
CASTEL Robert,
HAROCHE Claudine
Propriété privée, propriété sociale, propriété de soi
DIGARD Jean-Pierre
Les Français et leurs animaux
DUPUY Jean-Pierre
Libéralisme et justice sociale
EHRENBERG Alain
Le Culte de la performance
L'Individu incertain
ELLUL Jacques
Le Bluff technologique
FOURASTIÉ Jean
Les Trente Glorieuses
GARAPON Antoine,
PERDRIOLLE Sylvie
Quelle autorité ?
GIDDENS Anthony
La Transformation de l'intimité
GINESTE Thierry
Victor de l'Aveyron
GUÉRIN Serge
L'Invention des seniors
HIRSCHMAN Albert O.
Bonheur privé, action publique
KAUFMANN Jean-Claude
Casseroles, amour et crises
L'Invention de soi
Ego
Quand Je est un autre
L'étrange histoire de l'amour heureux
LAHIRE Bernard
L'Homme pluriel
LE BRAS Hervé
Marianne et les lapins
LE BRETON David
L'Adolescence à risque
MONOD Jean
Les Barjots
MUXEL Anne
Individu et mémoire familiale
PIKETTY Thomas
Les Hauts Revenus en France au XXe siècle
PONT-HUMBERT Catherine
Dictionnaire des symboles, des rites et des croyances
RAUCH André
Crise de l'identité masculine, 1789-1914
Vacances en France de 1830 à nos jours
ROBIN Corey
La Peur
ROSANVALLON Pierre
La Question syndicale
SAVIER Lucette
Des sœurs, des frères
SENNETT Richard
Respect
La Culture du nouveau capitalisme
SINGLY (de) François
Les Uns avec les autres
Les Adonaissants
L'Injustice ménagère
Comment aider l'enfant à devenir lui-même ?
SULLEROT Évelyne
La Crise de la famille
THÉLOT Claude
Tel père, tel fils ?
TIERNEY Patrick
Au nom de la civilisation
URFALINO Philippe
L'Invention de la politique culturelle
WIEVIORKA Michel
La Violence

HISTOIRE

ADLER Laure
Les Maisons closes
Secrets d'alcôve
AGULHON Maurice
De Gaulle. Histoire, symbole, mythe
La République (de 1880 à nos jours)
t. 1 : *L'Élan fondateur et la grande blessure (1880-1932)*
t. 2 : *Nouveaux drames et nouveaux espoirs (de 1932 à nos jours)*
ALEXANDRE-BIDON Danièle
La Mort au Moyen Âge
ALEXANDRE-BIDON Danièle, LETT Didier
Les Enfants au Moyen Âge
ANATI Emmanuel
La Religion des origines
ANDREU Guillemette
Les Égyptiens au temps des pharaons
ANTOINE Michel
Louis XV
BALANDIER Georges
Le Royaume de Kongo du XVIe *au* XVIIIe *siècle*
BALLET Pascale
La Vie quotidienne à Alexandrie
BANCEL Nicolas, BLANCHART Pascal, VERGÈS Françoise
La République coloniale
BARTOV Omer
L'Armée d'Hitler
BAYNAC Jacques
Jean Moulin
BEAUFRE André (Général)
Introduction à la stratégie
BÉAUR Gérard
La Terre et les hommes
BECHTEL Guy
La Chair, le diable et le confesseur
BECKER Annette
Oubliés de la Grande Guerre
BENNASSAR Bartolomé, VINCENT Bernard
Le Temps de l'Espagne, XVIe-XVIIe *siècles*
BENNASSAR Bartolomé
L'Inquisition espagnole, XVe-XIXe *siècles*
BERCÉ Yves-Marie
Fête et révolte
BERNAND André
Alexandrie la grande
BLUCHE François
Le Despotisme éclairé
Louis XIV
Les Français au temps de Louis XVI
BOLOGNE Jean Claude
Histoire de la pudeur
Histoire du mariage en Occident
Histoire du célibat
BORDONOVE Georges
Les Templiers au XIIIe *siècle*
BOTTÉRO Jean
Babylone et la Bible
Au commencement étaient les dieux
BOTTÉRO Jean, HERRENSCHMIDT Clarisse, VERNANT Jean-Pierre
L'Orient ancien et nous
BREDIN Jean-Denis
Un tribunal au garde-à-vous
BROSSAT Alain
Les Tondues
BRULÉ Pierre
Les Femmes grecques
CAHEN Claude
L'Islam, des origines au début de l'Empire ottoman
CAMPORESI Piero
Les Baumes de l'amour
CARCOPINO Jérôme
Rome à l'apogée de l'Empire
CARRÈRE D'ENCAUSSE Hélène
Catherine II
Lénine
Nicolas II
CHAUNU Pierre
Le Temps des réformes
CHEBEL Malek
L'Esclavage en Terre d'Islam
CHÉLINI Jean
Histoire religieuse de l'Occident médiéval
CHOURAQUI André
Jérusalem
Les Hommes de la Bible
CLOULAS Ivan
Les Châteaux de la Loire au temps de la Renaissance
DARMON Pierre
Le Médecin parisien en 1900
Vivre à Paris pendant la Grande Guerre
DAVRIL Dom Anselme, PALAZZO Éric
La Vie des moines au temps des grandes abbayes

DELUMEAU Jean
La Peur en Occident
Rome au XVIe siècle
Une histoire du paradis
t. 1 : *Le Jardin des délices*
t. 2 : *Mille ans de bonheur*
t. 3 : *Que reste-t-il du paradis ?*
DESANTI Dominique
Ce que le siècle m'a dit
DUBY Georges
Le Chevalier, la femme et le prêtre
Le Moyen Âge (987-1460)
DUCELLIER Alain
Le Drame de Byzance
DUCREY Pierre
Guerre et guerriers dans la Grèce antique
DUPÂQUIER Jacques,
KESSLER Denis
La Société française au XIXe siècle
DUPUY Roger
Les Chouans
DUROSELLE Jean-Baptiste
L'Europe, histoire de ses peuples
ENDERLIN Charles
Par le feu et par le sang
EISENSTEIN Elizabeth L.
La Révolution de l'imprimé
EPSTEIN Simon
Histoire du peuple juif au XXe siècle
ESLIN Jean-Claude,
CORNU Catherine
La Bible, 2 000 ans de lectures
ESPRIT
Écrire contre la guerre d'Algérie (1947-1962)
ÉTIENNE Bruno
Abdelkader
ETIENNE Robert
Pompéi
FAVIER Jean
De l'or et des épices
FERRO Marc
Le Livre noir du colonialisme
Nazisme et communisme
Pétain
FINLEY Moses I.
On a perdu la guerre de Troie
FLACELIÈRE Robert
La Grèce au siècle de Périclès
FLORI Jean
Chevaliers et chevalerie au Moyen Âge
FOSSIER Robert
Le Travail au Moyen Âge
FROMKIN David
Le Dernier Été de l'Europe
FRUGONI Chiara
Saint François d'Assise
FURET François
La Gauche et la Révolution au XIXe siècle
La Révolution (1770-1880)
t. 1 : *La Révolution française, de Turgot à Napoléon (1770-1814)*
t. 2 : *Terminer la Révolution, de Louis XVIII à Jules Ferry (1814-1880)*
FURET François,
NOLTE Ernst
Fascisme et communisme
FURET François,
RICHET Denis
La Révolution française
GARIN Eugenio
L'Éducation de l'homme moderne (1400-1600)
GERVAIS Danièle
La Ligne de démarcation
GIRARD Louis
Napoléon III
GIRARDET Raoul
Histoire de l'idée coloniale en France
GOUBERT Pierre
Initiation à l'histoire de la France
L'Avènement du Roi-Soleil
Louis XIV et vingt millions de Français
GOUBERT Jean-Pierre
Une histoire de l'hygiène
GRAS Michel,
ROUILLARD Pierre,
TEIXIDOR Xavier
L'Univers phénicien
GUICHARD Pierre
Al-Andalus (711-1492)
GUILAINE Jean
La Mer partagée
HEERS Jacques
Esclaves et domestiques au Moyen Âge
Fête des fous et carnavals
La Cour pontificale au temps des Borgia et des Médicis
La Ville au Moyen Âge en Occident
HOBSBAWM Eric J.
Franc-tireur. Autobiographie
L'Ère des révolutions (1789-1848)
L'Ère du capital (1848-1875)
L'Ère des empires (1875-1914)
Marx et l'histoire

HORNUNG Erik
L'Esprit du temps des pharaons
HOWARD Dick
Aux origines de la pensée politique américaine
HUSSEIN Mahmoud
Al-Sîra (2 vol.)
JERPHAGNON Lucien
Histoire de la Rome antique
Les Divins Césars
JOHNSON Hugh
Une histoire mondiale du vin
JOMINI (de) Antoine-Henri
Les Guerres de la Révolution (1792-1797)
JOXE Pierre
L'Édit de Nantes
JUDT Tony
Après-guerre
KNIBIEHLER Yvonne
Histoire des infirmières en France au XXe siècle
KRIEGEL Maurice
Les Juifs à la fin du Moyen Âge dans l'Europe méditerranéenne
LABY Lucien
Les Carnets de l'aspirant Laby
LACARRIÈRE Jacques
En cheminant avec Hérodote
LACORNE Denis
L'Invention de la République américaine
LAURIOUX Bruno
Manger au Moyen Âge
LE BRIS Michel
D'or, de rêves et de sang
LE GOFF Jacques
La Bourse et la vie
Un long Moyen-Âge
LE NAOUR Jean-Yves
Le Soldat inconnu vivant
LE ROY LADURIE Emmanuel
L'État royal (1460-1610)
L'Ancien Régime (1610-1770)
t. 1 : *L'Absolutisme en vraie grandeur (1610-1715)*
t. 2 : *L'Absolutisme bien tempéré (1715-1770)*
Trente-trois questions sur l'histoire du climat
LEVER Évelyne
Louis XVIII
C'était Marie-Antoinette
LÉVI Jean (traduction et commentaires)
Les Sept Traités de la guerre
MALET-ISAAC
Histoire
t. 1 : *Rome et le Moyen Âge (735 av. J.-C.-1492)*
t. 2 : *L'âge classique (1492-1789)*
t. 3 : *Les Révolutions (1789-1848)*
t. 4 : *La Naissance du monde moderne (1848-1914)*
MANDROU Robert
Possession et sorcellerie au XVIIe siècle
MANTRAN Robert
Istanbul au siècle de Soliman le Magnifique
MARGOLIN Jean-Louis
Violences et crimes du Japon en guerre (1937-1945)
MARTIN-FUGIER Anne
La Bourgeoise
MAUSS-COPEAUX Claire
Appelés en Algérie
MELCHIOR-BONNET Sabine
Histoire du miroir
MILO Daniel
Trahir le temps
MIQUEL Pierre
La Grande Guerre au jour le jour
MOSSE George L.
De la Grande Guerre au totalitarisme
MUCHEMBLED Robert
L'Invention de l'homme moderne
NEVEUX Hugues
Les Révoltes paysannes en Europe (XIVe-XVIIe siècles)
NOIRIEL Gérard
Réfugiés et sans-papiers
Immigration, antisémitisme et racisme en France (XIXe-XXe siècles)
PELIKAN Jaroslav
Jésus au fil de l'histoire
PÉTRÉ GRENOUILLEAU Olivier
Nantes au temps de la traite des Noirs
PITTE Jean-Robert
Bordeaux Bourgogne
POMEAU René
L'Europe des Lumières
POURCHER Yves
Les Jours de guerre
POZNANSKI Renée
Les Juifs en France pendant la Seconde Guerre mondiale
RANCIÈRE Jacques
La Nuit des prolétaires
RAUCH André
Histoire du premier sexe

RAUSCHNING Hermann
Hitler m'a dit
RÉGENT Frédéric
La France et ses esclaves
REVEL Jacques
Fernand Braudel et l'histoire
RICHÉ Pierre
Les Carolingiens
RIEFFEL Rémy
Les Intellectuels sous la Ve République (3 vol.)
RIOUX Jean-Pierre
De Gaulle
RIOUX Jean-Pierre,
SIRINELLI Jean-François
La France d'un siècle à l'autre (2 vol.)
La Culture de masse en France
RIVET Daniel
Le Maghreb à l'épreuve de la colonisation
ROBERT Jean-Noël
Eros romain
ROTH François
La Guerre de 1870
ROUSSET David
Les Jours de notre mort
L'Univers concentrationnaire
ROUX Jean-Paul
Les Explorateurs au Moyen Âge
SEGEV Tom
1967
SHIRER William
La Chute de la IIIe République
SINGER Claude
Vichy, l'Université et les Juifs
SIRINELLI Jean-François
Les Baby-boomers
SNODGRASS Anthony
La Grèce archaïque
SOLER Jean
L'Invention du monothéisme
t. 1 : *Aux origines du Dieu unique*
t. 2 : *La Loi de Moïse*
t. 3 : *Sacrifices et interdits alimentaires dans la Bible*
SOUSTELLE Jacques
Les Aztèques à la veille de la conquête espagnole
SPEER Albert
Au cœur du Troisième Reich
STORA Benjamin
Les Trois Exils. Juifs d'Algérie
Messali Hadj
Les Immigrés algériens en France
STORA Benjamin,
HARBI Mohammed
La Guerre d'Algérie
THIBAUDET Albert
La République des Professeurs suivi de *Les Princes lorrains*
TRAVERSO Enzo
La Guerre civile européenne (1914-1945)
TROCMÉ Étienne
L'Enfance du christianisme
TULARD Jean
Napoléon
Les Français sous Napoléon
VALENSI Lucette
Venise et la Sublime Porte
VALLAUD Pierre
Atlas historique du XXe siècle
VERGÈS Françoise
La Mémoire enchaînée
VERNANT Jean-Pierre
La Mort dans les yeux
VEYNE Paul
Le Quotidien et l'intéressant
VIDAL-NAQUET Pierre
L'Histoire est mon combat
WEBER Eugen
L'Action française
WEIL Georges
Histoire de l'idée laïque en France au XIXe siècle
WIEVIORKA Annette
Déportation et génocide
L'Ère du témoin
Auschwitz

LETTRES ET ARTS

ABÉCASSIS Armand,
ABÉCASSIS Éliette
Le Livre des passeurs
ARNAUD Claude
Qui dit je en nous ?
BADIOU Alain
Beckett
BAECQUE (de) Antoine
La Cinéphilie
BONFAND Alain
Paul Klee

BONFAND Alain,
MARION Jean-Luc
Hergé
CACHIN Françoise
Gauguin
CLARK Kenneth
Le Nu (2 vol.)
DAIX Pierre
Les Surréalistes
Picasso
DE DUVE Thierry
Résonances du readymade
DELON Michel
Le Savoir-vivre libertin
FERRIER Jean-Louis
Brève histoire de l'art
De Picasso à Guernica
GABLER Neil
Le Royaume de leurs rêves
GIRARD René
Mensonge romantique, vérité romanesque
GOODMAN Nelson
Langages de l'art
GRAVES Robert
Les Mythes grecs
GUILBAUT Serge
Comment New York vola l'idée d'art moderne
HASKELL Francis,
PENNY Nicholas
Pour l'amour de l'antique
HEINICH Nathalie
L'Art contemporain exposé aux rejets
HURÉ Pierre-Antoine,
KNEPPER Claude
Liszt en son temps
JANOVER Louis
La Révolution surréaliste
LAZARD Madeleine
Rabelais l'humaniste
LE BIHAN Adrien
De Gaulle écrivain
LIÉBERT Georges
L'Art du chef d'orchestre
LOYER Emmanuelle
Paris à New York
MARTIN-FUGIER Anne
La Vie d'artiste au XIXe siècle
Les Romantiques
MESCHONNIC Henri
De la langue française
MICHAUD Yves
L'Art à l'état gazeux
Critères esthétiques et jugement de goût
L'Artiste et les commissaires
PACHET Pierre
Les Baromètres de l'âme
RANCIÈRE Jacques
La Parole muette
Mallarmé
REWALD John
Le Post-impressionnisme
Histoire de l'impressionnisme
RICHARD Lionel
L'Art et la guerre
SALLES Catherine
La Mythologie grecque et romaine
STEINER George
De la Bible à Kafka
Extraterritorialité
STEINER George,
LADJALI Cécile
Éloge de la transmission
TAPIÉ Victor L.
Baroque et classicisme
VALLIER Dora
L'Art abstrait
VON DER WEID Jean-Noël
La Musique du XXe siècle

PAPIER À BASE DE FIBRES CERTIFIÉES

Fayard s'engage pour l'environnement en réduisant l'empreinte carbone de ses livres. Rendez-vous sur www.fayard-durable.fr
L'empreinte carbone en éq. CO_2 de cet exemplaire est de 1.3 kg

Achevé d'imprimer en France en octobre 2021
par Dupliprint à Domont (95)
N° d'impression : 2021102950 - N° d'édition : 2706752/11